K리그를
읽는 시간
1

K리그를 읽는 시간 1

뜨겁게 타오른 붐업 열기

김형준 · 이승엽 지음

북콤마

K리그는 죽지 않는다

K리그는 참 희한하다. 처음부터 적자였고, 현재도 적자고, 앞으로도 적자일 가능성이 높을 텐데, 다양한 명분 아래 이곳저곳서 끊임없이 구단들은 생겨났다. '저러다 망하지' '저러니 망해가지' '저래서 망해야 해' 갖은 우려와 힐난을 받으며 여러 차례 위기를 맞았는데도 이따금씩 흥행 열기를 맛보며 꿋꿋이 규모를 키워왔다.

K리그는 위태롭다. 40년 가까운 역사를 이어오는 동안 구단 운영에서 손 떼는 기업들이 여럿 있었고, 지금도 국내 굴지의 기업들이 투자 규모를 줄여가며 점점 손을 놓고 있는 모습이 꽤나 선명하다. 시·도민을 위한다는 취지로 창단했는데 정치적으로 이용된 적이 많았던 시·도민 구단들도 사정은 마찬가지다. 지방 재정이 열악해지면서 구단을 지원할 명분도 점점 사라져가고 있다.

그럼에도 K리그는 죽지 않을 것이다. 그나마 국내 프로스포츠 가운데 일찍 바닥을 쳤고, 상대적으로 빠른 시점에 자생력에 대해 진지하게 고민한 영역이다. 구단마다 편차는 있겠으나, 21세기 들어 일본에 밀리고 중국에 받히는 과정에서 얻은 충격은 구단 및 리그 운영 경쟁력을 진지하게 들여다볼 좋은 자극제가 됐다.

무엇보다 축구가 한국인뿐 아니라 전 세계인의 삶에 가장 넓고 깊게 뿌리 내린 스포츠라는 점에서 K리그의 경쟁력은 높다. 한 학년에 한두 개 반이 전부인 시골구석 초등학교에도, 땅값이 비싸 운동장을 넓히지 못한다는 도심 한복판의 고등학교에도 축구공이 구르지 않는 날이 드물다.

실제 저자가 성장해온 충남 서산 작은 동네에서도 축구에 얽힌 이야기는 20년이 흐른 지금도 종종 안줏거리가 된다. 초등학교 3학년이던 1995년, 같은 학교 형들로부터 옆 동네 학교와 축구 시합이 잡혔다는 소식을 전해 받고 '흙바닥 라이벌전'의 역사가 시작됐다. 규칙도 제대로 모르는 촌놈들이 전술은커녕 포메이션도 없이 맞붙던 아주 원초적인, 일종의 '더비 매치'(지역 라이벌전)였다.

두 학교 간 시합은 매년 쓸데없이 비장했다. 경기장에 간식을 풀어놓는 아줌마, 음료수를 사 들고 구경 오는 동네 아저씨, 혹여 싸움이라도 날까 봐 학교를 지키는 선생님, 남녀 가릴 것 없이 원정길도 마다하지 않고 응원 오는 친구들까지. 원정길 시내버스엔 언제나 기대감과 비장함이 교차했고, 경기 후 귀갓길 버스엔 항상 희열 또는 아쉬움이 가득했다.

돌이켜보면 대회 규정이나 심판도 없이 벌어지던 흙바닥 라이벌전은 연속성을 이어가고 스토리를 쌓아가는 데 꽤나 필수적인 요인들을 두루 갖췄다. 스폰서(동네 아줌마와 아저씨), 감독관(선생님), 서포터(학교 친구들), 시스템(홈 앤드 어웨이), 여기에 라이벌로 여기기 적합한 환경(비등비등한 전교생 수)까지. 특별히 큰 싸움이 나 학교 차원에서 감시하거나 전력 차가 뚜렷해 어느 한쪽에서 맞붙길 꺼려했다면, 또 아무도 관심을 가져주지 않았다면 결코 이어지기 어려웠던 시합이었다.

성장해오며 고등학교 체육대회, 대학 동아리 축구 대항전, 지역 조기축구팀 대항전을 겪거나 지켜봤는데, 연령대가 높아지고 대회 시스템의 필요성이 커지면서 팀 또는 대회 운영의 중요성은 더욱 높아졌다. 직장인 동호회와 지역 대표팀은 어느덧 대한축구협회 K3~K7 리그에 참여하며 '여차하면' FA컵 같은 무대에서 K리그 팀과도 맞붙어볼 수 있는 꽤나 흥미롭고 체계적인 시스템 안에 놓였다. 1부와 2부 리그로 나뉘어 국내 축구 리그 정점에 있는 K리그가 이름이나 형태가 변형될지언정 결코 망할 수 없고, 망해선 안 되고, 그래서 더욱 탄탄하고 건강하게 성장해가야 하는 이유이기도 하다.

이 책은 2019년 K리그 현장을 누빈 두 명의 한국일보 스포츠부 축구 담당 기자가 썼다. 2018년 사회부 사건팀에서 1진과 견습기자로 만난 인연이 고맙게도 스포츠부로 이어졌다(오로지 선배의 관점이다). 어릴 적 자주색 유니폼을 입고 K리그 경기장에서 함성을 질러댈 정도로 축구를 좋아했으나 갈수록 '망해가는' 구단을 보며 정을 뗀 1진 기자, 이전까지 K리그 경기를 한 번도 보지 않았다는 자칭 '해축빠'(해외 축구 팬) 2진 기자가 주말마다 전국 곳곳으로 흩어져 발품을 팔았다.

총 3부로 구성된 이 책의 1부 'K리그는 진화한다'는 기존 고객(팬)들의 아쉬움과 쓰라린 지적, 신규 고객들의 '돌직구'를 최대한 살려 전했다. 저자들이 직접 수백 명의 A매치 축구팬, 여성 축구팬들을 대상으로 설문을 진행해 데이터를 추출했고, K리그의 지난 과오를 잊지 말자며 전 구단 단장들을 대상으로 '다시는 일어나지 않아야 할 사건'을 묻기도 했다. 열악한 장애인 관람 환경 개선, 경기별 쓰레기 양 줄이기, 사회 공헌 활동의 발전이나 마케팅의 진화 등 프런트들의 숨은 노력도 기록했다.

2부 'K리그 사람들'에선 K리그 현장 곳곳에서 자신의 역할을 해내는 현업 종사자들은 물론 지도자와 경영인, 오랜 팬까지 K리그 스토리를 함께 써가는 이들의 이야기를 전했으며, '네버엔딩 스토리'를 얘기한 누군가의 약속도 적었다. 3부 '한국프로축구사'에선 K리그의 발전을 위해 잊지 말아야 할 제도 변화와 사건, K리그에 대한 흥미를 돋울 내용을 엮었다. 한국프로축구연맹의 허락을 얻어 〈한국프로축구 30년〉에서 발췌했다.

시리즈 취재를 주문하고 기사의 부족함을 지적해주신 이성철 전

편집국장과 이태규 편집국장, 이성원 스포츠부장이 없었다면 이 책은 세상에 나오지 못했을 것이다. 콘텐츠의 완성도와 가독성, 효과적인 정보 전달을 위해 애쓴 한국일보 편집부와 그래픽뉴스부, 멀티미디어부에도 감사 인사를 드린다. 인턴기자로 스포츠부와 멀티미디어부에서 일하며 설문과 사례 취합, 사진 촬영에 꼼꼼하고 성실한 자세로 임해준 현재와 미래의 후배 기자 권현지, 주소현, 차승윤, 이주현, 홍윤기에게 무한한 응원을 전한다.

주변 국가들의 다른 리그에 비해 턱없이 적은 인력 구조인데도 '일당백' 노력으로 헤쳐 가는 한국프로축구연맹과 K리그 구단 직원들의 노고에 경의를 표한다. 그러면서도 언제나 감시와 비판을 이어 갈 것을 약속한다. 아울러 K리그 소재 도서 출간이라는 모험을 감행해준 북콤마 출판사에도 수고했다는 말을 전한다.

끝으로 부족한 선배 밑에서 1년여의 청춘을 갈아버리고 사회부로 돌아간 이승엽 기자에겐 변치 않는 자세로 '국민 기자'가 되길 바란다는 응원, 힘들고 지칠 때 함께 술잔 기울여줄 선배쯤으로 남겠다는 약속 정도나 남기련다. 이 책이 팔려 두 저자의 몫으로 잡힐 수익은 모두 축구사랑나눔재단에 기부하기로 뜻을 모았다.

2020년 3월
김형준이 쓰다

차례

1부

K리그는 진화한다

지금이 자생력 구축할 골든타임
선수의 꿈을 팔아 연명하는 현실

2019년 1월 K리그를 떠나 북미 프로축구 메이저리그사커(MLS) 밴쿠버 화이트캡스에 입단한 국가대표 축구선수 황인범은 이적이 확정된 직후 자신의 SNS에 이례적이라 할 수 있는 장문의 메시지를 남겼다. 200자 원고지 10장 분량의 글에 K리그를 떠나게 된 과정과 이적 배경을 자세히 밝히는 중에 자신의 꿈보다 소속팀 대전 시티즌을 위한 결정이었다는 내용을 언급했다.

당초 독일 분데스리가에 진출하기를 간절히 원했던 황인범은 글에서 "구단이 원하던 (정도 상당의) 이적료가 유럽 팀에서는 나오지 않았다. 구단에 보답하자는 생각에 밴쿠버행을 결정하게 됐다"고 담담히 밝혔다. 실제 함부르크 SV 등 독일 클럽들도 황인범 영입에 적극적으로 나섰지만 원소속팀 대전 시티즌이 높은 이적료(25억 원 추정)를 부르자 발을 뺀 것으로 알려졌다. 자유계약선수(FA)가 아닌 이상 선수 이적엔 구단의 의사가 우선적으로 고려된다지만, 유럽 무대에 진출하기를 원했던 선수 본인은 물론 세계 최고 수준의 리그에서 그의 도전과 성장을 지켜보고 싶었던 국내 축구팬들로서는 아쉬움이 컸다.

대전 시티즌은 1997년 창단 이래 최대 규모의 이적료를 손에 넣으면서 팍팍한 살림의 숨통이 트였지만, 이적 과정을 지켜본 전·현직 축구 관계자들은 "선수의 꿈과 돈을 맞바꾼 이적"이라며 안타까워했다. 팀이 자생력을 갖추지 못한 상황에서 이적료 몇 억 원을 더 챙기려고 프랜차이즈 선수를 경매에 붙이다시피 한 모습은 K리그의 절망적인 현실을 보여주는 단면이라는 얘기다. 비슷한 시기에 대표팀의 주축 수비수 김민재(베이징 궈안)마저 거액의 이적료와 연봉에 협상이 성사돼 중국 프로축구 슈퍼리그로 움직이자 위기감은 증폭됐다.

삼성과 GS 그룹의 지원이 갈수록 줄면서 쇠락해버린 '옛 양대 산맥' 수원 삼성과 FC서울의 현재 모습 또한 절망적인 K리그의 현실을 보여준다. 수원 삼성은 2018년 상위 스플릿에 간신히 턱걸이했고 2019년엔 하위 스플릿에 머문 채 FA컵 우승에 만족해야 했다. FC서울은 2018년 부산 아이파크와 승강 플레이오프까지 치른 끝에 1부 리그 잔류에 겨우 성공하고 가슴을 쓸어내리기도 했다.

현대가家의 지원에 힘입어 아직까진 선수 영입에 상당한 예산을 쏟아 붓고 있는 울산 현대와 전북 현대모터스에도 언제 한파가 불어

닥칠지 모른다는 게 축구 전문가들의 지적이다. 이들은 프로스포츠 3대 수익 요인(광고·중계권·입장권)의 가치가 바닥까지 떨어진 마당에 중국 등 해외 구단의 현금 공세에 맥없이 스타플레이어를 내주고 있는 K리그가 하루빨리 자생력을 키워야 한다고 조언한다.

한준희 KBS 축구해설위원은 "대기업과 지방자치단체의 주도로 탄생한 K리그 구단들은 이제는 일방적인 지원에 젖어 홀로 서는 데 필요한 근육이 퇴화된 상태라 할 수 있다. K리그를 향한 팬들의 온기가 조금이나마 남아 있을 때 절박하게 움직여야 한다"고 지적했다. 2018년 러시아 월드컵 당시 독일전 승리와 자카르타-팔렘방 아시안게임 금메달의 열기가 K리그로 이어진 지금이 '골든타임'이라는 얘기다.

이런 가운데 나란히 아시아축구연맹(AFC) 챔피언스리그 본선에 오른 시민구단 대구FC는 새 홈구장 '포레스트 아레나'의 명칭 사용권naming rights을 DGB대구은행에 판매해 3년 45억 원 수준의 재원을 마련했다. 또 구장 내 상가 운영도 구단이 맡기로 해 추가 수익을 기대할 수 있게 되면서 되레 기업구단보다 모범적 행보를 걷고 있다. 무엇보다 구장의 대중교통 접근성이 좋아진 데다 그라운드와 관중석 간 거리가 7미터(기존 홈구장인 대구스타디움은 20미터가량) 정도로 가까워지는 등 팬들의 관람 환경이 크게 개선되면서 인기 몰이를 했다. 1만 2000석 규모의 DGB대구은행파크는 개장 첫해 아시아축구연맹 챔피언스리그를 포함해 총 9차례의 매진을 달성하며 'K리그 핫 플레이스'로 떠올랐다. 19차례 경기에서 K리그 홈경기에 총 20만 3942명의 관중이 입장하면서 평균 관중 1만 734명을 기록했다.

〔과거는 현재의 거울〕
프로축구의 존재의 이유는 프로축구가 탄생한 초창기인 1980년대부터 지속돼온 고민이죠. 지역 클럽이 연고지를 기반 삼아 오랜 시간 동안 서서히 산업적 기반을 갖춰가며 성장한 유럽과는 다르다는 태생적 한계가 꾸준히 지적돼왔어요. 모기업이나 지방자치단체가 갑작스레 지원을 축소해도 거뜬히 팀의 생명력을 이어가려면 각 구단별로 차근히 자생력을 끌어올려야겠죠.

▶ 3부 1985년 '관중 급감하고 팀 해체되고… 프로축구 '존재의 이유'를 되묻다'
　　2009년 '재정난·WBC·해외진출 '삼재''

구단들의 생존 전략 '다운사이징'

큰 집 떠나 작은 집에서, 거품 빼고 활로 찾는다

K리그1(1부 리그) 대구FC는 앞서 말했듯이 DGB대구은행파크로 홈구장을 옮긴 첫해 무려 9차례나 매진을 기록했다. 개막 첫날인 2019년 3월 9일 1만 2172명의 유료 관중이 꽉 들어찼을 당시엔 '개막 효과'로 보는 시선이 많았지만, 경기력과 더불어 새 구장의 관람 환경과 접근성에 대한 입소문이 퍼지면서 시즌 내내 팬들의 발걸음이 끊이지 않았다. 2018년까지 홈구장으로 사용했던 대구 수성구의 대구스타디움(6만 6422석 규모)을 과감히 떠나 상대적으로 도심인 북구로 둥지를 옮긴 도전이 일단 성공한 모습이다.

DGB대구은행파크는 시 예산 500억 원가량을 투입해 대구시민운동장을 리모델링한 끝에 2019년 초 완공한 경기장이다. 수용 규모만 따지면 대구스타디움의 20퍼센트 수준도 안 될 정도로 크기가 줄

DGB대구은행파크를 가득 메운 축구팬들

어들었다. 대구스타디움을 다 채우면 더 큰 수익을 낼 것이라는 단
순한 계산을 접고, '분수에 맞는' 규모의 구장에서 소비자(관중)들에
게 양질의 상품(경기)을 제공하는 전략을 택한 것이다. 대구FC가 이
렇게 과감히 '다운사이징' 전략을 세운 건 흥행을 넘어 구단의 생존
활로를 개척해야 한다는 절박함 때문이다. 특히 경기장 운영권이 구
단에 넘어간 건 의미 있는 변화다. 둥지를 도심 외곽에서 도심 한가
운데(대구역에서 도보 10분 거리)로 옮기니 시민들과 가까워질 기회
도 늘었다.

　전문가들은 K리그 시장 규모를 고려하면 다운사이징은 피할 수
없는 선택이라고 입을 모은다. 경기장 설계 전문가인 정성훈 DLA+
스포츠건축 분야 총괄 담당은 "'몰입도'가 생명인 축구의 경우 시야
와 현장감을 극대화하려면 가능한 경기장 크기를 줄여 관중을 채우

인천문학경기장에서 인천축구전용구장으로 옮긴 뒤 만족도가 높아진 인천 팬들

고, 그 안에서 팬들이 누릴 경험들을 다양화해 가치를 높여야 한다"
고 조언했다. 관중들에게 K리그가 '좋은 상품'이라는 인식을 심어준
뒤 다양한 혜택을 포함한 프리미엄 좌석 등을 개발해 객단가(고객
1인당 평균 매입액)를 높이는 전략이 좀 더 현실적이라는 얘기다.

실제 K리그의 경기장 다운사이징은 2010년 전후부터 꾸준히 시
도되고 있다. 2002년 한일 월드컵의 유산인 월드컵경기장들이 대체
로 K리그를 치르기엔 지나치게 크다는 분석에 따른 전략이다. 지난
2012년 인천문학경기장(5만 1237석)을 떠나 인천축구전용구장(2만
300석)에 새 둥지를 튼 인천 유나이티드, 2017년 부산아시아드주경
기장(5만 5982석)을 떠나 도심의 구덕운동장(1만 2349석)으로 복귀
한 부산 아이파크가 대표적이다. 축구 전용 월드컵경기장을 사용하
는 울산 현대와 수원 삼성은 관중석 2층을 스폰서 로고나 구단 상징

'작은 집'으로 향하는 K리그 구단들

구단	옛 홈 경기장 (수용인원)	이전시기	새 홈 경기장 (수용인원)	2019 시즌 개막전 관중(날짜·상대팀)
인천	인천문학경기장 (5만 1,237명)	2012년	인천축구전용경기장 (2만 300명)	1만 8,541명 (3월 2일·제주)
부산	부산아시아드주 경기장(5만 5,982명)	2017년	구덕운동장 (1만 2,349명)	6,134명 (3월 2일·안양)
대구	대구스타디움 (6만 6,422명)	2019년	DGB대구은행파크 (1만 2,172명)	1만 2,172명 (매진·3월 9일·제주)
광주(예정)	광주월드컵경기장 (4만 245명)	2020년	광주축구전용구장 (가칭·1만명 이상)	
부천(예정)	부천종합운동장 (3만 5,545명)	미정	부천축구전용구장 (가칭·5,000명 안팎)	

을 새긴 대형 현수막으로 덮어 관중을 1층으로 유도한다. 또 다른 방식의 다운사이징 전략인 셈이다.

축구팬들은 대체로 경기장 다운사이징을 반기는 모습이다. DGB 대구은행파크에서 만난 대학생 유형선 씨는 "접근성에서부터 경기 관람 환경까지 크게 개선되면서 만족도도 훨씬 높아졌다. 관중석과 그라운드 거리가 7미터밖에 되지 않는 데다, 알루미늄바닥을 활용한 '발 구르기 응원'도 새로웠다. 경기를 보는 재미나 경기장 분위기 모두 유럽 축구와 견줘봐도 전혀 뒤지지 않는다"고 했다. 대구스타디움에서 열렸던 2018년 시즌 개막전(3월 10일 수원 삼성전)도 찾았다는 이민성 씨는 "그날 관중(1만 3351명)이 2019년 시즌 홈 개막전의 관중보다 많았는데도 텅텅 비어 보였다. 새 구장에선 관중이 1만 명만 돼도 꽉 찬 느낌이 든다"고 했다.

다운사이징을 통해 '큰 옷'을 벗고 '딱 맞는 옷'을 걸치는 트렌드는 2020년에도 이어졌다. 광주월드컵경기장(4만 245석)을 홈구장으로 사용하던 광주FC는 K리그1로 승격한 2020년부터는 광주월드컵경기장 옆 보조구장의 스탠드석을 리모델링하고 가변석을 설치해 2020년 7월 1만 7석 규모의 축구전용구장 시대를 열었다.

다만 전문가들은 한번 지을 때 다양한 사업적 고려를 해야 한다고 조언한다. 정성훈 총괄 담당은 "관중들에게 좋은 관람 환경을 제공하는 것도 중요하지만, 연간 300일이 훌쩍 넘는 비영업일에 대한 대책도 함께 고민해야 한다"고 지적했다.

[과거는 현재의 거울]

한국 축구 역사상 최대 성과로 꼽히는 2002년 한일 월드컵엔 그늘도 있습니다. 바로 국내 스포츠 저변과 동떨어진 규모를 가진 월드컵경기장인데요. 이제 K리그조차 열리지 않게 될 인천문학경기장, 대구스타디움, 부산아시아드주경기장, 광주월드컵경기장은 '세금 먹는 하마'로 전락할 위기에 있습니다. 그런데 월드컵경기장이 만들어지기 전에 생긴 'K리그형 축구 전용 구장'의 좋은 예가 있어요. 바로 '용광로 열기'가 식지 않는 포항 스틸야드! 1990년 스틸야드 탄생기를 돌아볼까요.

▶ 3부 1990년 '최초의 축구 전용 구장 '스틸야드' 탄생

A매치 관중에게 묻다

축구 열기는 K리그로 이어질까? 정답은 'YES!'

불과 몇 년 전까지 K리그엔 별다른 관심이 없던 30대 지석용 씨는 2019년 K리그 '직관'(직접 관람) 의지가 끓어오른다고 했다. 국가대표팀 경기에만 흥미가 커 2019년 3월 한국과 콜롬비아 간 A매치 평가전을 관람했는데, 홍철과 조현우 등 K리그 선수들의 활약을 꾸준히 지켜보고 싶은 마음도 생기면서다.

"실력과 개성을 갖춘 선수들이 A매치를 통해 팬들에게 알려진 데다 축구 전용 구장이 늘어나는 등 관람 환경도 개선되면서, A매치만 찾던 축구팬들이 K리그에도 차츰 발길을 향하고 있는 것 같다."

국가대표 평가전을 찾은 축구팬 대다수는 2019년 3월 A매치 2연승으로 이어진 국내 축구 열기가 한동안 이어질 것으로 봤다. 그동안 K리그 경기장을 찾지 않았던 관중들 가운데 상당수도 앞으로 K

리그를 '직관'해보고 싶다는 뜻을 내비쳤다.

콜롬비아전이 열린 서울월드컵경기장을 찾아 입장을 앞둔 관중들을 대상으로 설문조사를 실시해보니, '최근 1년간 K리그를 관람하지 않았다'고 답한 응답자 가운데 무려 80퍼센트 넘는 응답자가 '향후 K리그 경기장을 찾을 계획'이라고 답했다. A매치 경기를 통해 축구에 대한 관심이 늘면서 K리그에 대한 호기심도 생겼다는 답변의 비율이 높게 조사된 것이다. 국가대표팀이 펼치는 A매치의 열기가 K리그 관중 증대에도 어느 정도 긍정적인 영향을 미친다는 게 수치로 확인된 셈이다.

한국과 콜롬비아 간 A매치 평가전 당일 오후 4~6시 서울월드컵경기장 북측 광장에서 입장을 기다리는 관중 212명을 대상으로 A매치 관중의 K리그 관람 성향을 주제로 한 대인 면접 설문조사를 실시했다. 여기서 A매치 관중들의 K리그에 대한 관심도와 향후 관람 의사, K리그가 기존 및 잠재적 고객을 위해 노력하고 개선할 점을 물었다. 이날 설문조사 결과 전체 응답자 212명 가운데 최근 1년 사이 K리그 경기를 관람한 적이 없다고 답한 응답 비율은 52.8퍼센트(112명)로, 경기를 관람했다고 답한 응답자 비율(47.2퍼센트·100명)보다 높았다.

이들 112명이 K리그 경기장을 찾지 않았던 이유는 경기장 접근성과 경기력 수준, 시간적 여유 부족 등이 꼽혔다. '거주지 인근에 연고팀이 없어서'(26.8퍼센트)라고 응답한 이들에 이어 '경기 수준이 낮아서'(14.3퍼센트) '경기 외 다른 흥미 요소가 없어서'(12.5퍼센트)

라는 답변순이었다. 기타(35.7퍼센트) 의견을 낸 응답자 가운데 다수(15명)는 생업 및 학업 때문에 바빠 경기장을 찾을 시간이 넉넉지 않다고 밝혔다. "K리그 TV 생중계나 하이라이트를 시청하는 것으로 충분하다"거나 "해외 축구를 시청하는 것만으로도 만족한다"는 응답자도 있었다.

다만 경기장을 찾지 않았다고 응답한 112명 가운데 상당수가 앞으로는 K리그 경기도 보고 싶다는 뜻을 전했다. 앞으로 K리그를 직접 관람할 뜻이 있는지를 묻는 질문에 84.8퍼센트(95명)가 '그렇다'고 답했다. '모르겠다'(10.7퍼센트·12명) '아니다'(4.5퍼센트·5명)라고 답한 응답자보다 월등히 많았던 점은 희망적이다. K리그가 꼭 붙잡아야 할 잠재 고객이 그만큼 늘어났다는 의미다.

한 20대 여성 응답자는 "김문환 등 국가대표팀에서 존재감을 드러낸 K리거를 통해 축구의 재미를 느꼈고, 그들이 SNS로 팬들과 소통하는 모습은 K리그에 관심 없던 이들에게 큰 매력으로 다가왔다"고 말했다. 실제 K리그를 '직관'하겠다는 뜻을 밝힌 95명에게 그 이유를 물으니 '최근 축구 재미를 느끼게 돼서'(58.9퍼센트·56명) 'K리그에 대한 호기심이 생겨서'(31.6퍼센트·30명) '함께 A매치를 관람한 친구의 권유를 받고'(4.2퍼센트·4명)순으로 응답자가 많았다.

K리그가 더 많은 관중을 끌어 모으기 위해 보완할 점을 묻는 질문엔 경기력 향상과 스타 선수 영입이 필요하다는 의견이 많았다. 20대 응답자 권 모 씨는 이렇게 하소연했다.

"친구들을 K리그가 열리는 경기장에 데려가고 싶지만, 여전히 국

설문조사에 참여하는 축구팬들

내 프로축구가 재미없다는 인식이 짙은 데다, K리그 선수가 국가대표에 발탁돼 성장하면 유럽이나 일본, 미국, 중국 등으로 속속 이적하는 바람에 '직관만의 재미'를 호소할 명분이 떨어진다."

심판 판정에 대한 신뢰도 늘어나야 하고, 팬들의 참여와 호기심을 이끌 마케팅 전략이 절실하다는 의견도 뼈아프게 다가온다.

A매치 관중들은 대체로 국내 축구 열기가 당분간 지속될 것으로 내다봤다. 국내 축구 열기가 앞으로도 계속 이어질 것으로 보는지를 묻는 공통 문항엔 전체 응답자 212명 가운데 88.2퍼센트(187명)가 '그렇다'고 응답했다. 이러한 압도적인 수치엔 오랜만에 훈풍을 맞은 K리그가 지속적인 노력을 통해 기존 축구팬을 더욱 만족시키고 새 관중의 발길을 붙잡아야 한다는 바람도 담겨 있다.

이번 설문조사엔 일부 제약 요인에서 생긴 한계도 있었다. 경기장 인근의 혼잡을 피하려고 상대적으로 입장 관중이 덜 붐비는 오후 4~6시에 설문조사를 실시한 탓에 퇴근 후 경기장을 찾은 직장인 축구팬들의 의견을 충분히 담지 못했다.

K리그는 '신규 고객' 맞을 준비됐을까?

2019년 시즌 초반 흥행을 이어가는 K리그엔 경기장을 직접 찾는 팬들이 눈에 띄게 늘었다. 처음 직접 관람을 한 팬이나 그럴 계획을 가진 팬들도 다수였다. 이는 앞선 설문조사에서 '최근 1년간 K리그를 관람하지 않았다'고 답한 응답자 112명 가운데 무려 80퍼센트가 넘는 95명의 응답자가 '향후 K리그 경기장을 찾을 계획'이라고 답한 데서 잘 드러난다. 하지만 실제 K리그가 처음 경기장을 찾은 팬들이 재관람을 원할 만큼 친화적인 환경을 갖췄는지는 고민해볼 필요가 있다.

우리가 현장에서 만난 팬들의 만족도는 크게 갈렸다. 일단 예매 단계에서부터 막막했던 적이 있다는 의견이 많았다. DGB대구은행파크 티켓박스에서 만난 고등학생 김의중 군은 K리그 인터넷 예매가 불친절하다고 토로했다. 김군은 "네이버에서 K리그 예매를 검색하고 바로 아래에 있는 예매 링크를 누르면 모바일용 웹페이지가 아니라 PC용 웹페이지로 간다"고 설명했다. 실제로 포털 사이트에서 '티켓예매-K League' 링크를 클릭하면 빈 웹페이지로 이동하는 등

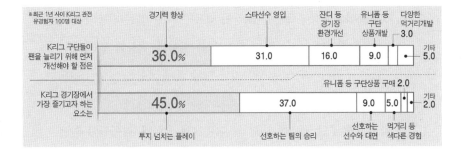

※최근 1년 사이 K리그 관전
유경험자 100명 대상

	경기력 향상	스타선수 영입	잔디 등 경기장 환경개선	유니폼 등 구단 상품개발	다양한 먹거리개발 3.0	
K리그 구단들이 팬을 늘리기 위해 먼저 개선해야 할 점은	36.0%	31.0	16.0	9.0		기타 5.0

유니폼 등 구단상품 구매 2.0

	투지 넘치는 플레이	선호하는 팀의 승리	선호하는 선수와 대면	먹거리 등 색다른 경험	
K리그 경기장에서 가장 즐기고자 하는 요소는	45.0%	37.0	9.0	5.0	기타 2.0

사용자를 고려하지 않은 문제점들이 발견됐다.

현장에서 티켓을 끊을 때나 팬스토어에 입장할 때 대기 시간이 길어 곤혹을 겪었다는 팬들도 있었다. 성남FC 팬 남정희 씨는 "티켓을 예매하고 경기장에 와도 발권을 하려면 오래 기다려야 하고, 입장할 때도 검사 시간 때문에 애를 먹는다. 모바일 티켓 등을 사용하면 좋겠지만 중·장년층은 이마저도 사용하기 어렵다"는 의견을 제시했다. 그는 "주말엔 주차 공간이 너무 협소해서 차를 다른 곳에 주차하거나 아예 처음부터 대중교통을 이용해야 한다"며 아쉬움을 전하기도 했다.

반면 K리그 팬들 가운데 상당수는 관람 환경에 대해선 일단 만족스럽다는 의견을 냈다. 대구에서 만난 유형선 씨는 "새 전용 구장이라 응원하는 맛도 나고 경기력도 좋아 유럽 축구를 보는 느낌이었다"고 전했다. 직접 경기장을 찾아보니 잉글랜드 프리미어리그나 스페인 프리메라리가 등의 유럽 축구만큼 박진감 넘치는 경기를 즐길 수 있었다는 뜻이다.

성남종합운동장에서 만난 직장인 김동근 씨도 "물론 전용 구장이라면 더 좋겠지만 여기에서도 경기는 볼 만하다. 지붕이 있는 메인 스탠드는 우천시에도 있을 만하지만 양쪽 골대 뒤편은 개선이 필요해 보인다"고 말했다.

먹거리와 구단 굿즈에 대한 의견은 크게 갈렸다. 아이들과 함께 성남종합운동장을 찾은 정혜림 씨는 "생각보다 사고 싶은 게 많아서 놀랐다"고 했다. 성남FC 팬스토어에서는 선수가 직접 사인한 주장 완장이나 마블과 제휴한 필기구 상품 등 각종 굿즈를 판매 중이었는데, 예상보다 다양한 종류를 제공해 높은 만족도를 이끌어냈다는 평가를 받았다.

반면 경남FC의 창원축구센터 홈경기에 다녀온 일부 관중은 "상품 매장은 크게 지어놨는데 진열대의 절반 이상이 비어 있는 데다 살 만한 상품이 별로 없었다. 수익성이 떨어져서 그런 것이겠지만 그보다는 구단의 성의가 부족하다는 생각이 크다"고 했다.

먹거리에 대한 반응도 구장마다 엇갈린다. 아직 입점이 덜 돼 개막전에서 간이 매대를 세워놓은 DGB대구은행파크에선 팬들의 불만이 들끓은 반면, 성남 시내 시장 음식을 경기장에 들인 성남FC의 경우 팬들은 대체로 만족했다.

초보 팬들은 '구단의 성의를 지켜보겠다'는 반응이다. 구단의 노력이 어느 정도 느껴진다면 경기장을 계속 찾고 싶다는 현장 목소리가 많았다. 성남FC는 지하철을 이용해 경기장을 찾는 팬들이 길을 잃지 않도록 역에서부터 경기장까지 '발바닥' 모양의 안내 표시물을

지하철 8호선 모란역 12번 출구 인도에 붙은,
성남종합운동장 방향을 가리키는 발바닥 모양의 안내 표시

인도에 부착해놓아 호응을 얻었다. 선수들이 즉석 사인회나 사진 촬영에 동참하는 모습에 감동하는 팬들도 있었다. 성남FC 홈경기를 찾았다 서보민 선수와 함께 사진을 찍을 수 있었던 한 초등학생은 "갑자기 만나서 깜짝 놀랐다. 그냥 사진만 찍어준 게 아니라 너무 친절히 대해줘서 감동했다"며 미소 지었다.

정치인 '경기장 유세'에 된서리 맞은 경남FC

경남FC는 2019년 4월 정치 중립 의무를 어겼다는 이유로 한국프로축구연맹 상벌위원회로부터 중징계를 받았다. 3월 30일 경남FC가 홈구장으로 쓰는 창원축구센터에서 대구FC와의 경기가 열렸는데 4·3 창원성산 재보궐 선거에 출마한 자당 후보의 유세 지원을 위해 자유한국당 당대표를 비롯한 관계자들이 경기장 안에서 금지된 선거 유세를 해 논란이 일었다. 이때 구단이 이를 적극 제지하지 않은 것은 정치적 중립 위반에 해당한다는 것이다. K리그에서 정치 중립 위반에 따른 징계가 나오기는 이때가 처음이다. 구단은 즉각 해당 정당에 공식 사과와 제재금 보전을 요구했지만 엎지른 물이었다.

경남FC에 떨어진 징계 규모는 상당히 컸다. 연맹은 자유한국당 측 관계자들이 경기장에 진입해 벌인 선거 유세를 막지 못한 책임을 물어 구단에 제재금 2000만 원의 징계를 내렸다. 규정 위반은 명백하지만 구단이 규정 위반 행위를 막으려 노력한 점과 위반 행위에 적극적으로 가담하지 않은 점 등이 참작됐다는 게 연맹 측 설명이다.

연맹 상벌위원회는, 경기 전부터 이미 선거 열기가 고조돼 있었는데도 경호 인원을 증원하는 일 같은 적절한 사전 조치를 취하지 않았고, 선거운동원들이 입장 게이트를 통과하는 상황에서 티켓 검표나 선거운동복 탈의 등 적절한 조치를 취하지 않았으며, 장내 방송을 통해 공개적으로 퇴장을 요구할 수 있었는데도 그런 조치를 취하지 않은 점 등이 경남FC의 귀책사유라고 판단했다.

다만 상벌위원회는 구단이 정치적 중립 의무를 직접적·적극적으로 위반한 사안은 아니라고 판단해 중징계를 내리지는 않았다. 관계자의 진술과 영상 자료 등을 통해 당시 구단이 유세단의 경기장 진입과 유세 활동을 제지했던 사실을 확인했고, 다른 정당의 경기장 진입은 미리 방지하는 등 구단이 규정 준수를 위해 노력한 점, 소수

K리그를 읽는 시간 1

의 구단 사무국 인원으로 다수의 선거운동원들을 완전히 통제하기에는 다소 역부족이었던 점 등을 감안해 제재금 수준의 징계를 내렸다는 것이다.

국내에선 처음으로 이뤄진 축구장 내 정치 중립 위반 행위에 따른 징계 결정엔 고심의 흔적이 묻어났다. 당초 1시간 이내에 끝낼 예정으로 오전 10시부터 시작된 상벌위원회는 무려 4시간이 넘는 마라톤 회의 끝에 결론이 났다. 조남돈 상벌위원장 등 상벌위원들은 오후 1시쯤 정회하고 30분 뒤 회의를 재개해 어렵게 결론을 내린 것으로 알려졌다. 판단하기에 앞서 조기호 경남FC 대표와 구단 직원 2명, 당시 현장에 있던 경호 업체 1명까지 총 4명의 소명도 받았다.

징계를 피하지 못한 경남FC는 자유한국당에 공식 사과와 경제적 손실 보전을 요구했다. 구단은 공식 입장문을 통해 "팬들에게 공식 사과할 것을 요청하고, 이번 징계로 인해 구단이 안게 될 경제적 손실에 대해 책임 있는 조치를 해주기 바란다"고 했지만, 정치권은 뚜렷한 보상을 하지 않았다. 공교롭게도 경남FC는 이 사건 이후 시즌 내내 부진을 털어내지 못하다 승강 플레이오프까지 치른 끝에 2부 리그로 강등됐다.

[과거는 현재의 거울]

태극 전사들의 활약은 대체로 K리그로 이어져왔습니다. 1998년 프랑스 월드컵 직후에도, 2002년 한일 월드컵 직후에도 마찬가지였죠. 다만 수치로 확인되지 않았기에 '흐름' 정도로 인식돼왔는데, 안타깝게도 국가대표팀의 활약에서 시작된 축구 열기는 대부분 금세 식어버렸습니다. K리그를 향한 A매치 관중들의 마음, 이제 보이시나요? 신규 고객을 만족시키는 문제는 흥행 유지의 첫걸음입니다. '처음 온 손님은 있어도 한 번만 온 손님은 없다'라는 '장사 잘되는 집의 비결'을 K리그 구단들도 꼭꼭 명심했으면 합니다.

▶ 3부 1998년 '한국 프로축구의 르네상스, K리그의 시작'

유니폼의 의미 있는 진화

해병대·용비늘 유니폼… 스토리 입힌 디자인으로 소통하다

축구 유니폼의 전통적 기능은 '피아 식별'이다. 흑백 TV를 보던 시절 유니폼의 채도까지 신경 써 '홈팀은 짙은 색, 원정팀은 옅은 색'을 입기로 한 전통은 지금까지도 내려올 정도다. 하지만 중계 기술을 포함한 미디어 생태계가 날로 발전하는 오늘날, 유니폼은 선수들의 결집력을 높이는 기능은 물론 산업적·사회적 기능까지 담으며 진화를 거듭하고 있다.

스포츠 마케팅 전문가들은 유니폼의 가능성이 무궁무진하다고 해석한다. 김유겸 서울대 체육교육과 교수는 "유니폼은 소속감을 드러내는 기능에 그치지 않고 최근엔 팬들과 다양한 커뮤니케이션을 나누는 소통 창구 역할을 하고 사회적 메시지를 전하는 기능도 맡고 있다"고 했다.

K리그 구단들도 저마다 재기발랄한 디자인에 다양한 스토리를 입힌 유니폼을 속속 내놓으며 팬들에게 또 다른 재미를 선사하고 있다. 소유욕이 발동한 소비자는 응원하는 구단의 유니폼을 구매하는데 주저함이 없다. K리그 유니폼이 어느덧 연고지 팬들은 물론 사회와 소통하는 매개체로 진화한 셈이다.

포항 스틸러스는 2019년 시즌 초반 해병대 창설 70주년을 기념해 한정판 유니폼을 출시했다. 구단을 상징하는 '검빨(검은색과 빨간색) 줄무늬' 가운데 검은색을 옅게 처리하는 대신 목과 소매, 등번호를 노란색으로 처리해서 해병대 셔츠를 연상케 했다. 유니폼 전면엔 해병대 엠블럼을 담고 '해병대'의 영문 표기인 'Marine'을 새겨 넣었다. 구단이 지난 30년간 이어온 해병대와의 인연을 되새기고 꾸준히 응원해온 장병들에게 보답하기 위해서다.

포항 스틸러스와 해병대의 인연은 프로축구가 태동한 1980년대 초로 거슬러 올라간다. 실업팀에서 프로구단으로 전환한 것을 기념해 구단이 지역에서 복무 중인 해병대 1사단 장병들을 경기에 초대한 것이 장대한 여정의 시작이었다. 이후 매년 서포팅 협약을 맺어 경기가 열리는 날이면 해병대원들이 스틸야드를 찾아 포항을 응원해왔다. 경기 전반 중에 스틸야드에 울려 퍼지는 해병대 군가 '팔각모 사나이'는 어느덧 구장의 명물로 자리 잡았다. 신주현 구단 마케팅팀장은 "구단과 오랜 시간 인연을 맺어온 해병대에 고마움을 표하고 지역의 정체성까지 살린다는 판단이었다"며 해병대 창설 기념 유니폼을 출시한 이유를 설명했다.

부산 아이파크도 홈경기 중 하루를 '핑크 데이'로 정하고 크게 늘어난 10대, 20대 여성 팬들의 마음을 흔들 핑크색 유니폼과 머플러를 한정판으로 내놨다. 벚꽃이 흩날리는 시즌을 맞아 여성 팬들에게 새로운 디자인의 상품을 제안한 구단의 시도는 대성공이었다. 특히 부산과 김해처럼 벚꽃 명소로 유명한 지역의 특색도 잘 살렸다는 평가를 받았다. 구단 관계자는 "선주문을 실시했는데 유니폼 수량이 일주일이 채 되지 않아 모두 동났다. 같은 기간 판매량이 홈 유니폼 판매량보다도 많았다"며 팬들의 뜨거운 반응을 전했다.

사실 K리그 구단들이 유니폼을 통해 팬이나 지역사회와 소통한 사례는 이외에도 매우 많다. 2015년 경기 안산에 연고를 뒀던 안산 경찰청축구단(현 충남아산 FC)은 당시 세월호 참사로 침체된 안산 시민에게 위안을 전한다는 의미를 담아 'We Ansan!' 문구를 유니폼 중앙에 달고 경기장에 나섰다. 특히 'We'와 'An'만 빨간색으로 적어 '위안'의 메시지를 팬들에게 전한 점은 단순히 축구계를 넘어 지역 사회에 큰 감동을 줬다. 이는 원래 프로배구 안산 OK저축은행의 아이디어였는데, 같은 지역에 연고로 둔 다른 종목 구단의 경우를 공유해 좋은 평가를 받은 대표적 사례가 됐다. 구단의 당시 메인 스폰서였던 NH농협은행도 흔쾌히 유니폼 전면 자리를 양보하며 구단 뜻에 힘을 실어줬다.

전북 현대모터스는 현충일 60주년이기도 했던 2015년 호국 영령을 기리는 의미를 담아 진녹색의 디지털 카무플라주 무늬 유니폼을 출시했었다. "나라를 지키기 위해 노력한 분들 덕에 우리가 축구

유니폼

유니폼 디자인이 팬들과 소통하는
또 다른 창구로 활용되고 있다.
위쪽 대구FC, 부산 아이파크,
중간 성남FC, 전남드래곤즈,
아래쪽 포항 스틸러스 유니폼.

를 보고 즐길 수 있다는 사실을 팬들과 함께 공유하고 싶어 헌정 유니폼을 준비했다"는 게 당시 구단이 밝힌 현충일 유니폼 제작 이유였다.

유니폼에 팀 역사와 지역 상징물을 녹여 의미를 더한 곳도 많다. 전남 드래곤즈 선수들은 팀 이름 '드래곤즈'에서 영감을 얻어 용비늘을 형상화한 유니폼을 착용하고 있다. 노란색과 검은색의 상의 바탕에 용비늘 패턴을 삽입했다.

지역의 문화유산을 모티브로 한 유니폼도 있다. 2019년 1부 리그로 승격돼 돌아온 성남FC는 유니폼 디자인만큼은 우승권이라는 평가가 쏟아졌다. 성남FC의 홈 유니폼은 검은색과 흰색의 심플한 컬러로 호평을 받았고, 원정 유니폼은 성남의 유적지인 남한산성을 형상화한 디자인을 새겨 넣어 지역의 정체성까지 담아냈다.

'하늘'을 형상화한 하늘색 유니폼을 걸친 대구FC는 2019년 유니폼의 시원한 색처럼 그야말로 하늘을 걷는 듯한 시즌을 보냈다. 홈 유니폼 상의는 파란 하늘을 뜻하는 하늘색으로, 원정 유니폼은 구름을 의미하는 흰색으로 제작됐다. 경기 내용부터 유니폼까지 모두 잉글랜드 프리미어리그의 맨체스터 시티와 닮아 '대시티'라는 애칭으로 불리기도 한다.

대구FC 유니폼엔 비하인드 스토리가 하나 있다. K리그 유니폼 제작에 처음 뛰어든 업체 '포워드'의 성의가 묻어 있다는 것이다. 포워드는 제작 단계부터 구단과 꾸준한 논의를 거쳐 현재의 유니폼을 만들어냈다. 구단 관계자는 "유명 해외 브랜드가 제작한 유니폼만이 갖는 장점도 있겠지만, 국내 기업으로 눈을 돌린다면 구단이 디자인 전문가와 충분히 논의할 수 있는 데다 다양한 요구도 유니폼에 충분히 반영된다는 장점을 누릴 수 있다"고 귀띔했다. 구단은 고공 질주 중인 성적과 인기와 더불어 늘어난 유니폼 판매량까지 세 마리 토끼를 한 번에 잡았다.

많은 부분에서 K리그가 벤치마킹해야 할 해외 유명 구단들은 유니폼을 어떻게 활용하고 있을까. 100년이 넘는 오랜 역사를 가진 해외 구단들은 다양한 디자인의 유니폼을 통해 팬들과 만나고 있다. 잉글랜드 프리미어리그의 강호 아스날은 1913년부터 사용했던 홈 구장 하이버리 스타디움에서의 마지막 시즌을 기념하기 위해 100년 전 입었던 유니폼을 재해석한 유니폼을 입고 경기장을 누볐다. 맨체스터 유나이티드는 면직물과 방직 산업으로 유명한 맨체스터를 상징적으로 표현한 격자무늬의 유니폼을 착용해 두고두고 회자됐다.

리그 차원에서 유니폼을 활용해 인종차별 금지 캠페인을 벌인 사례도 있다. 독일 분데스리가에서는 2012~2013년 시즌 3라운드 경기에서 18개 팀 모두 유니폼 상의 앞면에 각 팀의 스폰서 광고 대신 '당신의 길을 가라Geh Deinen Weg'라는 문구가 새겨진 유니폼을 입었다. 이 문구엔 다른 인종과 외국인, 동성애자 등에 대한 세상의 모든 차별에 반대한다는 의미가 담겨 있다. 그보다 한참 앞선 1992년엔 독일 동북부 항구 도시 로스토크에서 인종차별 폭동이 일어나자 '내

친구는 외국인Mein Freund ist Ausländer'라는 문구를 달고 경기에 나서
기도 했다.

잔디와의 전쟁

'누더기 그라운드' 해법은 없을까? 보일러 깔고 바람길 열어주고

리그 각 구단들은 최근 수년간 시즌 개막 때부터 종료 때까지 '잔디와의 전쟁'에 매달리고 있다. 말이 전쟁이지 해가 갈수록 급변하는 기후 탓에 봄에는 더디 자라고 여름엔 순식간에 죽어가는 잔디를 넋 놓고 바라보다 백기를 드는 경우가 다반사다. 어떤 해엔 극심한 가뭄에 잔디 뿌리가 타들어가고, 또 어떤 해엔 집중호우에 뿌리가 썩는 바람에, 선수들의 경기력과 안전에 심각한 지장을 준다는 게 현장의 목소리다.

K리그 '누더기 그라운드'에 대한 아쉬움은 2019년 3월 축구팬 212명을 대상으로 실시한 설문조사 결과에서도 드러난다. K리그 구단들이 가장 노력해야 할 대목이 무엇인지 묻는 질문에 응답자들은 '경기력 향상' '스타 선수 영입'과 더불어 '잔디 등 경기장 환경 개선'

을 꼽았다. 최근 1년 사이 K리그 관람 유경험자 가운데 16퍼센트, 무경험자 가운데 16.1퍼센트가 환경을 개선해야 한다고 입을 모았다. 주관식 문항에도 '잔디 보수 시급' '하이브리드 잔디 도입' 같은 목소리가 많았다.

그러나 한국프로축구연맹과 구단들은 "(리그 경기를 치르는) 구장 대부분이 잔디 관리엔 최악의 여건"이라고 하소연한다. 연맹 관계자는 "현재 K리그 홈구장으로 쓰이는 월드컵경기장을 설계했던 20여 년 전만 해도 기후변화에 대비할 필요성이 높지 않았다. 게다가 비용을 절감하려다 보니 잔디 생육을 고려하지 않은 설계가 이뤄졌다"고 짚었다.

특히 서울월드컵경기장과 대전월드컵경기장, 울산문수축구경기장의 경우 사면이 관중석으로 꽉 막히고 지붕까지 덮여 있어 통풍이 안 되고 볕이 잘 들지 않는다는 공통점을 지녔다. 여기에 대체로 지방자치단체 산하 시설관리공단이 경기장을 운영하는 탓에 '세입자'인 구단들의 요구가 충분히 반영되기 어렵다.

그럼에도 마냥 손 놓고 남 탓만 할 수는 없는 법. 연맹은 물론 각 구단들은 수년 전부터 잔디 문제의 심각성을 절감하고 '사계절 푸른 잔디'를 위한 해법을 찾겠다며 팔을 걷어붙였다. 기후변화를 받아들일 수밖에 없는 현실이지만, 봄(3월)에 개막해 승강 플레이오프마저 치르다 보면 리그가 겨울(12월)까지 이어지는 일정상 자칫 잔디 관리를 잘못하면 일이 커지게 된다. 선수의 경기력을 최상으로 끌어올리고 부상을 최소화하기 위해 새로운 잔디를 도입하는 고민을 더 늦

쳐서는 안 된다고 판단하고 있다.

그나마 일찌감치 대안을 찾는 노력을 하는 곳은 서울월드컵경기장을 운영하는 서울시설공단이다. 러시아 월드컵 아시아 지역 최종 예선이 열린 2017년 3월 기성용이 "경기장 잔디가 좋지 않아 중국 원정 경기보다 서울에서 뛰는 게 더 힘들다"는 인터뷰를 남기는 등 선수들의 불만이 커지자, 경기장 옆 채소밭에 하이브리드 잔디와 독일산 켄터키블루그래스 등을 심어 생육 실험을 진행했다. 국내 대부분의 경기장에 깔린 미국산 켄터키블루그래스는 15~25도에서 잘 자라는 특성을 갖고 있는데, 평균 기온이 점점 높아져 생육에 불리한 환경이 되자 이를 대체할 잔디를 찾기 위해 나선 것이다.

여러 대안을 모색한 끝에 공단이 택한 대안은 일단 '히팅 앤 쿨링 시스템'이다. 용어 그대로 잔디 아래에 난방과 냉각을 실행하는 시설을 설치해 추울 땐 땅을 따뜻하게 만들고, 더울 땐 지면의 열을 식혀 잔디 생육에 적절한 환경을 만들려는 시도다. 쉽게 말해 잔디 아래 보일러를 깐 셈이다. 실제 2019년 3월 3일 FC서울의 시즌 첫 홈 경기 땐 경기장 바닥 가운데 골 지역의 잔디만 유독 푸른 상태가 유지되면서 겨울철 잔디 관리 해법을 조금이나마 찾은 모양새였다.

하지만 시설 담당자는 "아직 성공을 예단하기 이르다"고 했다. 공단 관계자에 따르면 2018년 11월 경기장 남쪽 골 지역에만 시험 생육한 이 시스템은 일단 현재까진 효과를 보고 있지만, 좀 더 시간이 지나봐야 성공 여부를 알 수 있다고 한다.

"시험 생육이 성공한다면 전면 도입을 논의해볼 계획이다. 그래

서울월드컵경기장 잔디를 살피는 심성호 서울시설공단 차장. **사진** 홍윤기

도 당장 올여름 성공한다 하더라도 시스템의 안정성을 충분히 검토
한 뒤 전면 도입 여부를 결정할 것이다."

　여름철 더위가 심한 대구와 포항 또한 경기를 치르기에 최적화
된 잔디 컨디션을 지속하기 위해 노력 중이다. 특히 대구FC의 경우
DGB대구은행파크를 설계할 때부터 잔디 생육 문제를 고려했다. 이
동준 구단 경영기획부장은 "경기장 코너 부근 4곳에 '바람길'을 열고
관중석엔 열마다 틈을 둠으로써 경기장 모든 곳에서 바람이 통하도
록 설계했다"고 설명했다.

　포항 스틸러스의 홈구장 스틸야드 자체는 통풍 여건이 좋지 않지
만, 2013년 잔디가 크게 훼손된 일을 계기로 잔디와 경기장 아래 흙
까지 모두 교체하고 최상의 잔디를 깔았다. 이후 서너 명의 잔디 관
리 전문 인력을 투입하고 대관 행사를 갖지 않는 등 최상급 잔디를

경기 구리 GS챔피언스파크에 설치된 'K리그 인증 그라운드' 1호. **사진** FC서울

유지하는 노력을 계속해오고 있다.

인조잔디 도입 문제도 조심스레 논의되고 있다. 한국프로축구연맹은 2018년부터 국제축구연맹(FIFA) 기준을 적용한 그라운드 공인제를 도입해 구단들이 고품질 인조잔디를 연습구장 등에 설치할 길을 열어뒀다. 다만 인증 기준은 엄격하다. 국제축구연맹의 '퀄리티 프로그램' 기준을 그대로 차용했기에, 수직 공반발, 경사 공반발, 공 구름, 충격 흡수성, 피부·표면 마찰, 피부 마모율, 수직 방향 변경, 회전 저항 등 8가지 항목을 테스트해 모든 항목의 기준에 맞아야만 인증을 받을 수 있다.

연맹 관계자는 "인증은 2년에 한 번씩 갱신해야 하며 잔디 품질에 손상이 생길 경우 인증이 취소된다"고 설명했다. 천연잔디가 아니더라도 경기력에 지장을 주지 않고 선수 안전에 큰 문제가 없다면 국

K리그를 읽는 시간 1

내 구단들도 미국 등 해외 리그처럼 인조잔디 도입을 고민해볼 만한 시점이다. 경기장 설계상 한계에 부딪혀 매년 잔디 훼손을 겪으면서도 예산이 부족하다는 이유로 잔디 교체나 보수에 주저하는 구단에겐 새로운 대안이 될 수 있다.

인조잔디는 아마추어 전용인가? 북미 리그 구장에선 애용

오늘날 국내 축구계에서 인조잔디는 '아마추어 전용'으로 여겨진다. 당연히 그럴 수밖에 없다. 흔히 중고등학교 운동장에서 볼 수 있는 인조잔디는 단단하고 거칠어서 부상 위험이 높다. 이런 탓에 인조잔디는 좋지 않다는 보편적 인식이 퍼져 있다. 이렇게 경기장 품질의 척도가 천연잔디-인조잔디-흙 순서로 도식화하면서 천연잔디가 아닌 곳에서 펼쳐지는 프로 경기는 상상하기 어려운 것이 현실이다.

하지만 해외 리그로 눈을 돌리면 전혀 다른 세상이 펼쳐진다. 유럽이나 북미 리그는 기후 여건에 따라 천연잔디 대신 인조잔디를 택하는 경우도 많다. 물론 첫 번째 이유가 잔디 생육에 불리한 기후와 막대한 유지 비용 탓이다. 하지만 꾸준한 투자에 따른 연구를 거치며 웬만한 천연잔디에 버금가는 품질의 인조잔디가 속속 개발되면서 인조잔디 선호 현상이 점점 퍼지고 있다. 유럽 명문 클럽에선 인조잔디와 천연잔디를 혼합한 하이브리드 잔디가 대세로 떠오르는 추세다. 한국의 파주 축구국가대표팀 트레이닝센터(NFC)에서도 국내 최초로 하이브리드 잔디 설치가 진행됐다.

프로축구 리그 가운데 인조잔디를 활용하는 비율이 월등히 높은 곳은 단연 북미 프로축구 리그인 메이저리그사커, MLS다. MLS의 인조잔디 구장들은 국제축구연맹의 인조잔디 인증 제도에서 최고 등급인 2스타를 유지하고 있어 국제대회 개최도 가능한 수준이다. 실제 MLS 소속 구단 가운데 밴쿠버와 애틀랜타, 시애틀, 포틀랜드, 뉴잉글랜드가 홈구장에 인조잔디를 설치했다. 무려 5곳이나 된다. 단단한 재질의 인조잔디를 선호하는 미식축구 리그 NFL 팀들과 같은 홈구장을 씀으로써 지출을 최소화하려는 자구책이기도 하다.

한국 국가대표 미드필더 황인범이 소속된 밴쿠버 화이트캡스의 홈구장 BC플레이스 스타디움의 경우 1년에 160일 이상 비가 오는 이 지역 기후 탓에 아예 돔 구장을 만들고 인조잔디를 깔았다. 지역 대학팀이나 여성 축구팀과 경기장을 함께 사용하는 포틀랜드 팀버스는 홈구장 프로비던스 파크의 인조잔디를 2년마다 전면 교체하는 등 유지 보수에 심혈을 기울인다고 한다.

유럽에서도 인조잔디 활용은 보편적이다. 네덜란드와 노르웨이, 스웨덴처럼 연평균 기온이 10도 아래로 내려가는 북유럽 국가들과 천연잔디의 유지 보수 비용을 감당하기 어려운 2부 리그 팀들에서 인조잔디를 적극 활용하고 있다. 네덜란드 프로축구 리그인 에레디비시에선 헤라클레스 알멜로와 FC 즈볼레, 김남일이 뛰었던 SBV 엑셀시오르 등이 인조잔디를 사용하고 있다.

물론 인조잔디에 대한 거부감을 호소하는 선수들도 많다. 유럽

리그에서 뛰다 MLS의 LA 갤럭시로 이적했던 즐라탄 이브라히모비치는 부상 우려 때문에 시애틀과의 원정 경기에 출전을 거부하기도 했다. 인조잔디에 반대하는 목소리를 외면할 수 없었던 네덜란드 프로축구는 2020~2021년 시즌부터 천연잔디를 사용하는 구단에 리그 수익 배분에서 우선권을 주기로 했다.

이런 가운데 절충안으로 떠오른 것이 천연잔디와 인조잔디를 혼합한 하이브리드 잔디다. 이탈리아 프로축구 명문 AC 밀란과 인터밀란의 홈구장 산시로 스타디움은 잔디 생육 문제로 하이브리드 잔디를 쓴다. 잉글랜드 프리미어리그에선 맨체스터 유나이티드의 올드 트래포드, 첼시의 스탠포드 브리지, 아스날의 에미레이츠 스타디움이 선도적으로 하이브리드 잔디를 사용한 대표적 사례다.

하이브리드 잔디는 그럼 어느 정도의 비율로 천연잔디와 인조잔디를 섞는 걸까. 하이브리드 잔디에서 인조잔디가 차지하는 비율은 대체로 5퍼센트 이내의 매우 적은 수준이다. 그 정도로도 인조잔디가 땅 아래에서 천연잔디의 뿌리를 단단히 지탱하는 역할을 해 내구성을 확보한다. 겨울철에는 인조잔디 덕분에 그라운드 전체가 푸른색이 유지돼 관중들을 위한 시각 효과까지 제공한다.

하이브리드 잔디는 축구 전용 구장의 다양한 부가 수익에도 기여하는 측면이 있다. 잉글랜드 축구의 성지 웸블리 스타디움과 올드 트래포드는 비시즌 기간인 여름엔 롤링스톤즈(올드 트래포드)와 아델(웸블리 스타디움) 같은 유명 아티스트의 공연을 유치해 수익을 올리는데, 이를 비난하는 여론도 상대적으로 크지 않다. 손흥민이 새

구장 1호골 역사를 썼던 토트넘 홋스퍼 스타디움은 천연잔디 구장 아래 인조잔디를 설치한 이중 구조다. 각종 공연과 NFL 경기가 열릴 때는 천연잔디를 걷어내고 인조잔디를 사용하는 식이다. 처음부터 다양한 목적으로 활용될 수 있도록 설계됐다.

〔과거는 현재의 거울〕
잔디는 선수들의 경기력에도 큰 영향을 주지만, 경기장을 찾거나 중계를 지켜보는 관중들을 위해 '경기'라는 상품의 품격을 높이는 역할도 합니다. K리그가 구장별로 잔디 관리 능력을 평가하는 이유이기도 하죠. 지금도 전국 곳곳에선 '사시사철 푸른 잔디' 유지를 위한 연구가 진행 중이라고 합니다.

▶ 3부 2012년 '실관중수 집계, 그린스타디움상 신설… K리그의 새로운 도약

K리그 콘텐츠 유통 채널 확장
K리그 열기, 방송사 넘어 SNS 채널 달군다

포항 스틸러스와 울산 현대의 2019년 첫 번째 '동해안 더비'를 앞두고 열린 미디어데이 행사는 이전까지의 기자회견과 확연히 달랐다. 보통 방송사 아나운서나 리포터가 잡던 진행 마이크를 K리그 스타터(초보자)이자 아프리카TV의 BJ인 강은비가 잡은 것이다. 일종의 '파격'이었다.

이날 강은비의 개인 인터넷방송 채널을 통해 모든 과정이 생중계됐고, 기자회견을 전후해서도 방송은 계속됐다. 스마트폰 하나로 진행한 이날 방송을 최대 200명에 가까운 K리그 팬들이 실시간으로 지켜봤다. 팬들은 실시간으로 감독과 선수들에게 질문을 던지며 기자회견에 직접 참여했다.

불과 몇 년 전만 해도 K리그 팬들은 방송국이 외면하는 바람에 경기를 보고 싶어도 볼 수 없는 서러움에 시달렸다. 중계가 없으면 직접 경기장을 찾는 방법 외엔 도리가 없었다. 2000년대 후반 이후 인터넷 중계가 시작돼 활로를 찾았다지만, 그사이 팬들의 기대치는 더욱 높아졌다. 스포츠 중계 콘텐츠를 유통하는 환경도 급변했다.

변화 폭은 상상을 뛰어넘을 정도로 크다. 한국프로축구연맹에 따르면 2016~2019년까지 4년간 K리그 경기의 TV 시청률은 정체된 반면, 인터넷과 SNS를 통한 팬들의 K리그 콘텐츠 이용은 크게 늘었다. 지상파 평균 시청률은 3년 전인 2016년 1.63퍼센트에서 2019년 1.5퍼센트로 줄어든 반면, 포털 사이트 네이버가 실시간 중계할 때 평균 동시 접속자는 같은 기간 1만 2248명에서 2만 1207명으로 73퍼센트 늘었다. K리그 공식 유튜브 채널 영상을 조회한 수도 2017년 연간 79만 8449회에서 1년 만인 2018년 409만 3052회로 5배 이상 폭증했다. 유튜브 채널 구독자는 2018년 12월 1만 9233명에서 2019년 5월 4일 기준 3만 7955명으로 5개월 만에 두 배 가까이 늘었다. 지상파 방송사의 중계 결정에 의존하던 시대는 사실상 끝이 났다. 슈퍼매치와 동해안 더비 당시 시도된 미디어데이 자체 중계도 이러한 전략의 일환인 셈이다.

현장 곳곳에선 SNS를 통해 콘텐츠 유통 창구를 확장하거나 자체 중계 시스템을 마련하는 등 미디어 환경 변화에 민첩히 움직였다. 연맹은 기존의 미디어 정책을 전면적으로 개편했다. 유튜브나 아프리카TV 같은 영상 플랫폼을 통해 K리그 관련 콘텐츠 유통 채널을 다양화하고 폭넓게 늘림으로써 팬들을 향해 한 발 더 다가섰다.

유튜브 채널을 통해 생중계된 2019년 동해안 더비 미디어데이 행사

각 구단들은 '선수'라는 자산을 활용해 비공개 훈련 영상이나 현장 인터뷰 등을 꾸준히 내놓는 식으로 K리그 팬들의 요구에 적극적으로 반응했다. 전북 현대모터스는 2018년 시즌이 끝나고 겨울 전지훈련 때부터 선수들의 일거수일투족을 담은 '프리시즌캠', 팀에 새로 입단한 선수를 소개한 'TMI 인터뷰' 등을 제작해 호응을 얻었다.

대구FC는 2019년 처음으로 이미지 및 영상 제작 전문 업체와 손잡고 홈경기 스케치와 이벤트 영상을 구단 공식 SNS에 공유했다. 홈경기 실황 영상 '쇠돌이캠'을 운영하는 포항 스틸러스는 2018년 4월 중계방송에서 보여주지 못한 김승대의 역사적인 라인 브레이킹 (상대가 라인을 내리고 있을 때 오프사이드 선상에서 감각적으로 침투하는 것) 장면을 영상으로 내보내서 호응을 얻었고, 이를 계기로 팬들의 가려운 곳을 긁어주는 콘텐츠를 끊임없이 발굴하고 있다.

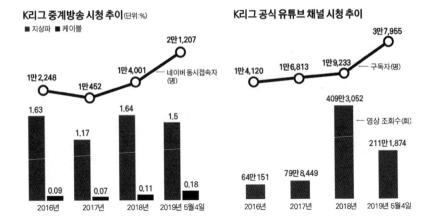

K리그 중계방송 시청 추이 (단위:%)
■ 지상파 ■ 케이블

1만 2,248 / 1만 452 / 1만 4,001 / 2만 1,207 — 네이버 동시접속자(명)

1.63 / 1.17 / 1.64 / 1.5
0.09 / 0.07 / 0.11 / 0.18

2016년 / 2017년 / 2018년 / 2019년 5월 4일

K리그 공식 유튜브 채널 시청 추이

1만4,120 / 1만6,813 / 1만9,233 / 3만7,955 — 구독자(명)

409만3,052 — 영상 조회수(회)
211만1,874
64만151 / 79만8,449

2016년 / 2017년 / 2018년 / 2019년 5월 4일

일찍부터 SNS 환경 변화에 대응한 구단들은 이제 콘텐츠의 질적 향상에 역량을 집중하고 있다. 페이스북 10만 명, 유튜브 5만 명 이상의 구독자를 거느린 FC서울은 2013년부터 아예 소셜미디어 전담 직원을 뒀다. FC서울 관계자는 "내부에서 선도적으로 SNS의 중요성을 파악하고 전담 인원을 마련했다. SNS 채널을 통해 팬들과 직접 소통하는 빈도도 잦아 팬 만족도가 높다"고 전했다. 공식 홈페이지보다 접근이 쉬운 인스타그램과 페이스북 같은 SNS 플랫폼으로 소통 창구를 바꾼 효과를 톡톡히 누리고 있는 셈이다.

구단들은 대체로 빠른 응답을 원하는 10대, 20대 젊은 이용자들과 인스타그램을 통해 소통한다고 입을 모았다. 실제 K리그 인기 구단의 경우 웬만한 프로야구 구단에 견줘 뒤지지 않는 팔로워를 확보했다.

국내보다 해외에서 더 뜨거운 반응을 얻었던 팀도 있다. 바로 '베

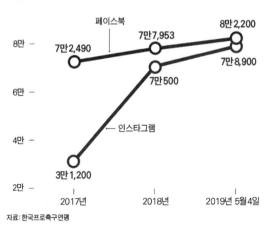

K리그 공식 SNS 계정 팔로워 변화(단위: 명)

10만 -

페이스북

8만 - 8만 2,200

7만 7,953

7만 2,490

7만 8,900

7만 500

6만 -

인스타그램

4만 -

3만 1,200

2만 -

2017년   2018년   2019년 5월 4일

자료: 한국프로축구연맹

트남 스타' 응우옌 꽁 푸엉을 영입한 덕분에 해외 팬이 급증한 인천 유나이티드다. 구단은 당시 인스타그램보다 페이스북 관리에 심혈을 기울였다. 페이스북 이용률이 다른 SNS에 비해 현저히 높은 베트남의 특수성을 고려한 것이다. 구단 홍보팀 이상민 사원은 "꽁 푸엉이 입단한 후 구단 페이스북 팔로워가 4만 명에서 7만 명으로 늘었다"고 전했다.

대구FC는 귀여운 마스코트를 활용해 틈새시장을 공략하는 전략을 사용했다. 구단 직원의 작은 아이디어에서 시작해 이제는 구단을 대표하는 아이콘으로 떠오른 '리카'가 그 주인공이다. 대구FC는 구단 공식 인스타그램 계정 외에 리카의 계정을 따로 개설해 여성과 어린이 팬들을 집중 공략했다. 10대~30대 여성 팬들에게 인기가 높다. SNS를 통해 널리 알려진 리카는 구단 굿즈로도 활용되면서 수익에 큰 영향을 미치고 있다.

　SNS에서 인기가 오른 배경엔 선수들의 인식 변화도 있다. 불과 몇 년 전까지만 하더라도 선수들은 경기만 잘하면 끝이었다. 적극적으로 미디어에 얼굴을 비추면 '운동에나 집중하라'는 비난이 쏟아졌을 정도였다. 하지만 시대가 변한 만큼 선수들이 미디어에 대해 갖는 생각도 변했다. 팬들과의 소통을 위해 본인이 직접 SNS 채널을 운영하거나 구단의 촬영 요구에 적극적으로 응하면서 팬들과의 접점이 크게 늘었다.

　여기에 화끈한 공격 축구로 K리그의 인기가 오르자, 선수들의 SNS 활동과 참여에 대한 팬들의 반응은 더욱 뜨거워졌다. 한 구단 관계자는 "최근 K리그 인기가 높아지면서 각 구단 SNS 인기도 상승 곡선을 그리고 있는 것 같다"고 평가했다. 유튜브에 'KBK Football TV' 채널을 개설해 팬들과 소통하는 김보경은 경기장에서도 맹활약하며 2019년 K리그 최우수선수로 선정됐다. "SNS는 인생 낭비"라던 알렉스 퍼거슨 전 맨체스터 유나이티드 감독의 얘기는 적어도 K리그에서만큼은 틀린 말이 됐다.

K리그 '직관' 문화 위해 발 벗고 나선 1인 미디어

　팬들이 원하는 K리그 콘텐츠를 생산하는 건 구단과 연맹뿐만이 아니다. SNS에서 인기가 높은 유명 인터넷방송 진행자들이 발 벗고 나서서 직접 관람 전도사 역할을 하고 있다.

대표적인 선두 주자는 K리그 스타터로 활동 중인 강은비와 릴카다. 2018년 BJ 감스트를 홍보대사로 영입해 효과를 본 K리그는 2019년 시즌 개막에 앞서 아프리카TV와 손잡고 'BJ 특공대'를 꾸려 '팬심'을 공략하기에 나섰다. 특히 K리그를 잘 모르는 신규 팬의 눈높이에 맞추기 위한 일환으로 인지도가 높은 배우 강은비와 70만 명이 넘는 유튜브 구독자를 지닌 릴카를 앞세웠다.

강은비는 "처음엔 걱정을 많이 했는데 잘 몰라도 K리그를 다루는 것만으로 고맙다고 응원하시는 분들이 많다"며 감사 인사를 전했다. 강은비는 시즌 개막일부터 매주 빠짐없이 경기 중계에 나서고 '내 맘대로 라운드 베스트 11'를 발표하는 등 신선한 콘텐츠를 올려 팬들의 마음을 사로잡았다. K리그1 모든 경기장을 방문하겠다는 공약을 세웠던 강은비는 "수원과 성남을 다녀왔으니 아직 많이 남았다. 곧 포항을 찍고 울산으로 떠날 계획"이라며 각오를 다지기도 했었다.

러시아 월드컵 때부터 축구에 관심을 갖게 됐다는 릴카도 'K리그 문외한'이기는 마찬가지였다. 릴카는 손흥민과 은골로 캉테(첼시FC)의 열성 팬일 정도로 축구에 관심이 많았지만, K리그에는 이제 막 입문한 차였다. 릴카는 2019년 시즌 초반 "이제 시작하는 단계이니까 열심히 배워보겠다는 각오로 스타터를 맡았다"고 소감을 전했었는데, 연말쯤 돼선 K리그 준전문가 수준으로 성장했다.

직접 관람 중심으로 K리그 콘텐츠를 진행하겠다는 목표를 세웠던 릴카는 어린이날 슈퍼매치가 열린 수원월드컵경기장을 찾아 생방송을 진행하기도 했다. 릴카는 "팬들과 함께 콘텐츠를 만들어간다는 점이 즐겁다"고 말했다. 유튜브에서 12만 조회 수를 기록한 'K리그에서 가장 엠블럼, 유니폼이 예쁜 팀은' 영상은 시청자의 제안에서 제작 아이디어를 얻었다. 일방향이 아닌 쌍방향 콘텐츠 제작의 대표적인 사례였다.

이제 소비자와 생산자의 경계가 완전히 사라지면서 팬들이 직접 K리그 콘텐츠 제작에 뛰어들기도 한다. 자카르타-팔렘방 아시안게임에서 A매치 경기를 함께 관람하며 뭉치게 된 축구 유튜브 크루 '아싸풋볼'은 평범한 30대 남성 7명으로 구성됐다. 이들은 경기 당일 스케치 영상을 유튜브에 올려 경기장에서만 느낄 수 있는 현장감을 전달하는 데 주력하고 있다. 아싸풋볼에서 활동 중인 회사원 강성국 씨는 "각자 사는 곳도, 직업도 다르지만 축구를 좋아한다는 이유 하나로 모이게 됐다. 화면으로 느낄 수 없는 '직관'의 묘미를 널리 알리고 싶다"고 전했다.

판정의 투명성을 확보하라

'오심'은 심판받고 있나요?

FC서울과 대구FC의 2019년 K리그1 11라운드 경기. 대구FC의 안드레 감독은 FC서울에 1대 2로 역전패를 당한 뒤 취재진들 앞에서 이례적으로 심판 판정을 두고 작심 발언을 했다. 억울하다는 호소였다.

"전반에 우리(대구FC)만 4개의 옐로카드를 받은 장면은 확인해봐야겠다. 우리 선수가 코뼈가 부러져 울고 있는데 왜 (심판은) 파울을 불지 않았는지도 확인해볼 것이다."

이후 일부 축구팬은 이날 주심의 판정 장면을 편집해 유튜브에 올리면서 조목조목 오심을 지적했고, 심지어 청와대 국민청원 게시판에 억울함을 호소하기도 했다.

오랜만에 '봄날'을 맞은 K리그는 잦은 판정 시비로 아쉬움을 남기고 있다. 판정 신뢰도를 높이기 위해 아시아 최초로 비디오 판독 시스템(VAR: Video Assistant Referee)을 리그에 전면 도입해 일단 효과를 보고 있다고 평가받지만, 오심 논란은 끊이지 않고 있다. 게다가 VAR를 거치고도 오심을 내는 일까지 벌어지며 판정에 대한 팬들의 불신은 쉽게 수그러들지 않는 모양새다. 경기 중계가 드물고 판정 영상 자료를 확보하기가 어려웠던 시절에야 '판정은 심판의 고유 권한'이라며 오심을 조용히 묻고 갈 수 있었다지만, 경기 장면이 수많은 온라인 채널을 통해 유통되는 시대에선 있을 수 없는 일이다. 축구팬들이 규정을 학습하고 같은 장면에 대한 다른 수위의 판정을 비교해가면서 '심판을 심판하는' 시대가 열린 셈이다.

팬들은 심판 배정 및 관리 권한을 쥔 대한축구협회가 판정의 오심 여부를 명명백백히 밝히지 않는다거나, 중대한 오심을 저지른 심판에 대한 징계를 공개하지 않는 데 대해 불만을 쏟아내고 있다. 심판 관리와 배정, 징계 결과 등을 공개하라는 요구가 잇따르는 이유도 여기 있다. 협회와 한국프로축구연맹도 이런 요구를 모르는 건 아니지만, 당장 심판 징계에 관한 정보를 낱낱이 공개하기엔 상당한 부담이 뒤따른다는 입장이다.

연맹에 따르면 심판 징계 수위를 공개하기 어려운 대표적인 이유는 징계 심판으로 낙인찍히면 구단들이 기피할 우려가 있기 때문이다. 징계를 수시로 공개할 경우, 추후 구단들이 해당 심판이 배정되는 것을 꺼리게 되고 판정 하나하나에 색안경을 끼고 볼 수 있어 또 다른 불신을 양산할 가능성이 높다는 것이다. 국제축구연맹이 주관하는 대회뿐 아니라 유럽을 포함한 세계 축구 리그도 전반적으로 이러한 이유로 심판 징계 내용을 공개하지 않고 있다.

2019년까지 K리그 심판들을 배정하고 교육했던 연맹 측은 "체계적인 심판 교육 관리 시스템을 갖춰 오심을 줄이고, 평가에 객관성을 갖추기 위한 노력을 지속적으로 해왔다"고 밝혔다. 연맹은 2018년 2월부터 K리그 교육 관리 시스템 'KRMS'(K-League Referee Management System)을 도입해 운영 중이다. 심판 판정에 대한 모든 데이터와 영상이 집대성된 일종의 포털 사이트로, 여기에 심판 개인별, 경기별, 상황별(파울·경고·퇴장·페널티킥·핸드볼·오프사이드·득점·VAR리뷰 등) 정보는 물론, 배정 이력과 누적 수당까지 종합적으로 업데이트된다.

이와 함께 경기 때마다 심판 평가관이 매긴 항목별 평점 또한 매 라운드 표출된다. 연맹 관계자는 이렇게 설명했다.

"평균 평점은 8.1~8.3점 사이이지만, 중대한 오심이 발견됐을 땐 7.9점까지 내려간다. 물론 '납득 불가' 오심의 경우 해당 심판을 하위 리그로 강등하거나 K리그와의 계약을 해지하는 장치도 마련돼 있다. 평점을 종합해 1년 주기로 주심과 부심이 각각 2명(변동 가능)씩 상위 리그로 승급하거나 강등한다. 그리고 현재 이란 등 해외 프로축구 리그로의 수출을 앞둔 KRMS는 혁신적인 시스템이라는 평가를 받고 있다."

연맹은 이러한 KRMS 정보를 향후 점진적으로 공개해 투명성을 확보하겠다는 방침을 밝혔다. 팬들의 요구 수준으로 따라가기는 어

K리그 전담심판 수 변화
(단위:명)

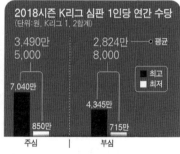

2018시즌 K리그 심판 1인당 연간 수당
(단위:원, K리그 1, 2합계)

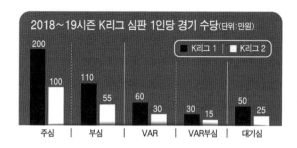

2018~19시즌 K리그 심판 1인당 경기 수당(단위:만원)

렵지만, 적어도 승패에 영향을 미친 오심 등에 대해선 영상을 공개하고 판정 근거를 설명하는 과정부터 시작하겠다는 것이다. 연맹은 2019년부터 K리그의 유튜브 채널에서 '월간 VAR' 코너를 운영함으로써 잘못된 판정은 인정하고 이를 교육 자료로 활용할 계획이다.

심판에 대한 '압박'이 갈수록 늘어나는 중에 다른 편에선 반대급부(처우)를 개선해야 한다는 심판계의 목소리도 높다. 2018년 K리그 주심 30명이 가져간 평균 심판 수당은 3490만 5000원(부심은 평균 2824만 8000원)이다. 중견 기업의 신입 사원 초봉 수준이지만 이마저도 최고 수당은 주심 7040만 원(부심 4345만 원), 최저 수당은 850만 원(715만 원)에 달해 격차가 크다.

K리그와 국제심판을 거친 전직 심판 고위 관계자는 "K리그 전담 심판의 경우 본인의 생활을 모두 리그 일정에 맞춰야 하는데, 높은 수당을 받는 일부 심판을 제외하곤 이에 따른 보상이 넉넉한 편이 아니다"라고 짚었다. 또 심판이 양질의 교육을 지속적으로 받으려면 심판 강사의 수도 넉넉히 확보해야 한다고 지적했다.

VAR 도입은 성공적, 운영·교육은 '글쎄'

K리그는 아시아에서 제일 먼저 VAR를 전면 도입해 운영하고 있다. 2017년 7월 시범 도입했다가 2019년부터 정식 도입한 VAR는 심판이 직접 보지 못한 판정이나 선수들의 눈속임을 '매의 눈'처럼 골라낸다. 심판은 이를 통해 득점 장면과 페널티 킥, 퇴장 등을 확인하고 경고나 퇴장을 잘못 선언한 것이 밝혀지면 'VAR'를 선언해 판정을 바꿀 수 있다.

2018년 러시아 월드컵보다 1년쯤 앞서 도입한 VAR가 일단 K리그 심판들의 결정적 오심을 잡아내는 역할을 톡톡히 한다는 평가를 받고 있다. 또 그 덕분에 심판 판정에 대한 항의가 줄면서 경기 진행 시간을 늘리는 효과도 가져왔다. 한국프로축구연맹에 따르면 2017년 K리그에선 127경기 동안 66회의 VAR 판독을 시도해 43차례 판정을 변경(2.95경기당 1회 판정 변경)했지만, 2018년엔 판정 변경 빈도가 줄었다. 2018년 410경기(K리그1 228경기, K리그2 182경기)에서 시행된 VAR 판독 횟수는 총 151회(K리그1 79회, K리그2

2017~2018 K리그 VAR 판독현황 비교

	2017년	2018년	2018 러시아월드컵
경기수	127	410 (1부 228 · 2부 182)	64
체크 횟수	1,213 (1경기당 9.5회)	2,843 (1경기당 6.9회)	455 (1경기당 7.1회)
판정변경 빈도	2.95경기당 1회	4.3경기당 1회	3.7경기당 1회
판독 횟수	66	151 (1부 79 · 2부 72)	20
총 판정변경 횟수	43	95(1부 51 · 2부 44)	17

자료:한국프로축구연맹

72회)로, 4.3경기당 한 번씩 판정 변경을 했다. 이는 3.7경기당 한 차례 판정을 변경한 러시아 월드컵 때보다도 낮은 빈도다. 이로써 K리그에서 VAR가 안정적으로 정착했음을 알 수 있다.

그럼에도 2019년엔 VAR를 거치고도 승패에 영향을 미치는 결정적 오심이 나오는 등 VAR 판정 신뢰도에 대한 잡음이 일었다. 판정 일관성이 흐트러졌을 뿐 아니라, VAR의 빠른 도입 이후 판독 전문 교육과 노하우 공유가 미흡했던 게 아니냐는 지적도 심판계 안팎에서 흘러나온다. 2019년 K리그1 7라운드 FC서울과 강원FC 간 경기에서 문제가 된 FC서울 측 득점 장면을 예로 들어보자. 전반 23분 FC서울 조영욱의 헤딩 패스에 이은 알렉산드르 페시치의 선제골 상황이 오프사이드였지만, 주심은 VAR를 실시한 뒤에도 득점을 선언한 원심을 확정했다. 연맹은 경기 이틀 뒤 이 장면의 오심을 인정하고 주심에게 중징계를 내렸지만, VAR 운영 및 K리그 심판 자질에 대한 의심이 고개를 든 계기가 됐다.

연맹도 이러한 지적을 받아들이면서 "심판들을 지속적으로 교육하는 게 우선 필요하다. 다양한 오심 사례를 심판들과 공유한 뒤 반성하고 보완해 판정의 일관성을 세우겠다"고 밝혔다. 또 이미 은퇴했거나 은퇴를 앞둔 경험 많은 심판을 VAR 전담 심판으로 양성해 전문성을 높이겠다는 계획도 전했다. 2020년부터는 대한축구협회와 K리그가 분리 운영해오던 심판 배정 및 교육이 대한축구협회로 일원화된다. 대한축구협회와 연맹의 노하우가 결합돼 잡음이 줄어야 판정에 대한 신뢰 또한 높아진다는 게 축구계와 축구팬들의 뜻이다.

심판의 스마트워치는 빅브라더인가?

K리그 심판들은 경기 당일은 물론 훈련시까지 일종의 '전자팔찌' 개념인 첨단 기기를 손목에 착용한다. '폴라 워치'(Polar GPS Running Watch)로 불리는 이 기기는 GPS 기능이 탑재된 스마트워치로, K리그 심판들의 동선과 훈련량 등이 수시로 집계돼 한국프로축구연맹에 데이터로 기록된다.

폴라 워치는 일단 심판이 경기 진행 시간을 파악하기 위한 전자시계로 활용된다. 하지만 같은 시각 연맹은 이 장비를 통해 심판의 이동 동선과 활동량, 최대 심박수 등 각종 데이터를 축적한다. 이렇게 모인 심판 관련 데이터는 향후 심판의 체력 관리 및 평가 참고 자료로 활용된다.

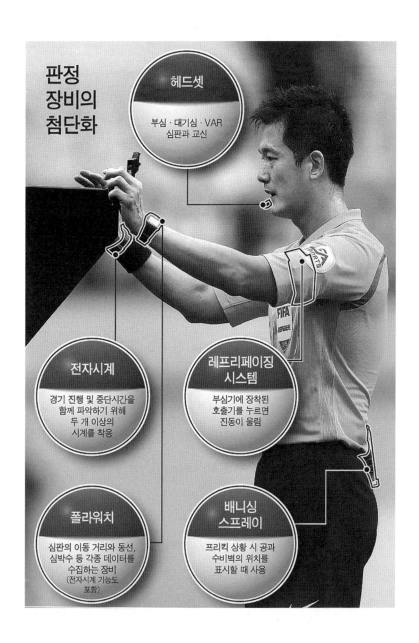

판정
장비의
첨단화

헤드셋

부심 · 대기심 · VAR
심판과 교신

전자시계

경기 진행 및 중단시간을
함께 파악하기 위해
두 개 이상의
시계를 착용

**레프리페이징
시스템**

부심기에 장착된
호출기를 누르면
진동이 울림

폴라워치

심판의 이동 거리와 동선,
심박수 등 각종 데이터를
수집하는 장비
(전자시계 기능도
포함)

**배니싱
스프레이**

프리킥 상황 시 공과
수비벽의 위치를
표시할 때 사용

이 장비가 '전자팔찌'로 여겨지는 건 경기장 밖에서의 훈련 활동도 연맹에 자료로 축적되기 때문이다. 물론 심판의 모든 일상 동선이 연맹에 넘어가는 건 아니다. 심판이 훈련할 때 폴라 워치를 착용하면 연맹은 해당 심판이 어느 정도의 거리를 몇 분간 뛰었는지 파악할 수 있다. 연맹 관계자는 "일주일에 최소 2번 강도 높은 훈련을 하도록 권장한다. 최소한의 훈련을 소화하는 심판도 있는 반면, 경기가 없는 날이면 매번 강도 높은 훈련을 하는 심판도 있다"고 했다. 이렇게 수집된 자료에 근거해 연맹은 훈련량이 부족한 심판은 물론 지나치게 많은 심판에게도 '훈련량 조절'을 권고한다.

이 밖에도 심판은 경기장 안에서 다양한 첨단 장비를 활용한다. 주심과 부심, 대기심, VAR 심판이 한꺼번에 수시로 소통할 수 있는 헤드셋이 대표적이고, 주심의 팔뚝엔 진동기가 채워져 부심이 깃발 버튼을 누르면 진동이 전해지도록 하는 '레프리 페이징 시스템 referee paging system'도 작동한다. 심판들은 또 허리춤에 '배니싱 스프레이 vanishing spray'를 장착하고 있다가 프리킥 상황이 생기면 킥 지점과 수비벽 위치를 그라운드에 표시함으로써 불필요한 실랑이를 막는다.

[과거는 현재의 거울]

K리그에 완전전임심판제가 도입된 건 2000년입니다. 국제축구연맹이 공인한 심판을 불러 교육도 시키고, 외국인 심판을 초청해 실전에 투입하고, 공정을 기하기 위해 심판 배정 기준도 꾸준히 바꾸었지만, 판정에 대한 불신은 좀처럼 가라앉지 않습니다. VAR가 도입됐는데도 말이죠. 어쩌면 완벽한 해결은 영원히 어려운 문제일지도 모릅니다. 그럼에도 분명한 건 판정의 투명성은 좀 더 높아지고 심판을 존중하는 자세도 조금씩 개선되고 있다는 점입니다. 감독이 그라운드에 들어와 심판에게 폭언과 발길질까지 일삼던 시절보다는 말이죠.

▶ 3부 1989년 '흥행 열기 걷어찬 감독의 폭언과 발길질'

1부 못지않은 2부 리그의 매력

재미가 두 배라서 K리그2

2020년에 승격한 부산 아이파크는 2019년까지 K리그2에 머무는 동안 축구팬들 사이에서 '아이돌 파크'로 불렸다. 김문환, 이정협, 박종우, 김치우 같은 실력과 외모를 갖춘 전·현직 국가대표가 많은데다, 경기력은 물론 팬 서비스도 다양해 웬만한 1부 리그팀 부럽지 않은 '직관' 문화까지 형성했다. 구단은 홈경기 때마다 경기 전과 하프타임에 진행자의 선창에 따라 팀 응원가와 함께 '부산 갈매기' 등의 '떼창'을 유도하며 흥을 돋우고, 관중들은 경기 중 서포터 'P.O.P'의 응원을 따라 하며 호응한다.

2019년 시즌은 1부와 2부로 나뉜 K리그에서 그간 '재미없고 수준 떨어진다'는 인식이 깔려 있던 2부 리그에 대한 재평가가 이뤄진 해다. 그간 1부와 2부 리그를 오가는 팀이 생기고 저마다 연고지 특색에 맞는 맞춤형 마케팅 전략을 내놓으면서, 몇몇 2부 구단은 '1부 못지않다'는 평가를 받고 있다. 축구팬 또는 연고지 시민들과의 접점을 늘리는 FC안양과 안산 그리너스가 대표적이다.

김문환과 이정협 같은 스타들이 소속된 부산 아이파크는 2018년 러시아 월드컵과 자카르타-팔렘방 아시안게임 이후 늘어난 관중을 꾸준히 유지하는 팀으로 꼽힌다. 여기엔 이 기회를 놓치지 않겠다는 구단의 절박한 노력이 녹아 있다. 부산에 사는 대학생 김성학 씨는 "올 때마다 경기가 흥미로울뿐더러 재미있는 볼거리까지 많아 여느 1부 리그 팀 부럽지 않다고 느꼈다"고 했다. 2018년 아시안게임 직후 처음 K리그 경기장을 찾았다는 그는 "팀은 수준 높은 경기력을 보이고 구단은 적극적인 팬 서비스를 펼치는 것을 보고 고정 관중이 됐다"고 했다.

실제 2018년 K리그2 구단 최초로 연간 '팬 프렌들리 클럽'으로 선정된 부산 아이파크는 2019년에도 매 홈경기마다 통 큰 팬 서비스를 펼쳤다. 3월 홈 개막전부터 부산 명물인 '삼진 어묵' 3000개를 팬들에게 '쏜' 구단은 4월엔 '핑크 데이'를 마련해 한정판 분홍색 유니폼과 머플러를 내놓았다. 5월 1일 근로자의 날엔 직장인들에게 맥주를 제공했고, 같은 달 27일엔 이정협이 직접 홈 팬들에게 커피 500잔을 '쐈다'. 6월 1일 홈경기 땐 국가대표팀 서포터 붉은악마로부터 협찬받은 응원용 티셔츠 5000장을 팬들에게 제공했다. "경기장에 오기만 하면, 자꾸 뭘 준다"는 홈 팬들의 칭찬이 과장이 아니다. 2019년 일부 1부 리그 구단들보다 더 많은 관중을 기록한 비결이기

백혈병 진단을 받은 안양중 학생을 라커룸으로 초대해 기념사진을 함께 찍고 있는 FC안양 선수들. **사진** FC안양

도 하다.

　FC안양과 안산 그리너스도 저마다의 승부수로 차츰차츰 팬들의 발길을 끌어모았다. 열성 팬이 많기로 소문난 FC안양은 2019년 시즌 도중 백혈병 진단을 받은 한 축구 소년을 위해 구단과 선수, 팬들이 합심해 감동 실화를 만들어내기도 했다. 구단 이벤트 중에 SNS 댓글 참여를 통해 숙박과 경기 관람, 경기 전 행사 참여 등 혜택을 주는 행사가 있는데, 여기에 안양 U-15(15세 이하) 유스팀(안양중) 축구부 소속이던 백혈병 소년의 어머니가 응모 글을 올리자 이를 본 팬들이 자발적으로 당첨을 포기해 '몰아주기'를 성사시킨 것이다.

　어머니가 올린 글엔 2019년 초 백혈병 진단을 받은 소년이 축구장에서 자신이 좋아하는 선수(조규성)와의 만남을 고대한다는 내용이 담겨 있었다. 실제 소년은 2019년 5월 25일 FC안양과 서울 이랜드 간 경기에 앞서 꿈에 그리던 조규성과 만남을 가진 뒤 매치볼을 전달받았고, 경기가 끝난 뒤엔 조규성의 손을 잡고 퇴장하며 관중들과 '하이파이브'를 나누기도 했다.

안산 그리너스는 수년 전부터 지역 밀착 활동의 모범이 돼왔다. 당장의 관중 모집보다 축구장을 시민 전체가 하나 될 수 있는 공간으로 만들겠다는 방향성이 돋보인다. 선수들도 직접 어린이와 노인, 장애인 등 지역민의 사정을 구석구석 살피면서 사회 공헌 활동에 적극 나섰다. 구단 관계자는 "미취학 아동과 초등학생을 대상으로 경기장 투어를 진행하는 '풋볼탐험대', 직접 학교에 찾아가 일일 체육교실과 사인회를 여는 '그린스쿨', 장애인 센터와 양로원 등을 방문해 봉사 활동을 하는 '그리너스 봉사대'가 대표적"이라고 설명했다.

라이벌전의 모든 것

감독·선수·팬까지 '무조건 승리', 한일전보다 뜨거운 'ㅇㅇ매치'

2018년 시즌에 '슈퍼매치' 역사상 최소 관중(1만 3122명)을 기록하며 '슬퍼매치'라는 비아냥거림까지 들었던 모습은 온 데 간 데 없었다. FC서울과 수원 삼성 간 88번째 슈퍼매치가 열린 2019년 6월 16일 서울월드컵경기장은 킥오프 전부터 양 팀 서포터즈의 응원전이 뜨거웠다. 상암벌이 빨강과 파랑으로 물든 가운데 홈팀 FC서울의 서포터즈 '수호신'과 원정팀 수원 삼성의 서포터즈 '프렌테 트리콜로'의 응원가가 경기장을 가득 메웠다. 이들은 선수들의 몸짓과 심판 판정, 슈팅 하나하나에 환호와 탄성을 내질렀다.

무려 3만 2057명의 관중이 몰린 이날 경기는 시원한 난타전이 펼쳐진 끝에 FC서울의 4대 2 승리로 끝났다. 이날 승리로 통산 전적에서 앞서기 시작한 FC서울(33승 23무 32패) 팬들의 기세가 등등해졌

K리그 최고의 라이벌전인 FC서울과 수원 삼성 간 슈퍼매치가 2019년 6월 16일 서울월드컵경기장에서 열렸다. 붉게 물든 FC서울의 응원단(왼쪽)과 푸른 유니폼을 갖춰 입은 수원 삼성의 응원단이 열띤 응원전을 펼치고 있다

다. 수호신 의장을 맡고 있는 박성혁 씨는 "슈퍼매치는 절대 지면 안 되는 경기다. 쉽게 말해 국가대표팀의 한일전만큼 중요하다"고 목소리를 높였다. 2020년 시즌까지의 전적은 FC서울이 35승 23무 33패로 앞선다.

슈퍼매치는 일종의 더비 매치로, 이는 보통 같은 지역이나 인접 도시를 연고로 하는 팀 간의 맞대결을 뜻한다. 이날의 승리는 승점 3점 그 이상을 의미하기에 선수들과 감독, 팬들의 승부욕은 더욱 불타오른다. 최용수 FC서울 감독도 "다른 경기와는 분명 다르다. 엄청난 압박감과 스트레스가 뒤따른다"고 토로한다.

슈퍼매치는 K리그를 대표하는 라이벌전이다. 2009년 국제축구연맹은 전 세계 더비를 소개하며 FC서울과 수원 삼성 간 슈퍼매치를 7번째로 언급했다. 20년 전 안양 LG와 수원 삼성 간 '지지대 더비'의 역사까지 거슬러 올라가기도 하지만, 보통 안양 LG가 FC서울로 이름을 바꾸면서 서울월드컵경기장에 터를 잡은 2004년 이후의 경기를 슈퍼매치라 부른다.

2008년 12월 K리그 챔피언 결정전 2차전은 양 팀 팬들이 꼽은 최고 명승부 가운데 하나다. 후반 막판부터 내리던 함박눈과 함께 수원 삼성이 2대 1로 승리하면서 4년 만의 우승을 확정 지었다. 출범 100년이 넘는 해외 리그와 비교하면 K리그는 38년이라는 짧은 역사를 가졌지만, 슈퍼매치를 비롯한 라이벌전은 K리그의 다양한 스토리를 차곡차곡 쌓으며 팬들의 관심을 이끄는 강력한 흥미 요소로 자리 잡았다.

포항 스틸러스와 울산 현대 간 '동해안 더비'는 K리그에서 가장 유서 깊은 역사를 자랑한다. 경상도를 대표하는 양 팀의 대결로 과거엔 '영남 더비'라고도 불렸다. 1973년 창단한 포항 스틸러스는 실업축구 시절부터 매해 전국실업축구연맹전 우승을 휩쓴 전통의 강자였다. 그러던 중 현대 호랑이축구단이 인천과 강원을 거쳐 1990년 울산에 자리 잡으면서 양 팀의 라이벌 구도가 형성됐다. 2001년 울산 현대 출신 김병지가 포항 스틸러스로 이적하고, 2009년과 2011년 포항 스틸러스 출신 오범석과 설기현이 울산 현대로 이적한 일은 양 팀의 라이벌 의식을 더욱 부추겼다. 포항 스틸러스가 '울산은 포항 승점 자판기' 응원가를 부르면, 울산 현대는 이를 되받아 '고

철덩어리'라 놀릴 정도다.

팬들의 머릿속에 남아 있는 경기는 2013년 12월 K리그 클래식 최종전이다. 리그 1위 울산 현대(승점 73점)와 2위 포항 스틸러스(승점 71점)가 우승을 걸고 맞붙은 사실상의 결승전이었다. 해병대 출신으로 포항 스틸러스 팬들의 사랑을 독차지하던 김원일이 후반 추가 시간에 결승골을 넣어 팀의 극적인 역전 우승을 이끌었다. 2019년 12월 1일 울산종합운동장에서 열린 시즌 최종전 결과도 두고두고 회자되는 승부다. 울산 현대는 포항 스틸러스와 비기기만 해도 우승할 수 있었지만, 김기동 감독이 이끄는 포항 스틸러스가 울산 현대를 4대 1로 꺾어버렸다. 같은 시각 전북 현대모터스가 강원 FC에 1대 0 승리를 거두면서 우승 트로피는 전북 현대모터스에 돌아갔다. "다른 경기에선 져도 동해안 더비에선 지지 말아달라는 게 팬들의 부탁"이라던 김감독이 다 차려진 울산 현대의 잔칫상에 시원하게 재를 뿌린 격이다.

'호남 더비'는 전북 현대모터스와 전남 드래곤즈 간 대결을 뜻한다. 두 팀은 1994년 나란히 창단해 20년 넘도록 라이벌 역사를 쌓았다. K리그 최강팀으로 군림하는 전북 현대모터스가 우세하지만, 전남 드래곤즈가 2015년 4월 홈에서 전북 현대모터스의 리그 22경기 무패 행진을 마감시킨 적도 있다.

더비 매치는 K리그 클럽들이 몰려 있는 수도권에 많다. 수원 삼성과 수원FC 간 '수원 더비', FC서울과 인천 유나이티드 간 '경인 더비' 등이 대표적이다. 경기 남부 도시 간 맞대결인 성남FC와 수원

K리그 라이벌전 10선

	슈퍼매치		
FC서울		수원삼성	

	동해안더비		
포항		울산	

	현대가매치		
울산		전북	

	*제철가매치		
포항		전남	

	경인더비		
FC서울		인천	

	계마대전(마계대전)		
수원삼성		성남	

	전설매치		
전북		FC서울	

	*호남더비		
전북		전남	

	*깃발매치		
성남		수원FC	

	*수원더비		
수원삼성		수원FC	

*표기는 현재 1부-2부로 나뉘어 정기적으로 열리지 않음 〈자료:한국프로축구연맹〉

삼성 간 '계마 대전'(마계 대전)도 인접 지역 강호들 간 맞대결로 관심을 모아왔다. 계마 대전은 과거 성남 일화 당시 양 팀 마스코트였던 천마와 아길레온(상체는 독수리, 하체는 사자인 상상의 동물)에서 따온 이름이다.

'현대' 간판을 함께 달고 있는 울산 현대와 전북 현대모터스 간 매치는 '현대가 매치'로 불린다. 모기업의 든든한 지원 아래 탄탄한 전력을 꾸준히 유지해온 팀들 간의 대결이라 대체로 높은 수준의 경기력을 보여준다. 특히 2019년엔 마지막까지 치열한 우승 다툼을 벌이며 리그 흥행에 불을 붙였다. 포스코를 모기업으로 두고 있는 포항스틸러스와 전남 드래곤즈 간 매치는 '제철가 매치'로 불려왔다.

시민구단의 당연직 구단주인 시장들끼리 입씨름을 벌이다 만들어진 라이벌전도 있다. 성남FC와 수원FC 간 '깃발 매치'가 그렇다. 2016년 5월 이재명 당시 성남시장이 SNS를 통해 '패하는 팀의 연고지 시청에 이긴 팀의 깃발을 걸자'고 제안한 걸 염태영 당시 수원시장이 수락하면서 성사됐다. 결국 승리한 팀이 상대편 홈구장에 구단기를 내거는 방식으로 결정됐다.

웃지 못할 탄생 비화를 가진 더비도 있다. 전북 현대모터스와 FC서울 간 '전설 매치'는 FC서울이 2010년 3월 홈 개막전에 걸그룹 티아라를 초청하면서 촉발됐다. 이날 티아라는 FC서울이 아닌 전북 현대모터스의 팀 컬러인 연두색으로 의상을 맞춰 입고 나와 원정 팀인 전북 현대모터스 팬들의 환호를 받는 묘한 상황이 벌어졌다. 게다가 이날 결승골로 전북 현대모터스의 1대 0 승리를 이끈 심우연이

친정팀을 상대로 권총 세리머니를 하면서 새로운 라이벌 관계가 생겨났다.

호남 더비와 깃발 매치, 수원 더비는 2020년 해당 팀들이 K리그1, K리그2로 갈리는 바람에 향후 리그 승강이 되거나 FA컵이 아닌 이상 성사되기 어렵게 됐다.

연고지를 이전하면서 사라진 수원 삼성과 안양 LG 간 '지지대 더비'

국내 최고 라이벌전으로 자리 잡은 수원 삼성과 FC서울 간 슈퍼매치는 사실 2004년 안양 LG가 서울로 연고지를 옮기기 전까지는 없었던 이름이다. FC서울이 안양 LG 치타스 시절 수원 삼성과 벌인 '지지대 더비'(1번 국도 더비)가 시초다. 지지대 더비는 수원과 안양을 잇는 1번 국도에 있는 고개 이름 '지지대'에서 따온 명칭으로, 안양에서 서울로 연고지를 옮긴 이후에 명명됐다.

당시 수원 삼성과 안양 LG 간 라이벌전은 현재 슈퍼매치 이상의 스토리를 품고 있었다. 경기도를 대표하는 두 인접 도시 간 라이벌전인 데다, 모기업 삼성과 LG 간 대리전, 푸른색과 붉은색의 색채 대비, 여기에 K리그 최고 스타들을 보유한 팀들이라는 성격상 두 팀의 대결은 언제나 흥미진진했다.

안 그래도 만나기만 하면 불같은 대결을 펼치던 두 팀의 관계에 기름을 부은 두 인물이 있다. 조광래 현 대구FC 사장과 서정원 전 수원 삼성 감독이다. 1999년 안양 LG 감독으로 부임한 조광래 감독

서정원(왼쪽) 전 수원 삼성 감독이 안양 LG 시절 전북 현대모터스를 상대로 공격하고 있는 모습. 오른쪽은 우크라이나 용병 세르히 스카첸코. **사진** 한국일보

은 수원 삼성의 초대 사령탑인 김호 감독 아래서 코치로 있었다. 하지만 불화 끝에 수원 삼성을 나와 안양 LG 감독으로 부임하면서 라이벌 감독 체제가 구축됐다.

'날쌘돌이' 서정원 전 수원 삼성 감독은 1992년 안양 LG에 입단해 1997년까지 팀의 대표 스타로 이름을 날렸다. 하지만 프랑스 리그 RC 스트라스부르로 이적했다가 1999년 국내로 복귀하는 과정에서 안양 LG가 아닌 수원 삼성의 유니폼으로 갈아입었다.

당시 구단 최고 스타를 라이벌 팀에 뺏긴 안양 LG 팬들은 충격에 빠졌다. 2000년 스페인 프리메라리가 FC바르셀로나에서 라이벌 팀인 레알 마드리드로 이적한 루이스 피구에 비유하면서, 안양 LG 팬

K리그를 읽는 시간 1

부천 SK 시절의 조성환(왼쪽)
전 제주 유나이티드 감독과
안양 LG 시절의 최용수 FC서울 감독.
사진 한국일보

들은 서정원의 유니폼을 불태우는 퍼포먼스까지 벌였다. 이후 서정
원은 2003년 5월 18일 벌어진 지지대 더비에서 안양 LG를 상대로
환상적인 오버헤드 킥으로 안양 LG 팬들의 가슴에 비수를 꽂는 등
수원 삼성의 전성기를 함께했다.

  FC서울 구단은 '연고 복귀', 안양 LG 팬들은 '연고 이전'이라는
표현을 쓰지만, 안양 LG 시절 열정 넘치는 팬들과 함께 쌓은 스토리
가 멈춰버린 건 아쉬움으로 남는다. 안양 LG를 응원하다가 현재는
K리그2 FC안양의 서포터 '레드'에서 회장을 맡고 있는 송영진 씨는
"안양 연고지를 버리지 않았다면 지금보다 더 완성된, 또렷한 라이
벌 역사를 이어갈 수 있었을 것이다. 리그의 근간인 팬들과 함께 쌓

아온 스토리를 버린 건 어리석고 안타까운 일이다"라고 했다.

부천 SK도 2006년 갑자기 제주 서귀포로 연고지를 옮기며 '헤르메스'로 대표되던 열성적인 팬 문화를 잃었다. 구단이 떠난 자리에서 팬들이 주축이 돼 창단한 FC안양(2013)과 부천FC 1995(2007년)는 비록 대기업이 운영하던 과거에 비해 화려하진 않지만, 자생력을 갖춰가며 새로운 스토리를 쓰고 있다. 팬들은 지금도 운영난을 겪는 일부 구단들이 연고 이전을 검토하는 것에 대해 "기업 논리에 기대어 팬들을 쉽게 등져선 안 되며, 창단을 앞둔 구단이라면 먼 훗날을 내다보는 책임 있는 자세를 가져야 한다"고 외친다.

[과거는 현재의 거울]

한일전을 앞두고 흔히 나오는 '일본에겐 가위 바위 보도 지면 안 된다'는 각오는 그만큼 선수들에게 단순한 1승을 넘어선 동기부여가 됩니다. 선수와 감독은 팬들의 승리 열망을 충족시키기 위해 최고의 전력을 쏟아 붓고, 경기장엔 다른 경기에선 느낄 수 없는 전율이 가득합니다. 잉글랜드 프리미어리그의 '맨체스터 더비'(맨체스터 유나이티드와 맨체스터 시티)나 '머지사이드 더비'(리버풀과 애버턴), '북런던 더비'(아스널과 토트넘), 스페인 프리메라리가의 '엘 클라시코'(레알 마드리드와 FC 바르셀로나) 같은 흥미로운 라이벌전의 역사는 우리 삶 곁에서도 차근히 쌓여가고 있습니다.

▶ 3부 2007년 "슈퍼매치'의 탄생과 꿈의 5만 관중 시대 개막

열악한 장애인 관람 환경
휠체어 탄 관중에게도 '지정좌석' 권리를!

FC서울 열혈 팬인 중학생 박 모 군의 모친 권영혜 씨는 아들을 데리고 원정 경기를 보러 떠날 때면 걱정부터 앞선다. 경기장에 들어갈 때 중증장애(뇌병변)를 안고 태어난 아들의 휠체어와 함께 이동할 동선을 알지 못해 막막하기 때문이다. 구단 홈페이지에 동선 안내가 거의 없을뿐더러 티켓 예매 사이트엔 휠체어석 티켓 정보조차 없다. 구단에 전화해 문의해도 여러 직원을 거쳐야 정보를 얻을 수 있는데 그마저도 틀린 경우가 다반사다. 경기장 밖에서부터 휠체어 동선을 찾아다니다 진을 뺄 때가 많다. 이는 대부분의 구단이 휠체어석까지 지정좌석제로 운영하는 프로야구 관람 환경에 비해 크게 뒤처진 모습이다.

FC서울과 울산 현대 간 2019년 K리그1 18라운드 경기가 열린

서울월드컵경기장 휠체어석 출입구 앞에 경기장 내 입점한 대형마트의 자재가 놓여 있다.

서울월드컵경기장에서 만난 권씨는 전반적인 사정을 털어놓으며 아쉬워했다.

"공연 시설이나 프로야구장에 비해 K리그는 장애인 이동권에 대한 인식 자체가 없거나 크게 부족한 경우가 많다. 서울월드컵경기장은 안내된 출입구가 단 한 곳뿐이고 좌석 선택권이 없어 아쉽지만, 원정 경기를 몇 차례 다녀보니 그나마 서울이 가장 나은 편이더라."

그런데 서울월드컵경기장의 경우 휠체어석 출입구가 경기장에 입점한 대형마트의 물품들에 가려 있어 처음 이곳을 찾는 이들은 안내 없이는 웬만해선 한 번에 찾아 들어가기 어려웠다.

휠체어를 탄 관중들은 K리그가 폭넓은 인기와 역사에도 불구하고 장애인에 대한 인식이 여전히 부족한 편이라고 입을 모은다. 좌석 선택 불가, 휠체어 이동로 파손 및 장애물 적치, 직원의 안내 부족, 비장애인 관중의 배려 부족 등 이들이 호소하는 불편은 다양하

2019년 6월 22일 안산와스타디움에서 열린 K리그2 안산 그리너스와 부산 아이파크 간 경기에서
휠체어를 탄 지영근 씨가 휠체어 지정석 끝자리에서 경기를 지켜보고 있다.

다. 구단들은 "무료입장이라 예매도 없는 것"이라고 항변하지만, 장
애인들은 "무료입장이면 정보 접근권이나 좌석 선택권은 왜 없느냐"
고 되묻는다.

공연장이나 프로야구장의 경우 대체로 휠체어석 예매 시스템이
나 동선 안내가 갖춰진 데다 다양한 자리에서 관람할 '좌석 선택권'
까지 상당 부분 보장되는 추세이지만, K리그를 보려면 장애인들은
여전히 '오늘도 부딪쳐보자'는 각오를 다지고 움직여야 한다.

안산와스타디움에서 만난 중증 장애인 지영근 씨는 경기장 서측
에 한 줄로 마련된 휠체어석 끝자리에서 K리그2 경기를 지켜보고
있었다. 그는 "다른 자리엔 비장애인들이 먼저 자리 잡고 있어서 맨
끝에 앉게 됐다"고 했다. 장애인석은 다른 자리에 비해 앞뒤 간격이
넓은 데다 난간에 발을 올리고 편하게 볼 수 있는 구조라 일찍 들어
찬다는 얘기다. 물론 스태프들의 제지는 없었다.

2019년 6월 22일 K리그2 FC안양과 광주FC 간 경기가 열린 안양종합운동장에서 장애인들이 경기를 관람하기 위해 가변석에 자리했지만, 높은 난간과 동선 오류로 인해 불편을 겪었다.

그나마 일부 구단들은 이러한 문제점을 파악하고 장애인 친화적인 관람 환경을 만들고 있다. FC안양은 2019년 홈구장인 안양종합운동장에 가변석을 설치하는 과정에서 출입구와 가장 가까운 위치에 휠체어 이동로를 설치했다. 휠체어석을 그라운드와 가장 가까운 곳에 배치하는 등 관람 환경을 개선하려는 노력의 흔적이 묻어났다. 티켓 판매 역시 중증 장애인(옛 기준 1~3급)을 구분해 혜택에 차등을 둠으로써 신체에 불편이 큰 이들을 우선 배려했다.

그럼에도 2019년 6월 22일 휠체어를 타고 안양종합운동장을 찾은 이들은 온전히 경기를 관전하기 어려웠다. FC안양은 안양시 장애인단체총연합회 회원 98명과 조력자 등 150여 명을 홈경기에 초청했는데, 이들은 휠체어석 설계 오류에 따른 불편을 겪었다. 휠체어를 탄 이들의 눈높이를 고려하지 못한 채 난간을 높게 설계한 데다, 휠체어석 바로 앞이 이동로인 탓에 관중들이 이동할 경우엔 시야가

K리그를 읽는 시간 1

2019년 6월 22일 안산와스타디움 경사로에엔 신용카드 높이쯤 되는 턱이 생겨
휠체어와 유모차가 이동하는 데 불편을 초래했다.

가려진다. FC안양 관계자는 "시행착오가 맞다. 오늘 휠체어를 이용
해 경기장을 찾은 관중들의 목소리를 충분히 듣고 하루빨리 개선하
겠다"고 했다.

　이날 경기장을 찾은 장애인들은 되레 "세심함이 아쉽지만 시도
자체가 고마운 일"이라고 했다. 작동조차 않는 휠체어 리프트가 방
치돼 있어 관람을 포기하고 돌아가야 했던 3, 4년 전과 비교하면 박
수칠 만한 일이란다. 이날 전동휠체어를 이용해 경기장을 찾은 김원
(지체장애) 밀알장애인자립생활센터장은 이렇게 설명했다.

　"휠체어 이용자를 위한 편의 고려는 보편적 관람권 확보의 첫걸
음이다. 단순히 장애인뿐 아니라 유모차를 가져온 젊은 부모, 보행기
를 사용하는 노약자 등 모든 세대를 위한 장치이기도 하다. 이렇게
장애인 이동권 확보를 위해선 구단과 한국프로축구연맹, 더 나아가
경기장 운영 주체(지방자치단체나 시설관리공단)의 투자와 노력이 절

실하다."

해외에서도 장애인 차별 문제로 진통

해외에서도 축구장 장애인 배려석을 둘러싼 논쟁은 끊이지 않는
다. 장애인 배려석의 수가 턱없이 부족하거나 시설이 안전하게 갖춰
지지 않은 것을 바라보는 경고의 목소리다. 장애를 가진 팬들이 휠
체어석을 확충하라고 목소리를 높이면서 구단들도 문제의식을 갖고
개선해나가고 있다.

실제 해외에선 종종 '빅게임' 원정 경기에서 휠체어석 이용을 두
고 논쟁이 붙는다. 2019년 5월 2일(한국 시간) FC바르셀로나의 홈구
장인 캄프누에서 열린 2018~2019년 유럽축구연맹(UEFA) 챔피언
스리그 리버풀FC와 FC바르셀로나 간 준결승전 1차전에서 장애인
배려석 수를 두고 문제가 제기됐다. FC바르셀로나가 리버풀FC 측
에 장애인 배려석을 고작 5개만 배정한 탓이다. 대부분 잉글랜드 프
리미어리그 경기장엔 휠체어석이 넉넉히 갖춰져 있는데, 캄프누 경
기장은 9만 7000명까지 수용할 정도로 큰 구장인데도 휠체어석이
지나치게 적게 배정된다는 얘기다.

리버풀FC 팬들은 "챔피언스리그의 지난 8번의 원정 경기에서 장
애인 팬들도 무리 없이 경기를 관람할 수 있었지만, 캄프누 경기장
에는 좌석이 턱없이 부족해 준결승 1차전을 볼 기회를 잃었다. 이
미 여행 일정을 잡고 비용을 치른 장애인 팬들이 손해를 봤다"고 적

극적으로 항의했다. 또 "구단과 유럽축구연맹의 조치도 필요하다"고 목소리를 높였다.

휠체어석 운영이 비교적 잘 되고 있다는 잉글랜드 프리미어리그에선 한 발 더 나아가 안전 확보에 대한 요구가 높다. 맨체스터 유나이티드의 홈구장 올드 트래포드에 장애인 배려석이 그라운드와 원정 팬 좌석 사이에 끼어 있는데 응원이 격렬한 챔피언스리그 유럽대항전 당시 아찔한 일이 발생한 것이다. 파리 생제르맹 FC(PSG) 팬들은 2019년 2월 올드 트래포드에서 치른 챔피언스리그 16강 1차전에서 가까이 앉아 있던 맨체스터 유나이티드 장애인 팬들에게 의자를 뜯어 던지고 협박을 하는 등 난동을 부렸다. 이에 맨체스터 유나이티드 팬들은 FC바르셀로나와의 챔피언스리그 8강 1차전을 보이콧하고, 장애인석과 원정석 간 위치를 조정하라고 대책을 요구했다. 맨체스터 유나이티드 구단 측은 팬들의 요구에 응해 장애인 배려석을 이전·확대하기로 했다.

선수 인권을 외면했다가 국제적 망신을 당한 대전 시티즌

2019년 7월 K리그 관련 소식이 영국 일간지 더선에 실렸다. 흥행 소식도 아니요, 해외 유명 구단으로 이적하는 스타 소식도 아니다. 대전 시티즌이 브라질 국적의 A선수를 영입하기로 발표했다가 하루 만에 철회했는데 이 철회 사유(후천성면역결핍증 양성 반응)를 다룬 가십성 보도다. 매체는 A선수를 두고 얽힌 황당한 영입 철회 과정과 함께 선수의 사진과 이름, 병명까지 그대로 적시했다. K리그엔 망신살이 뻗치고 선수 개인에겐 크나큰 상처가 된 보도다.

더욱 황당한 건 선수 인권을 짓밟은 이러한 내용이 구단이 낸 보도자료를 통해 세간에 알려졌다는 점이다. 대전 시티즌은 당시 A선수 영입 철회 소식을 전하며 그의 의료 기록까지 알렸다. 메디컬 테스트 결과가 끝까지 나오지 않은 상태에서 섣불리 영입 발표를 한 실수를 덮으려고 선수에게 돌이킬 수 없는 상처를 안긴 셈이다.

후천성면역결핍증 예방법에 따르면 감염인을 진단한 사람 등은 감염인의 동의 없이 업무상 알게 된 비밀을 누설해선 안 되며, 이를 위반하면 3년 이하의 징역 또는 3000만 원 이하의 벌금에 처하도록 돼 있다. 주로 의료인에 적용되는 법 조항이라 구단이 처벌 대상이 되기는 어렵다지만, 선수로선 자신의 의지에 반해 병명이 공개된 데 대한 책임을 구단에 얼마든지 물을 수 있다.

A선수는 결국 K리그에 발을 붙이지 못한 채 브라질 원소속 구단으로 복귀해야 했다. 대전 시티즌 측은 "(협의 시간이) 우리에게도 괴로운 시간"이었다고 밝혔지만, A선수는 아물지 않을 상처만 안고 한국 땅을 떠나게 됐다. 이 사건은 K리그 구단이 얼마나 소수자를 배려하려는 의식이 부족한지를 제대로 드러낸 단면이라 더욱 아쉽다.

올스타전 딜레마

꿈의 무대는 옛말, 존폐 기로에 선 올스타전

2019년 7월 여름 서울월드컵경기장에선 올스타전인 듯 올스타전이 아닌 축구 이벤트 매치가 열렸다. 세계 최고 축구 스타 크리스티아누 호날두를 앞세운 이탈리아 프로축구 세리에A 리그 우승팀 유벤투스FC의 방한 경기였다. 이 경기는 K리그 선발팀(팀 K리그)이 나서는 데다 당초 K리그 올스타전이 예정됐던 날이라 자연히 올스타전으로 여겨졌지만, 한국프로축구연맹은 "올스타전은 아니다"라고 선을 그었다. 경기 대행사 '더페스타'가 주관한 경기이고, K리그의 스폰서 계약상 올스타전이라는 명칭을 사용했을 때 마찰이 생길 것을 우려해 의미를 축소한 것이다.

올스타전을 올스타전이라 부를 수 없는 홍길동 같은 이 경기엔 연맹과 유벤투스FC, 더페스타가 손잡은 대형 수익 사업 정도의 의미가 부여됐다. 그런데 정작 호날두가 출전하지 않으면서 축구팬들은 소송을 불사할 정도로 배신감에 휩싸였다. 누가 지었는지, 호날두에겐 '날강두'라는 입에 착 붙는 별명도 생겼다.

불과 10년 전만 해도 여름 휴식기마다 꾸준히 열렸던 K리그 올스타전은 이처럼 의미와 방향성을 잃은 채 명맥을 제대로 잇지 못하고 존폐 기로에 섰다. 형식과 명칭도 그때그때 다르고, 아예 올스타전을 건너뛰는 빈도도 늘었다. 현장엔 K리그 선수와 팬들이 어우러지던 과거 형태의 올스타전을 되살려 콘텐츠를 늘려야 한다는 목소리와, 올스타전 자체가 축구 문화 특성에 맞지 않으니 아예 폐지하는 게 오히려 낫다는 목소리가 공존한다.

과거 올스타전은 이름대로 K리그를 대표하는 스타들을 한자리에 불러 모아 그들의 다채로운 끼와 재능을 즐길 수 있는 무대였다. 팬과 선수들이 한 팀을 이뤄 승자를 겨루는 이어달리기부터, 프로야구 올스타 홈런왕 콘테스트만큼 치열했던 '캐논 슈터 선발전', 해를 거듭할수록 기발해지는 골 세리머니 등 추억들을 남겼다.

2000년 K리그 올스타 김병지는 이렇게 전했다.

"현역 시절 올스타전은 K리그의 모든 구성원이 함께한 축제이자, 선수들로선 인기도를 가늠할 수 있는 꿈의 무대였다. 그런데 이제 축제 같은 분위기가 여러 이유로 사라져가니 아쉽다. 올스타전을 사업적으로 어떻게 끌어갈지 고민해볼 시기인 것 같다."

K리그 올스타전은 청군과 백군(1991, 1992년), 청룡과 백호(1995, 1997년), 중부와 남부(1998~2007년)로 나눠 맞대결을 펼치는 전통

한일 월드컵 직후인 2002년 8월 15일 서울월드컵경기장에서 열린 K리그 올스타전에서 선수들이 'CU@K리그(See you at K league)' 슬로건 조형물 앞에서 인사하고 있다. 사진 한국일보

이 있었지만 2008년부터 맥이 끊겼다. 이후 '프로축구 한일전'인 조모컵(2008~2009년)으로 대체되면서 방향성이 흐려졌다.

K리그 인기가 하락세를 그리기 시작한 2010년대에 들어 이어진 '일회용 올스타전'은 꾸준히 사람들의 입길에 올랐다. K리그는 2010년 FC바르셀로나를 초청했다가 오만에 가까운 상대의 태도에 상처를 받았고, 2013년엔 K리그 클래식(1부)과 챌린지(2부) 올스타에 각각 억지춘양으로 유럽파 선수들을 끼워 넣었다가 K리거들이 들러리만 선 게 아니냐는 비판에 직면했다. 2017년엔 K리그 올스타가 22세 이하 선수로 꾸려진 베트남 국가대표팀과 원정 경기를 펼쳤다가 지고 말았다. 졸전과 패배에 따른 비난 여론까지 떠안으며 명문도 실리도 잃은 최악의 올스타전으로 기록됐다.

2019년 유벤투스FC와의 경기도 성사 직후부터 실패작이라고 평가받은 2010년 FC바르셀로나전의 재탕이 아니냐는 우려의 목소리가 나왔으나, 연맹은 호날두 출전 시간 확보, K리그가 요구한 일정 관철, 저가 티켓(3만 원) 판매 관철 등 진일보한 협상 내용을 강조했다. 최대 40만 원의 고가 티켓이 논란이 되면서도 예매 개시 2시간 여 만에 매진되며 일단 티켓 장사엔 성공했는데, '호날두 노쇼' 사태가 벌어지며 혼란이 걷잡을 수 없이 커졌다.

아예 올스타전이라는 틀을 버리고 모든 선수가 온전한 휴식을 취하거나, 2019년 때처럼 해외 명문팀을 꾸준히 초청해 차라리 사업성을 높이는 게 낫다는 의견도 나온다. 한준희 KBS 축구해설위원은 이렇게 지적했다.

"올스타전은 축구 문화 특성에 어울리지 않는 포맷이라 아예 없애는 편이 나을 수 있다. 과거처럼 중부와 남부팀으로 나눠 라이벌인 FC서울과 수원 삼성이 한 팀, 울산 현대와 포항 스틸러스가 한 팀이 되는 형태는 축구팬들에게 매력보다 거부감으로 다가올 것이다."

실제 조직적으로 올스타전에 참여했던 K리그 서포터들도 이러한 이유 등을 들어 2010년대 들어선 조직적인 움직임을 멈춘 바 있다.

연맹도 올스타전의 방향을 두고 고민을 거듭하고 있다. 2019년에도 사실 DGB대구은행파크나 서울월드컵경기장에서 'K리그만의 올스타전'을 펼칠 계획이었으나, 연고 구단과의 협의가 수월하지 않거나 수익성 등을 놓고 고민하던 차에 유벤투스FC와의 친선전이 성사됐다고 한다. 연맹 고위 관계자는 "여러 팀 선수가 한데 섞이는 올스타전이 세계적 축구 문화에 적합하지 않다거나, 과거처럼 중부와 남부로 나누는 데 따른 기준이 모호하다는 의견이 많아 폭넓은 고민이 필요한 시점이다. 팬 만족도 등 다양한 요인을 충족시킬 수 있도록 향후 올스타전의 연속성과 방향, 사업성까지 다각도로 검토할 것이다"고 전했다.

축구와 어울리지 않는다지만, MLS에선 성공적 정착

2019년 K리그 올스타전은 유벤투스FC와의 친선경기로 대체되며 사실상 2년 연속 미개최로 남게 됐다. 매년 올스타전의 성격이 바뀌는 등 정체성이 희미해지는 중에 제대로 존속하거나 아예 없애는 게 낫다는 목소리가 나오는 실정이다.

세계적으로 프로축구는 올스타전을 열기에 적합하지 않다는 인식이 강하다. 구단별 정체성도 워낙 강한 데다 라이벌 팀 선수들을 한데 묶어놓는 것에 대한 거부감이 크다. 그나마 프로축구에서 성공적으로 올스타전을 이어가는 리그는 미국 프로축구 메이저리그사커다. MLS 올스타전은 1996년부터 시작돼 그 역사는 K리그보다 짧지만 흥행과 사업성을 점차 높여가고 있다.

본래 동부와 서부로 나눠 맞붙던 방식이 2005년부터 MLS 올스타와 유럽 프로축구 클럽 간 대결로 정형화되면서 완전히 자리를 잡았다. 첫 회 잉글랜드 프리미어리그의 풀럼FC를 시작으로 맨체스터 유나이티드, 첼시FC, FC 바이에른 뮌헨 등 세계 최고의 클럽들과의

2019년 7월 31일 미국 플로리다주 올랜도에서 펼쳐진, MLS 올스타와
아틀레티코 마드리드가 맞붙는 MLS 올스타전. 사진 MLS

매치업이 성사됐다. 2017년엔 레알 마드리드와의 경기, 2018년 유
벤투스FC와의 경기에 이어, 2019년엔 플로리다주 올랜도에서 아틀
레티코 마드리드와 맞붙었다.

　MLS 올스타 팀에 이름을 올린 선수들 면면을 보면 사실상 세계
올스타에 가깝다. LA 갤럭시에서 뛴 즐라탄 이브라히모비치와 DC
유나이티드의 웨인 루니, 시카고 파이어의 바스티안 슈바인슈타이
거 등 전성기는 지났지만 여전히 이름값 높은 스타들이 포진해 있어
티켓 파워도 높다. 그 때문에 유벤투스FC전이 열린 2018년 조지아
주 애틀랜타의 메르세데스-벤츠 스타디움은 7만 2317명의 만원 관
중이 꽉 들어차며 성황을 이뤘다.

　경기 자체뿐 아니라 관련 프로그램이 알차고 상대적으로 체계적
이라는 점이 한국의 올스타전과의 큰 차이점이다. MLS 올스타전은

　　　　　　　　　　　　　　　　　　　　　　　K리그를 읽는 시간 1

사실상 하나의 경기라기보다 축제에 가깝다. '올스타 위크'를 지정해 경기 나흘 전부터 시내 곳곳에서 다양한 이벤트를 진행함으로써 흥을 돋운다. 2019년엔 출전 선수들의 볼 다루는 기술을 뽐내는 '스킬 챌린지'부터 시작해, 축구 게임 'FIFA 19'로 선수들과 팬들이 맞붙는 e스포츠 이벤트, 싱어송라이터이자 라틴팝의 황제 프린스 로이스의 공연 등이 펼쳐졌다. 단순한 식전 행사가 아니라 개별 티켓을 판매하는 방식이어서 상업적으로도 큰 성공을 거두고 있다. 축구팬에 국한되지 않고 남녀노소가 즐기는 행사들로 구성돼 하나의 큰 지역 축제로 활용되는 셈이다.

한국의 경우 프로야구가 40년 가까이 올스타전을 이어가면서 하나의 역사와 스토리를 쌓고 있다. 1982년 동군과 서군으로 나눠 치르는 경기가 현재는 '드림'과 '나눔' 팀의 대결로 이어지고, '미스터 올스타'로 불리는 경기 최우수선수에게 매년 승용차를 선물하는 행사도 계속되고 있다. 미국 메이저리그의 홈런 더비를 본떠 치르는 '홈런 레이스'는 1993년부터 시작해 한 차례도 거르지 않고 열리면서 팬들의 인기를 끌고 있다. K리그에도 이와 유사한 '캐논 슈터 선발전' 등이 본 경기보다 인기를 끈 적이 있으나 이젠 올드 팬들의 추억으로만 남게 됐다.

[과거는 현재의 거울]

해외에선 유명 선수들을 초청해 벌이는 자선 축구 대회가 그나마 '올스타전' 성격의 이벤트 매치로 열립니다. 국내에도 이와 유사한 올스타전이 있었는데요. 바로 한일 월드컵 10주년을 맞아 2002년 영웅들을 초청해 펼친 2012년 올스타전이었습니다. 초호화 멤버가 나선 이날 경기엔 폭우가 쏟아졌는데도 3만 7155명의 관중이 들어찼는데요. 팬들을 만족시키고 사회에도 기여하는 자선 경기라면 굳이 'K리그 올스타전'이라는 틀을 씌우지 않아도 팬들의 발길을 끌어 모을 수 있겠죠.

▶ 3부 2012년 '한일 월드컵 10주년, 추억을 되살린 K리그 올스타전'

한국 축구의 성장 동력, 유스 시스템
한국 축구의 기둥으로 자리 잡은 K리그 유스

2019년 8월 21일 'K리그 유스youth의 성지' 포항 스틸야드에서 열린 K리그 U-18(18세 이하), U-17(17세 이하) 챔피언십 결승전 현장. K리그 경기 평균 관중의 절반도 안 되는 팬들이 경기장을 찾았지만, 그 열기만큼은 슈퍼매치 못지않게 뜨거웠다. 아들이나 친구의 이름을 부르는 관중석의 목소리는 어느 때보다 우렁찼고, 선수들에게 작전을 지시하는 감독들의 손짓에선 자신감이 묻어났다. 그라운드에 선 어린 선수들은 큰 무대에도 전혀 긴장하지 않은 듯 화려한 개인기와 패스, 슈팅을 선보여 경기를 지켜보는 이들로 하여금 감탄사를 연발케 했다. 승자와 패자가 갈릴 수밖에 없는 스포츠이지만 넘어진 상대팀 선수에게 손을 내미는 이들의 페어플레이 정신은 오히려 어른들에게 뭉클한 메시지를 전하기도 했다.

7월 23일부터 8월 21일까지 한 달 가까이 그라운드를 수놓았던 대회는 지난 12년간 발전한 유스 시스템의 성과를 두 눈으로 확인할 수 있었던 소중한 기회였다. U-18 대회 최우수선수에 오른 광주(금호고) 조성권, 10골로 U-17 대회 득점왕에 오른 부산(개성고) 이태민 등 앞으로 K리그와 한국 축구를 이끌어 나갈 기대주들이 진가를 드러냈다. 대회 기간 중 국내외 스카우트 수십 명도 현장을 찾아 선수들을 살폈다. 특히 독일 분데스리가의 유수 클럽들에서 온 스카우트들이 자비를 들여 한국을 찾은 것으로 알려져 높아진 한국 유스의 위상을 실감할 수 있었다.

K리그 유스 시스템은 지난 10년간 발전을 거듭해왔다. 2002년 한일 월드컵 4강 신화를 맛본 한국 축구는 유소년 축구 육성의 중요성에 눈을 떴다. 2003년 포항 스틸러스가 K리그 구단 최초로 유스 시스템을 도입한 데 이어, 2008년 연중 리그인 K리그 주니어, 2009년 주말 리그제가 발족한 것과 때를 맞춰 한국프로축구연맹은 각 구단별 유소년팀 도입을 의무화했다. 이후 유소년 지도자를 위한 해외 연수, 클럽 평가 제도 '유스 트러스트' 등이 추가되며 체계가 잡혔다.

눈에 띄는 점은 일련의 정책이 '성적'이 아닌 '육성'을 기조 삼아 하나의 줄기로 뻗어 나가고 있다는 것이다. K리그 유스 챔피언십에서는 출전 기회가 적은 저학년 선수를 위해 각급 유스팀보다 한 살 어린 U-17, U-14, U-11 대회를 병행 개최했고, 해외 팀과의 대결 기회를 갖기 위해 일본과 미국의 구단을 초청했다. 2019년에는 초등

K리그 유스 시스템 진행 과정

2003	포항 스틸러스, K리그 최초 유스 시스템 도입
2008	K리그 전 구단 유소년 클럽 운영 의무화 연중 리그 'K리그 주니어' 출범
2009	초·중·고 주말리그제 도입
2013	유소년 지도자 해외 연수 제도
2015	'K리그 유스 챔피언십' 출범
2017	유소년 클럽 시스템 평가 인증제 '유스 트러스트' 도입
2018	준프로 계약 제도 도입. 프로 계약 연령 하향
2019	22세 이하(U-22) 선수 의무 출전 도입

주요리그 유스 출신 선수 비율

리그	비율
한국 K리그1	31.9%
스페인 프리메라리가	23.7%
프랑스 리그앙	19.4%
독일 분데스리가	13.3%
잉글랜드 EPL	11.7%
이탈리아 세리에A	8.6%

K리그1은 2019년, 해외는 2016년 기준, 자료 : 한국프로축구연맹

K리그 선수 중 구단 유스 출신 선수 비중
(단위:%, 괄호안은 명)
※K리그1, 2 합계

25.7
(209)
2018 시즌

29.3
(244)
2019 시즌

자료:한국프로축구연맹

부(U-12, U-11) 대회를 신설해, 어린 선수들이 프로와 유사한 환경에서 성장할 기회를 마련했다.

유소년 대회와 K리그 병행 출전을 가능하게 한 '준프로 계약' 제도도 이와 같은 흐름에서 2018년 처음 도입됐다. 기존 K리그에서는 고등학교를 졸업해야 프로에 입성할 수 있었다. 재능 있는 어린 선수가 조금이라도 빨리 프로 무대를 경험하고 성장할 수 있도록 길을 열어준 것이다. '유스 명문' 수원 삼성은 제도가 도입된 후 박지민 등

2019년 8월 21일 스틸야드에서 열린 K리그 U-17 챔피언십 결승전 부산 U-17(개성고)과
전남 U-17(광양제철고) 간 경기에서 후반 36분 최기윤(19번)이 결승골을 넣어 부산 U-17이
2대 1로 앞서가고 있다. **사진** 한국프로축구연맹

4명과 준프로 계약을 체결했고, 이 중 오현규는 벌써 리그 7경기를
치르며 2008년 울산 현대 김승규 이후 고등학생으로 K리그에 데뷔
한 두 번째 선수로 쏠쏠한 활약을 펼치고 있다.

육성 중심의 유스 시스템은 K리그의 수준 자체를 자연스레 끌
어올렸다. 2019년 U-18, U-17 대회에서 각각 우승을 차지한 광주
FC와 부산 아이파크는 자체의 높은 유스 비율에 토대해 K리그2에
서 치열한 선두 다툼을 벌이고 있다. 부산 아이파크는 선수단 중 유
스 출신 선수가 34명 중 16명으로 그 비율이 47퍼센트에 이른다. 팀
의 주축인 이정협과 이동준, 김진규 등이 모두 구단 유스 출신이다.
2019년 U-15, U-14 대회를 동반 제패한 울산 현대도 유스 출신 선

K리그를 읽는 시간 1

광주 U-18(금호고) 주장 조성권(왼쪽)과 수원 U-18(매탄고) 주장 이규석이 2019년 8월 21일 스틸야드에서 열린 K리그 U-18 챔피언십 결승에 앞서 트로피에 리본을 묶고 있다. **사진** 한국프로축구연맹

수들의 활약에 함박웃음을 짓고 있다. 이동경은 쟁쟁한 경쟁자들을 물리치고 17경기에 출전해 2골 2도움의 성적을 거두며 팀 공격의 다양성을 더하고 있다.

실제로 K리그의 유스 비율은 유럽 리그를 상회할 정도의 수준까지 올라왔다. 2019년 K리그1의 전체 유스 비율은 31.9퍼센트(149명)로 스페인 프리메라리가(23.7퍼센트), 잉글랜드 프리미어리그(11.7퍼센트), 독일 분데스리가(13.3퍼센트)보다 높다. 2018년 자카르타–팔렘방 아시안게임에서 금메달을 따낸 U-23(23세 이하) 대표팀 20명 중 15명이, 2019년 폴란드 U-20(20세 이하) 월드컵 준우승 신화를 썼던 21명 중 12명이 K리그 유스 출신이었다. 이젠 유스 시스템을 빼곤 한국 축구를 논하기 어려울 정도가 됐다.

여전히 남아 있는 성적 지상주의, 구단별 예산 차이에서 생기는 유스의 부익부 빈익빈 현상, 유소년 전담 지도자 역량 부재 등이 남은 과제로 손꼽힌다. 한국프로축구연맹 관계자는 "유소년 축구에 대한 투자는 프로구단 운영 성과에 직접적인 영향을 미치지는 않지만, 축구의 사회간접자본 같은 역할을 한다. 중장기적 비전을 갖고 팀과 리그의 성장을 위해 유소년 육성 제도를 지속해서 보완하고 추가하겠다"고 강조했다.

이강인을 K리그로 불러낸 조기축구의 힘

2019년 폴란드 U-20 월드컵 골든볼의 주인공 이강인은 그해 6월 K리그 인천 유나이티드 홈경기에서 국내 축구팬들과 만났다. U-20 월드컵 준우승 이후 각종 환영 행사와 광고 촬영, 아버지의 조기축구회에서 벌인 '즉석 사인회'까지 분주히 소화한 이강인의 사실상 마지막 국내 일정이었다.

U-20 월드컵을 통해 '월드 스타'로 거듭난 이강인을 초청할 수 있었던 데는 구단이 적극적으로 움직여 성사시킨 공이 크다. 구단 관계자에 따르면 이강인 초청 계획은 당초 앞선 경기를 겨냥해 추진했지만 한국이 U-20 월드컵에서 승승장구하면서 자연스레 무산됐다.

구단 관계자는 "이강인이 인천 남동구 출신인 데다, 구단 유소년 아카데미에서 꿈을 키웠기에 지역 축구팬들에겐 더욱 반가운 인물"
이라며 추진 배경을 설명했다. 여기에 또 TV 프로그램 '날아라 슛돌
이'에서 이강인을 발굴했던 유상철 감독과의 재회도 뜻깊었다.

결승전을 마친 뒤 한국에 돌아온 이강인이 K리그 나들이에 나선
과정에선 인천 유나이티드 소속이던 김진야의 아버지의 역할이 컸
던 것으로 알려졌다. 김진야 아버지와 이강인 아버지가 지역 조기축
구회에서 오랜 시간 발을 맞춰온 덕에 일정 조율이 수월했다고 한
다. 실제 최근 해당 팀의 모임이 열린 인천 남동구 한 초등학교 운동
장엔 동호인 아들들의 국가대표 활약을 축하하는 문구가 담긴 현수
막이 내걸렸다.

어렵게 마련된 자리인 만큼 이강인도 K리그 경기장을 찾은 팬
들에게 아낌없는 팬 서비스를 전했다. 경기 시작 한 시간 전인 오후
6시부터 30분 동안 경기장 내 카페에서 사인회를 열고, 선수 입장
때는 양 팀 선수와 인사한 뒤 시축까지 했다.

이강인은 구단이 준비한 특정 공간에서 경기를 관람한 뒤 하프타
임에 다시 운동장으로 내려와 인사를 했고, 수십 개의 사인볼을 팬
들에게 전했다. '이강인 효과'에 인천 유나이티드도 팬도 웃었다.

오빠부대는 옛말

그녀들은 왜 K리그에 빠졌나

대구 달서구에 사는 중학생 정재경 양은 2019년 5월 DGB대구은 행파크를 처음 찾았다가 축구의 매력에 푹 빠졌다. 자신이 좋아하는 걸그룹 '에이프릴' 초청 공연을 보기 위해 경기장을 찾은 것인데, 선수들의 투지 넘치는 플레이에 한 번, 승리 후 경기장의 뜨거운 열기에 또 한 번 반했다. 대구에서 만난 정양은 "특별히 좋아하는 선수는 없었지만, 선수들이 경기를 마친 뒤 쓰러질 정도로 승리를 향해 뛰는 모습에 반해 남은 홈경기에 '개근'하다시피 했다"고 말했다.

K리그를 '직관'하는 여성 축구팬들의 대다수가 투지 넘치는 플레이와 자신이 응원하는 팀의 승리를 즐기기 위해 경기장을 찾는 것으로 조사됐다. 안정환과 이동국, 고종수 등 특정 선수의 소속 팀 위주로 여성 팬들이 몰리며 '오빠부대'의 덕을 봤던 20년 전 흥행 요인과

달리, 이젠 여성 팬들도 선수보다는 팀에 대한 높은 충성도를 보인다. 이는 축구 경기 자체에 관심을 갖고 '경기의 품질'을 꼼꼼히 평가해가며 경기장을 찾는 것으로 풀이된다.

2019년 8월 전국 6개 K리그 구장(춘천·제주·서울·전주·대구·광주)에서 만난 317명의 여성 축구팬들을 대상으로 실시한 설문조사 결과 'K리그 경기장에서 가장 즐기고자 하는 것'을 묻는 질문에 응답자 중 77퍼센트가 '선수들의 투지 넘치는 플레이'(39.4퍼센트·125명)와 '응원하는 팀의 승리'(37.2퍼센트·118명)를 꼽았다. '경기 후 선수들과의 만남'(19.2퍼센트·61명)과 '먹거리 등 색다른 경험'(3.2퍼센트·10명) 같은 경기 외적인 요인을 크게 앞선 수치다.

경기 내용이나 팀의 발전, 지더라도 최선을 다해 뛰는 선수들의 노력이 여성 팬들의 발길을 붙잡는 주요 요인이라는 분석이다. 실제 선수들에게 어떤 팬 서비스를 원하는지 묻는 질문에도 여성 팬들의 46.7퍼센트(148명)가 '경기력'을 우선으로 꼽아 '사인 또는 사진 촬영'(42.9퍼센트·136명)을 앞질렀다. 구단이 보완할 점은 무엇인지 묻는 질문에도 '경기력 향상에 힘을 쏟아달라'(33.4퍼센트·106명)는 목소리가 가장 많았다.

경기장을 찾는 여성 팬들은 대체로 열성 팬으로 분류되는 서포터즈(0.9퍼센트·3명)나 남자친구(10.1퍼센트·32명)보다 친구(44.5퍼센트·141명)나 가족(41퍼센트·130명)과 함께 경기장을 찾는 것으로 조사됐다. 축구 관람을 데이트 코스 같은 특별 이벤트로 여기기보다 오랜 기간 유대 관계를 가져온 이들과의 여가 생활로 여기는 모

K리그 여성 팬 317명에게 물었다

기간	8월 4일~26일
방법	대인면접 설문조사
장소	K리그 6개 경기장 (춘천 제주 서울 전주 대구 광주)
설문대상	10세 이상 여성 K리그 관중
유효응답자(전체)	317명(346명)

응답자 연령대

10대	106명
20대	118명
30대	47명
40대	40명
50대 이상	6명

경기장에서 즐기고 싶은 것은
(단위 : 명, 괄호 안은 비율 %)

125 (39.4) 투지 넘치는 플레이
118 (37.2) 응원하는 팀 승리
61 (19.2) 경기 후 선수와 만남
10 (3.2) 먹거리 등 색다른 경험
3 (0.9) 유니폼 등 상품 구매

습이다. 전북 익산에 사는 주부 전혜윤 씨는 "아들이 축구를 좋아해 2018년부터 전북 현대모터스의 홈경기에 오기 시작했는데, K리그 관람이 온 가족의 여가 생활로 자리 잡았다"고 했다. 다만 "종종 응원단의 욕설이 심하거나 선수들 간 다툼이 생길 경우 어린이 팬들에게 부정적인 영향을 끼칠까 봐 걱정된다"며 아쉬움도 전했다.

K리그 여성 관중들은 경기장에서 식음료나 구단 머천다이징(MD) 상품을 구매하는 데도 주저하지 않는 모습이다. 경기장 1회 방문 시 입장료를 제외한 평균 지출 금액이 얼마인지 묻는 질문엔 1만~2만 원(37.2퍼센트·118명)이라고 답한 이들이 가장 많았는데, 3만 원 이상 쓰고 간다는 응답자도 20퍼센트(65명)에 달했다. 춘천 송암스포츠타운에서 만난 40대 남성 팬 권 모 씨는 "경기장에서 지출 여부를 결정하는 건 결국 아내다. 아이가 유니폼 한 장을 사고 싶

FC서울 박주영이 2019년 5월 5일 수원월드컵경기장에서 열린 수원 삼성과의 경기를 마친 뒤 팬들과 악수하고 있다. **사진** 한국프로축구연맹

어도 (유니폼 디자인이) 엄마 마음에 들어야 구매가 가능하다"고 했다. 여성이 홈경기의 수익 규모에 영향을 미치는 '큰손'으로 떠오르는 건 이 때문이다.

　K리그에 여성 팬들의 유입이 늘면서 구단마다 여성 배려 시설을 도입해야 한다는 목소리도 조금씩 나오고 있다. 무엇보다 '안심하고 경기장을 찾을 수 있었으면 좋겠다'는 목소리가 높았다. 응답자들은 구단에 원하는 여성 배려 정책은 무엇인지 묻는 질문에 무려 54.3퍼센트(172명)가 '몰카(몰래카메라) 예방 및 점검'을 꼽았다. 여성 화장실을 늘려 하프타임이나 경기 후 겪는 '화장실 대란'을 완화해달라는 요구(28.4퍼센트·90명)도 많았다. 30대, 40대 주부 팬들은 모유 수유 시설을 확충해야 한다는 의견(10.7퍼센트·34명)도 냈다.

'첫 직접 관람' 여성 절반 "친구 따라 왔다"

K리그 여성 관중을 대상으로 한 설문조사에서 유효 응답자 (317명) 가운데 2019년에 처음 K리그 경기장을 찾았다고 답한 응답자는 41퍼센트(130명)였다. 이들 130명에게 경기장을 직접 찾게 된 계기를 묻자, 절반가량이 친구나 지인을 따라 경기장을 찾았다고 답했다. 2018년 러시아 월드컵 독일전 승리, 자카르타-팔렘방 아시안게임 금메달, 2019년 U-20 월드컵 준우승 등이 이어지면서 축구에 대한 관심이 높아지기도 했지만, '직관'에 직접적인 영향을 준 계기는 결국 선경험자의 추천이었다.

설문조사 결과 2019년 처음 K리그 경기장을 찾았다는 여성 팬 가운데 49.2퍼센트(64명)가 '친구 또는 지인의 추천'이라고 응답했다. 그 뒤로 '국가대표팀(U-20 대표팀 포함) 경기를 보고 관심이 생겨서'라고 답한 응답자(20.8퍼센트·27명), '좋아하는 선수가 생겨서'(11.5퍼센트·15명), '내가 사는 지역을 대표하는 팀이라서'(10.8퍼센트·14명) 순서였다. 이들이 경기장을 처음 찾기까지는 여러 요인이 복합적으로 작용했을 가능성이 높지만, 앞서 경기장을 찾은 관중이 만족함으로써 새로운 관중을 끌고 온 것은 분명해 보인다. 적어도 2019년 시즌만큼은 K리그가 '직관' 유경험자들에겐 지인에게 경기장 관전을 추천할 정도로, 무경험자들에겐 추천에 호기심을 느껴 실제 경기장을 찾을 정도로 매력적인 콘텐츠로 여겨졌다는 얘기다.

전북에서 만난 한 20대 관중은 "친구들끼리 SNS에 '직관 인증'을 하면서 경험담을 전하고 동행을 권유하며, 함께 경기장을 따라가는

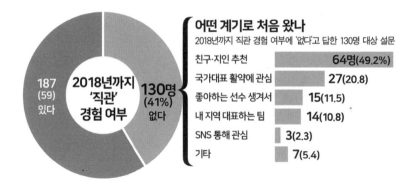

어떤 계기로 처음 왔나
2018년까지 직관 경험 여부에 '없다'고 답한 130명 대상 설문

친구·지인 추천	64명(49.2%)
국가대표 활약에 관심	27(20.8)
좋아하는 선수 생겨서	15(11.5)
내 지역 대표하는 팀	14(10.8)
SNS 통해 관심	3(2.3)
기타	7(5.4)

187(59) 있다 / 2018년까지 '직관' 경험 여부 / 130명(41%) 없다

문화가 퍼지고 있다"고 했다. 전북 완주에 사는 20대 여성 김소정 씨는 "10대, 20대 팬들이 경기장에 쉽게 가고 안전하게 귀가할 수 있도록 경기 당일 대중교통과 셔틀버스가 확충됐으면 한다"고 했다.

가족 단위로 경기장을 찾는 관중 또한 마찬가지다. 패밀리석이나 치킨존 등 '가족 맞춤형' 상품들은 물론, 여름철 물놀이 공간 마련 등 어린이를 겨냥한 팬 서비스가 엄마들에게 높은 점수를 따 경기장 재방문으로 이어지고 있다는 게 수도권 구단 관계자의 설명이다.

또 오고 싶은 여성 팬들 "즐길 거리가 부족해요"

K리그 경기장을 찾은 여성 팬 317명을 대상으로 실시한 만족도 조사 결과 K리그를 다시 찾을 것인지를 묻는 질문에 평균 8.9점(10점 만점)이라는 높은 점수가 매겨졌다. K리그 관람에 만족을 느껴 계속해 경기장을 찾겠다는 의견이 많았다. 재관람 의사는 홈팀

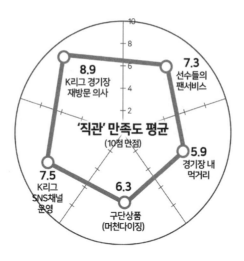

'직관' 만족도 평균
(10점 만점)

8.9
K리그 경기장
재방문 의사

7.3
선수들의
팬서비스

5.9
경기장 내
먹거리

6.3
구단상품
(머천다이징)

7.5
K리그
SNS채널
운영

성적이 좋은 지역의 팬들에게서 더 높은 비율로 나타났다. 여성 팬들 만족도 측면에서 2019년 K리그1 선두를 달리고 있던 전북 현대모터스가 평균 9.6점으로 가장 높았고, 최하위를 기록 중이던 제주 유나이티드(8.2점)는 1부 리그 가운데 가장 낮았다.

이번 조사에서는 재관람 의사와 함께 선수의 팬 서비스, 경기장 내 먹거리, 구단 상품 만족도, K리그 SNS 채널 운영 만족도 등 4개 항목에 대한 만족도 평가도 함께 실시했다. 여성 팬들의 만족도가 가장 높았던 항목은 'K리그 SNS 채널 운영'(7.5점)이었다. 많은 팬들이 한국프로축구연맹과 구단들이 인스타그램과 페이스북을 통해 보여주는 활발한 소통과 톡톡 튀는 콘텐츠에 높은 점수를 줬다. '선수들의 팬 서비스'(7.3)에도 높은 만족도를 드러냈다. 선수들이 경기 후 몰려드는 팬들의 사인 요청이나 사진 촬영 요청에 최선을 다한 결과다.

K리그 여성 팬들이 2019년 8월 전국 6개 K리그 경기장에서 실시한 설문조사에 응하고 있다.
왼쪽에서부터 광주월드컵경기장, 전주월드컵경기장, 춘천송암스포츠타운.

하지만 경기장 내 먹거리에 대한 만족도는 평균 5.9점으로 가장 낮았다. 설문조사가 이뤄진 모든 경기장에서 가장 낮은 만족도를 보였다. 구단들은 저마다 "영업 일수가 적다"거나 "식음료 사업권은 구단 몫이 아니다"라며 하소연하지만, 결국 먹거리 콘텐츠 부족이 팬 만족도에 영향을 미치는 만큼 좀 더 적극적인 해결 의지가 필요해 보인다. 대구에서 만난 고교생 이선영 양은 "구장 시설은 좋지만 경기장에 들어서면 최소한의 먹거리만 준비된 모습"이라고 했다. 서울에서 만난 한 30대 여성 팬도 "경기장에선 맥주만 파는데, 와인이나 지역별 막걸리 등 다양한 주류를 판매하면 '먹고 마시는 재미'도 늘어날 것 같다"고 했다.

유니폼과 굿즈 등 구단 상품 개발에 대한 만족도도 6.3점에 그쳐 분발이 필요한 것으로 조사됐다. 춘천에서 만난 20대 김아라 씨는 "옷을 사려고 해도 남성 위주 사이즈라 아쉽다"며 유니폼 사이즈를 다양화해야 한다고 지적했고, 서애니 씨도 "다른 구단엔 다 있는 트랙탑 등 일상복에 가까운 상품이 없어 아쉽다"고 했다. 대구에선 다수의 여중생 팬들이 "선수의 등번호나 얼굴이 새겨진 휴대폰 케이스가 있다면 '즉시 구매할' 뜻이 있다"고 강조했다.

〔과거는 현재의 거울〕

스타 마케팅은 스포츠 마케팅의 기본 중의 기본입니다. 1990년대 후반에 이뤄진 'K리그 르네상스'도 이동국이나 안정환, 고종수 같은 스타 선수들을 보러 축구장으로 몰려든 10대~30대 여성 팬들이 견인했습니다. 하지만 스타 마케팅만으론 조금 부족했는지 열기는 급격히 수그러들었죠. K리그 팬들 가운데서도 여성 팬들의 마음을 좀 더 들여다보니, 밀물처럼 들어와 썰물처럼 빠져나갔던 과거 '오빠부대' 시대의 관심과는 달랐습니다. 이제 여성 팬들은 경기력과 경기장 환경, 먹거리 등 'K리그'라는 상품의 모든 가치를 꼼꼼히 따지며 소비하고 있습니다. K리그 구단들은 잊지 말고 준비해야 합니다. K리그 흥행 역사는 축구를 향한 여성 팬들의 관심도와 비례해왔다는 사실을.

▶ 3부 1999년 '꽃미남 선수들 출격! 본격적인 스포츠 마케팅의 시작'

사회 공헌 활동의 진화

쌀 기부? 요즘엔 한 골당 100만 원 기부 시대

부산 북구에 사는 70대 김흥원 씨는 2019년 8월 인생의 가장 큰 위기를 프로축구단 덕에 무사히 넘겼다. 지체 장애로 경제활동이 어려운 데다 하지동맥경화증 진단까지 받아 절망에 빠져 있었는데, 마침 부산 아이파크로부터 뜻밖의 수술비를 지원받았다.

김씨는 본인의 삶보다 함께 사는 3명의 손주들 뒷바라지가 어려워질까 봐 막막했다고 한다. 다행히 수술이 잘돼 희망을 찾은 김씨는 "축구단 덕분에 새로운 희망을 얻게 됐다. 프로축구팀의 노력으로 더 많은 분들이 의료 혜택을 보기 바란다"고 했다. 수술 후엔 부산 아이파크의 외국인 선수 노보트니와 수신야르가 직접 마련한 사인볼 등 기념품을 들고 병원을 찾았다. 선수들이 홈경기에 초청하겠다고 약속하자 김씨는 "손자와 손녀에게도 큰 추억이 될 것"이라고

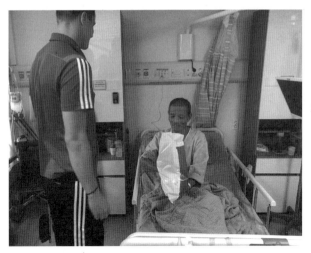

부산 아이파크 외국인 공격수 노보트니(왼쪽)가 2019년 8월 구단과 구포성심병원의 도움으로 하지동맥경화증 수술을 받은 김흥원 씨를 찾아 선물을 전하고 있다. **사진** 부산 아이파크

기뻐했다.

쌀이나 연탄, 바자회 물품을 기부하는 식의 단발성 간접 참여가 많았던 K리그 구단들의 사회 공헌 활동이 진화하고 있다. 선수들의 경기 성과와 연계해 연고지의 취약 계층을 돕는 지역 밀착형 활동이 어느 정도 정착된 모습이다. 김씨가 부산 아이파크로부터 수술비를 지원받게 된 배경도 구단이 지역 의료 사각지대를 줄이고자 2018년 부터 진행 중인 '골 드림' 프로젝트 덕분이었다. 선수들이 한 골을 넣을 때마다 100만 원씩 적립하고 이를 지역 의료기관과 연계해 중증 환자들의 수술을 돕는 구조다.

연고지 맞춤형 공헌 활동을 펴기도 한다. 안산 그리너스는 2018년 까지 지역 다문화 가정의 어린이들에게 축구를 가르쳤다. 안산은 공

수원 삼성이 2019년 9월 21일
상주 상무와의 경기에서 입고 뛴
'이름을 잊어도' 캠페인 유니폼. 유니폼
하단의 선수 이름을 치매 어르신의
글씨로 새겨 넣었다. **사진** 수원 삼성

업 도시라는 특성상 다문화 가정이 상대적으로 많은 편인데, 해당 가
정의 어린이들이 차별받지 않고 또래 친구들과 소통하는 데 축구만
한 게 없다는 판단에서다. 권익진 안산 그리너스 운영실장은 이렇게
전했다.

"구단 소속 지도자들이 2년간 40여 명의 아이들을 가르쳤는데,
수치상으로 나타나진 않지만 아이들이 더욱 밝아지고 자신감을 갖
는 등 순기능을 확인했다. 향후 구단 소속 다문화 클럽을 만들어 클
럽 유소년 선수 육성을 겸하는 시스템을 함께 갖추려는 구상도 갖고
있다."

사회적 의미를 담은 캠페인에도 적극 동참한다. 수원 삼성은
2019년 9월 홈경기에서 치매 어르신이 직접 쓴 이름을 유니폼에 새
겨 달고 뛴 적이 있다. '세계 알츠하이머의 날'(9월 21일)을 맞아 저

소득 치매 가정에 이동식 리프트 체어와 이동 욕조, 목욕 의자 등 보조 기기를 지원하는 캠페인을 알리기 위해서다. 수원 삼성 관계자는 "2015년부터 지속해온 '어깨동무 프로그램'의 일환이며 치매 어르신이 자신의 이름은 잊더라도 정체성을 잃지 않기를 바라는 마음을 담았다"고 밝혔다.

팬과 선수들은 장기 기증에도 앞장서고 있다. 2019년 한국프로축구연맹이 진행한 '생명 나눔 캠페인'에 수백 명이 동참했다. 2019년 상반기 K리그 경기장에서만 300명에 가까운 서약이 이뤄졌는데, 이는 한국장기조직기증원이 전해 1년간 받은 기증 희망 서약의 10퍼센트에 해당하는 수치라고 한다. 연맹 관계자는 "2018년 K리그 22개 구단이 실시한 사회 공헌 활동은 총 2483건으로, 2017년보다 활동 횟수를 두 배 이상 늘린 구단도 많다"고 했다.

한 대학 사회학과 교수는 스포츠와 사회 공헌 활동의 관계를 이렇게 조명했다.

"스포츠는 지역사회 문화를 건강하게 만들고 소외 계층을 사회로 이끌어내 공생하도록 돕는 기능을 한다. 사회 공헌 활동을 함으로써 보람을 느낀 선수들에게도 또 다른 동기부여가 될 것이다. 다만 어쩌다 생색내기식으로 할 게 아니라 더욱 안정적이고 지속적인 공헌 활동을 펴서 스포츠의 사회적 순기능을 이어가야 한다. 대기업이 운영하는 구단의 경우 스포츠를 통해 좋은 이미지를 얻고 그 효과가 기업 수익으로 이어지는 만큼 기업 윤리를 세우는 측면에서도 이를 실천해야 한다."

미아 찾기부터 일회용 컵 줄이기까지, 일상이 된 사회 공헌 활동

2019년 9월 17일 이탈리아의 명문 클럽 AS 로마의 공식 SNS 계정에 특별한 사진이 한 장 올라왔다. 공격형 미드필더 헨리크 미키타리안을 영입한다는 소식과 함께 케냐 출신의 실종 아동을 찾았다는 내용이었다. 프로축구 구단과 실종 아동이 무슨 관계가 있을까 의아해할 수 있지만 사연은 따로 있었다.

AS 로마는 2019년 7월부터 미국 국립실종학대아동센터(NCMEC)가 운영하는 어린이 구호 전화 서비스 '텔레포노 아주로'와 손잡고 실종 아동 찾기 캠페인을 시작했다. SNS에 선수 영입 소식과 함께 실종된 어린이의 사진과 연락처를 배포하는 방식이다. 이 캠페인을 통해 벌써 2명의 아이가 가족의 품으로 돌아갔다. 축구가 가진 '선한' 영향력을 보여준 대표적인 사례다.

AS 로마의 사례에서 보듯 해외 축구 구단엔 사회적 책임에 토대를 둔 사회 공헌 활동은 일상에 가깝다. 특히 축구가 시민들의 생활 자체가 돼 있는 영국이나 독일 같은 곳에서는 구단이 지역 연고에 기초해 운영되기에 서로 떼려야 뗄 수 없는 밀접한 관계를 맺고 있다.

잉글랜드 프리미어리그는 2000년대부터 본격적으로 구단이 지역사회와 동행하도록 각 클럽별 파운데이션(재단) 설립을 권고하고 지원금을 지급하고 있다. 특히 축구를 통한 미래 세대의 성장에 방점을 찍었는데, 어린 학생들과 선수들 간 접점을 늘리게 해서 단순히 축구 기술을 전달하는 차원을 넘어 꿈을 함께 키워가는 방식을

2019년 10월 오스트리아 클라겐푸르트의 뵈르테르제 슈타디온에 조성된
스위스 예술가 클라우스 리트만의 작품

장려하고 있다.

　손흥민이 뛰는 토트넘FC는 '토트넘 파운데이션'을 통해 장애인 축구선수 교육 세미나 등을 주기적으로 진행하고 있다. 손흥민이 2019년 3월 세계 여성의 날을 기념해 축구선수를 꿈꾸는 여자 장애 아동들을 만나 트레이닝 세션을 가진 게 대표적 사례다. 세계 최고 인기 구단 중 하나인 맨체스터 유나이티드도 동네 축구장을 기습 방문해 코칭을 하는 '스트릿 레즈Street Reds', 유아 비만율을 줄이기 위한 '이트 웰 위드 맨체스터 유나이티드Eat well with Manchester United' 등의 프로그램을 상시 운영하고 있다.

　이청용이 몸담고 있는 독일 분데스리가의 VFL 보훔은 과거 탄광 소도시였던 연고지 보훔의 지리적 특성을 반영해 생태적 사회 공

헌 활동에 주력하고 있다. 2019년 시작한 '에코프로핏ECOPROFIT'
은 기업과 지방자치단체, 전문가 등이 합심해 에너지 및 자원 사용
을 줄여가는 프로젝트다. 홈구장에서의 일회용 컵 사용 금지, 사과나
무 심기 같은 프로그램도 VFL 보훔이 집중하는 사회 공헌 활동 중
하나다.

오스트리아 리그의 SK 아우스트리아 클라겐푸르트는 기후변화
에 대한 경각심을 일깨우는 획기적인 전시에 홈구장을 예술 공간으
로 내주기도 했다. 스위스 예술가 클라우스 리트만은 숲의 중요성과
지구온난화의 심각성을 효과적으로 전달하기 위해 2019년 뵈르테
르제 슈타디온 피치 위에 300그루의 나무로 우거진 거대한 숲을 조
성하고 무료로 관객들에게 공개했다.

먹거리 부족한 축구장

포기하지 말아주세요, 축구팬들의 '먹는 재미'

이보람 씨는 10년째 수원 삼성 팬을 자처해왔지만 그동안 홈경기 때마다 '먹는 재미'는 충분히 누리지 못했다고 생각한다. 경기장 안에 있는 식음료 판매 부스에 가보면 상당수가 문을 닫았고, 요즘 먹거리라곤 매점에서 파는 컵라면이나 핫바, 쥐포, 과자, 치킨 정도가 전부다. FC서울과의 슈퍼매치가 열린 2019년 10월 6일 수원월드컵경기장에서 만난 이씨는 "맥주와 소주를 섞은 '소맥'까지 팔았던 과거에 비해 경기장의 먹거리가 줄어든 이유를 모르겠다"며 아쉬워했다.

축구장에서의 먹는 재미가 좀처럼 살아나지 않고 있다. 구단들이야 다양한 먹거리를 팔아 수익은 물론 팬들의 만족도도 높이고 싶은 마음이 굴뚝같지만, 매점 등 식음료(F&B·food and beverage) 사업권이 지방자치단체나 시설관리공단, 별도 재단에 귀속돼 외부 업체가 운영하는 사정상 자신들이 경기장 먹거리 콘텐츠를 발굴하고 확대하는 일은 언감생심이라고 한다.

K리그 붐을 타고 경기장을 찾는 이들이 크게 늘었지만 정작 팬들은 경기장의 먹거리 부족을 크게 아쉬워했다. 앞서 여성 축구팬들을 대상으로 실시한 설문조사 결과에 따르면 '경기장 내 먹거리' 만족도는 5.9점(10점 만점)을 받아 '팬 서비스'(7.3점), 'SNS 채널 운영'(7.5점), '머천다이징'(6.3점) 등 4가지 항목 가운데 가장 낮은 점수를 받았다.

실제 2019년 K리그 구장 안팎의 먹거리 콘텐츠는 웬만한 학교 매점보다 못한 수준이었다. K리그1 선두를 달리고 있던 울산 현대는 한시적으로 울산종합운동장을 홈구장으로 쓴다지만, 햄버거와 컵라면, 계란, 핫바 등 먹거리 종류는 손에 꼽을 정도로 부족했다. 불과 3, 4년 전만 해도 울산 현대는 직접 매점 운영권을 따내 운영하면서 당시 핵심 선수들의 이름을 딴 '시누크 버거'(김신욱 햄버거)와 '승규 치맥'(김승규 치킨·맥주 세트) 등을 출시해 상당한 인기 몰이를 했다. 그러다 높은 임대료를 감당하기 어려워 경기장 매점 운영을 접었다. 팬들의 큰 즐거움 하나가 사라진 것이다.

거의 모든 구단들이 같은 속앓이를 하고 있다. 구단들은 "수익은 커녕 본전을 건지기도 어렵다"며 F&B 사업에 투자하기를 꺼리고 있다. 구단이 입찰에 똑같이 참여해 매점 운영권을 따내자니 영업일 수가 적은 점이 걸린다. 일주일에 한두 차례, 그마저도 2시간 남

먹거리 아쉬움 호소하는 K리그팬들

만족도 평균 (10점 만점)

	K리그 경기장 재방문 의사	선수들의 팬서비스	K리그 SNS 채널 운영	구단상품 (머천 다이징)	경기장 내 먹거리
춘천	8.7	7.9	7.3	6.2	6.0
제주	8.2	6.5	7.0	5.9	5.7
서울	9.3	7.4	7.5	6.8	6.7
전주	9.6	7.2	7.7	6.3	5.6
대구	9.5	8.1	8.4	7.0	6.4
광주	8.1	6.8	6.8	5.1	5.0
전국	8.9	7.3	7.5	6.3	5.9

울산 현대는 2015년 독자적 매점을 운영하면서 '신욱이네 가게'에서 '시누크 버거'를 팔았다. **사진** 울산 현대

짓한 경기가 전후반으로 나뉘어 열리는 종목의 특성상 음식을 팔아
수익을 남기기 어렵다는 판단에서다. 한 수도권 구단의 고위 관계자
는 "쉽게 설명하자면 1억 원을 벌면 9000만 원을 공단에 낸다고 보
면 된다. 1000만 원을 남기자고 직원을 투입해 매점 운영에 뛰어드
는 건 기회비용 측면에서 오히려 상당한 손해가 된다"고 했다. 일주
일에 평균 사흘 홈경기가 열리는 데다 9회 동안 공수가 꾸준히 바뀌
어 쉬는 시간도 많은 프로야구와는 비교할 바가 아니라는 것이다.

2010년 개정된 스포츠산업진흥법 제17조 2항에 따르면 지방자
치단체나 공공기관은 프로스포츠 육성을 위해 공유재산을 25년 이
내에서 사용·수익을 허가하거나 관리를 위탁할 수 있도록 돼 있다.
하지만 구단이 구장을 운영하는 공단이나 재단들을 상대로 합의를
이끌어내기가 쉽지 않다. 구단들은 "사실상 법률보다 시 조례가 상

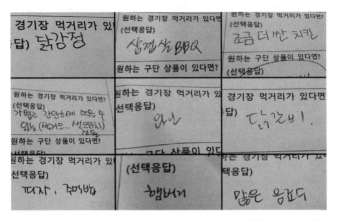

2019년 8월 설문조사에서 팬들은 K리그 경기장에서
원하는 먹거리에 대해 다양한 의견을 제시했다.

위법으로 여겨진다"며 고개를 저을 정도다. 조례 개정 같은 변화를 기피하는 공단 및 재단 직원들이 구단의 요구를 받아들이려 하지 않는다는 것이다. K리그1 구단 중 구장 내 시설 운영을 위탁받아 운영하는 곳은 인천 유나이티드와 대구FC 둘뿐인데, 이는 지방자치단체가 적극적으로 협조했기에 가능한 일이다.

그럼에도 경기장 내부 F&B 사업을 활성화할 필요성을 부정하는 구단은 거의 없다. 한 지방 구단의 고위 관계자는 이렇게 강조했다.

"K리그의 인기도 늘어나고 팬 층도 다양해지는 이 시기에 먹거리 문제를 진지하게 고민할 필요가 있다. 수익이 거의 없더라도 팬들에게 새로운 경험을 제공한다는 차원에서 구단이 적극적으로 나서는 게 좋은 방향이다."

한 수도권 기업구단의 관계자도 "F&B 사업은 어떻게든 키워야

2019년 9월 30일 울산 현대와 성남FC 간 경기가 열린
울산종합운동장에서 최소한의 먹을거리만 내놓은 매점의 모습

할 콘텐츠인 건 분명한데, 다만 현재 구조상 지방자치단체의 협조
없이는 활성화되기가 쉽지 않을 것이다"라고 했다.

다행히도 지방자치단체의 협조에 힘입어 구장 내부 먹거리도 늘
리고 사회적 의미도 찾은 구단이 속속 생겨나고 있다. 성남FC는 경
기 날이면 '치떡치떡'(치즈맛 쌀떡볶이)이나 남한산성 막걸리 같은
전통시장에서만 파는 명물을 경기장으로 끌어들인다. 구단은 팬 만
족도를 높여 더 많은 관중을 불러 모으고 상인들은 수익을 올리면서
홍보까지 겸하는 상부상조가 이뤄지고 있다.

푸드트럭으로 돌파구를 찾은 구단도 늘고 있다. 서울월드컵경기
장 북측 광장에는 홈경기 때마다 15대 이상의 푸드트럭이 팬들을 맞
이한다. 음식 종류도 다양해서 족발부터 피자, 추로스 등 없는 게 없
을 정도다. 서울시설공단과 계약을 맺은 협동조합 소속 푸드트럭들

K리그를 읽는 시간 1

대구FC의 새 홈구장 DGB대구은행파크에 조성된 '쿵쿵골 푸드코트'

이 경기 날마다 찾는 방식이다. 팬들은 물론 푸드트럭을 운영하는 청년 사업가들의 만족도도 높다. 핫도그를 파는 '옐로우트럭'의 대표는 "2019년엔 FC서울의 성적도 좋고 팬들도 늘어 매출이 괜찮은 편이다. 홈경기 때마다 온다"며 웃었다.

경기장 내부 시설 운영권을 갖고 있는 대구FC는 애초 F&B 사업을 염두에 두고 DGB대구은행파크를 설계했다. 1층 출입구 바로 옆에 위치한 호프집에선 갓 튀긴 치킨을 판다. 맥주와 치킨을 손에 들고 입장하기 편한 구조다. 삼겹살 구이부터 프레즐 전문점, 심지어 푸드코트도 있다. 경기를 전후해 한 끼 식사를 해결하기 좋다. 무엇보다 구장 입지가 좋아서 입점한 가게 모두 경기가 없는 평일에도 정상 영업을 한다. 개인사업자들이 큰 고민 없이 들어올 수 있었던 이유다. 한 상점 대표는 "경기장을 리모델링한 덕분에 주변 상권이 살아났다. 경기장 주변 정비 사업이 끝난 뒤 공원까지 들어서면 유동 인구가 더 많아질 것이다"며 기대를 전했다.

고베 와규, 골라인바… 축구장에서 문화를 팔아보자

"독일 프로축구 분데스리가에서는 경기가 열리는 날이면 축구장에서 그 많은 팬들이 최소 한 끼, 많으면 두 끼를 먹고 즐겨요. 왜 한국은 그게 안 될까요?"

2019년 10월 서울 롯데월드타워에서 열린 독일 분데스리가 구단 초청 행사에서 축구팬들을 만난 한국 축구의 레전드 차범근 전 국가대표팀 감독은 K리그 경기장에서 '먹는 재미'가 부족한 데 대한 아쉬움을 전했다.

2004년부터 거의 7년간 수원 삼성 감독을 맡았던 그가 K리그 식음료 판매 여건의 한계를 모르고 던진 얘기는 아니다. 그는 "(독일이) 축구를 잘하기 때문만은 아닌, 문화적 요인도 작용했을 것"이라고 했다. K리그 팬들이 경기 전후로 지금보다 오래 경기장에 머물 수 있는 환경이 조성된다면, 축구장을 중심으로 또 하나의 식음 문화가 발전할 것이라고 해석할 수 있다.

미국과 유럽, 일본을 포함한 해외 프로축구단들은 경기장 안팎에서의 식음료 판매에 상당한 공을 쏟고 있다. 물론 해외 리그의 경우 대체로 구단이 식음료 판매권을 갖고 있어 수익 창출과 직결된다는 점이 K리그와 다르기는 하다. 그래도 우리 구단들이 프로스포츠의

토트넘 홋스퍼 스타디움 북쪽과 남쪽 구역에 있는 65미터짜리 맥주바 골라인바. **사진** 토트넘 홈페이지

중요한 문화로서 경기장 내부 F&B의 활성화를 고민해야 한다는 점은 분명해 보인다. 관중들에게 '먹는 재미'는 경기장 방문의 만족도를 높이고 새로운 팬을 끌어올 기회가 될 수 있다.

실제 2019년 4월 6만 2000여 석 규모의 토트넘 홋스퍼 스타디움 시대를 연 토트넘FC는 새 구장 안에 60여 곳의 먹고 마시는 공간을 갖췄다. 경기장 북쪽과 남쪽의 골라인만큼 길게 만든 '골라인 바goal line bar'가 대표적이다. 양조장까지 갖춰 다양한 맥주를 즐길뿐더러, 영국 대표 음식인 피쉬앤칩스를 포함해 동서양 음식을 고루 즐길 수 있다. 크리스탈 팰리스 FC 홈구장인 런던 셀허스트 파크의 식음 매장에선 이 경기장에서만 맛볼 수 있는 맥주 '팰리스 에일'과 함께 각종 와인을 구비해 큰 인기를 얻고 있다.

일본만 해도 축구장 안팎에서 구단들만의 대표 먹거리들이 판매

된다. '고베 비프'(고베규)로 유명한 효고현 고베를 연고지로 둔 비셀 고베의 경기장에선 실제 지역 명물인 고베규가 판매돼 일본인 관중은 물론 외국인 관중들 사이에서도 인기 몰이를 한다. 구단이 운영하는 레스토랑에서도 고베규와 함께 간판스타 안드레스 이니에스타가 내놓은 와인을 판매하며 부가가치를 높이고 있다.

미국 메이저리그 뉴욕 메츠의 홈구장 시티 필드는 뉴욕의 상징적인 햄버거인 '쉐이크 쉑' 매장을 들여 홈 팬과 원정 팬의 입맛을 모두 사로잡는다. 이처럼 지역의 대표 먹거리를 경기장에 들여놓는 전략은 K리그에서도 충분히 시도해볼 만하다.

팬들이 원하는 메뉴로 직접 꼽은 포항 스틸야드의 '물회', 춘천송암스포츠타운의 '닭갈비 도시락', 부산 구덕운동장의 '씨앗호떡'의 출시가 현실화된다면, 축구장엔 또 하나의 콘텐츠가 생길 것이다. 국내 프로스포츠에서도 본보기 사례가 있다. 프로야구 수원 KT의 홈구장 KT위즈파크엔 지역 맛집인 '보영만두'가 입점해 있고, 천안 현대캐피탈 배구단은 천안의 명물 호두과자를 배구공 모양으로 만들어 팔기도 했다. 당장 구단의 수익으로 직결되지는 않더라도 경기장을 찾은 팬들에겐 만족도 높은 먹거리 콘텐츠로 평가받는다.

K리그 스폰서들에게 물었다
'후원 효과' 만족할까?

　대구·경북 지역에 기반을 둔 금융 기업 DGB대구은행은 2003년 부터 대구FC의 스폰서로 참여해오다가 2019년 전국구 기업으로 거듭났다. 3월 K리그 개막과 함께 문을 연 새 홈구장의 명칭 사용권을 구매하는 파격적인 시도로 주목을 받은 데다, 대구FC의 흥행 열풍까지 맞물리면서다.

　시즌 내내 자사 명칭이 '만원 관중' '승리' '돌풍'과 같은 단어와 함께 언론에 노출되고, 은행 로고가 새겨진 유니폼을 국가대표 골키퍼 조현우와 특급 용병 세징야가 입고 환호하는 모습의 사진이 온라인상에 돌고 돌면서, 적어도 국내 축구팬들 사이에서 DGB대구은행은 '모르기 힘든' 기업이 됐다.

　최근 수년 사이 국내 프로스포츠계에서 DGB대구은행과 대구FC

대구FC 선수들이 2019년 5월 3일 DGB대구은행파크에서 열린 상주 상무와의 경기에서
승리를 거둔 뒤 세리머니를 펼치고 있다. **사진** 한국프로축구연맹

의 궁합은 가장 성공적인 사례 가운데 하나로 꼽힌다. 구단의 제안
을 흔쾌히 수락한 기업, 그런 기업의 홍보 효과를 위해 다양한 마케
팅과 경기력으로 만원 관중을 7차례나 이끌어낸 구단의 노력이 선
순환을 낳았다는 평가다.

그렇다면 한 구단을 위해 한 해에만 수십억 원을 풀어낸 기업들
도 만족하고 있을까? DGB대구은행 관계자는 "현재로선 투자가치
를 충분히 누리고 있다"고 했다. 관계자에 따르면 아직 2019년 시즌
이 끝나기 전이라 수치화된 자료는 없지만, 구단에 대한 대구 시민
과 축구팬들의 호응이 커 기업 홍보 효과와 이미지 제고 측면에서
상당한 효과를 거뒀다고 한다.

은행 관계자는 스폰서로 참여하면서 생긴 상황을 흔쾌히 전했다.
"2018년 대구FC의 FA컵 우승과 러시아 월드컵에서 조현우의 활

K리그를 읽는 시간 1

홈경기에서 득점한 후 팬들을 마주 보고 세리머니를 펼치는 아산 무궁화 선수들.
사진 한국프로축구연맹

약을 지켜보며 메인 스폰서로서 뿌듯함과 책임감을 갖게 됐고, 축구
전용 구장 설립 후엔 K리그 최초로 명칭 사용권에도 참여하게 됐다.
이후 DGB대구은행파크가 K리그 흥행과 맞물려 지역의 랜드마크
로 자리 잡고 주변 상권까지 활성화되는 것을 보면 홍보 효과는 물
론 지역사회에도 도움이 된 것 같아 만족스럽다.”

기업구단의 모기업도 구단을 활용한 스포츠 마케팅에 새로 눈을
뜨고 있는 모습이다. 2011년부터 울산 현대의 스폰서로 참여하고 있
는 현대오일뱅크의 관계자는 이렇게 전했다.

“최근 2, 3년간 구단 성적이 좋은 데다 2019년에는 치열한 우승
경쟁을 벌이고 있어 어느 해보다 높은 홍보 효과를 보고 있다. 무엇
보다 축구가 (야구 등) 다른 종목과 달리 세계적으로 널리 퍼진 스포
츠이다 보니, 아시아축구연맹 챔피언스리그나 해외 구단과의 친선

경기를 치르는 동안 해외에서도 기업 브랜드 인지도가 크게 오른 것으로 보고 있다."

투자 규모의 차이는 크지만, 2부 리그 구단을 후원하는 연고 지역 기반 기업들도 구단 스폰서로 참여한 데 따른 효과를 톡톡히 보고 있다. 2017년부터 아산 무궁화 축구단의 스폰서로 3년째 참여해온 가공식품 업체 '푸드렐라'의 장덕철 대표는 "지역 구단이 시민 통합 기능을 하는 데다 건강한 이미지도 함께 갖고 있어서 스폰서로 참여하게 됐다"고 했다. 실제 충남 아산 둔포면 대로변에 위치한 본사 간판엔 구단 로고를 기업 이름만큼 크게 노출해 '동행'을 강조하기도 했다.

푸드렐라는 아산 무궁화의 스폰서로 참여한 뒤 구단이 2018년 2부 리그 우승을 일구고 2019년엔 소속팀 선수 오세훈이 U-20 월드컵에서 준우승을 견인하는 결과를 냄에 따라, 상당한 홍보 효과를 봤다. 무엇보다 고마웠던 일은 2018년 이한샘의 승부 조작 자진 신고다. 장대표는 "눈에 보이는 홍보 효과만 바라봤다면 구단에 쓸 돈을 유튜브나 SNS 광고에 더 썼을 것이다. 우리는 축구팀이 정직하게 땀을 흘리는 모습을 보고 후원하는 것이다"고 힘줘 말했다.

다만 장대표는 "만일 구단 차원의 승부 조작이 드러난다거나 금전 비리 등 부정적 이슈에 휘말린다면 그 순간 지원을 끊을 생각"이라고 덧붙였다. 이처럼 다른 구단을 후원하는 기업들도 일단 K리그 구단들의 노력으로 흥행이 이어진 데는 후한 점수를 주지만, 부정적 이슈에 휘말려 그동안의 이미지가 한순간에 무너지는 일이 없기를 바라는 목소리도 높다. 지방 구단을 후원하는 한 기업의 관계자는 "구단은 성적 외에도 마케팅과 사회적 역할에도 꾸준히 신경 써야 한다. 기업의 특성상 현실에 안주하는 조직엔 절대 지원을 이어갈 수 없다"고 충고했다.

소상공인 감동시킨 제주 유나이티드의 마케팅

제주 서귀포에서 횟집 '해사랑'을 운영하는 장진수 씨는 2019년 8월 지역 프로축구단 제주 유나이티드로부터 뜻밖의 선물을 받았다. 구단이 병역 의무를 마친 수비수 김지운의 복귀 기념사진을 찍겠다고 찾아왔는데, 횟집을 배경으로 한 선수 사진이 축구팬들 사이에서 큰 화제가 되면서다. 장씨는 구단에 고마움을 전했다.

"(구단에) 해준 거라곤 매장 안팎에 경기 일정 포스터와 유니폼 액자를 걸어놓은 것뿐인데, 구단이 우리 가게를 알린 덕분에 경기 날 전후로 많은 축구팬과 관계자들이 이곳을 찾는다. 구단이 지역 상인들에게 먼저 다가와주니, 우리로선 자발적으로 홍보대사가 될 수밖에 없는 것 아니겠느냐."

2019년 제주 유나이티드는 새로운 선수를 영입하거나 병역 의무를 마친 선수가 복귀할 때 '후원의 집'과 지역 관광 명소로 데려가 공식 입단 사진을 찍었다. '꽃미남 미드필더' 임상협은 지역 꽃집, 수비수 최규백은 선수단 회식을 지원한 흑돼지 고깃집에서 입단 사진을 찍었다. 반응은 뜨거웠다. '옷피셜'(공식 입단 사진)이라기보다 광고나 화보에 가까운 '작품'이 구단이 운영하는 여러 매체와 SNS를 통해 확산되다 보니, 상인들은 홍보 효과에 웃고 팬들은 "앨범으로 출시하라"고 아우성친다. 장씨는 흐뭇한 표정을 감추지 못했다.

"축구선수를 돈 안 들이고 가게의 모델로 쓴 셈이라 제주 유나이티드가 2부 리그로 떨어져도 (구단과) 잡은 손을 놓지 못할 것 같다. 축구팬이 아닌 일반 시민도 식사를 하다 축구 얘기를 꺼내는 경우가 많은데, 남은 몇 경기라도 제발 이겼다는 얘기를 나눌 수 있었으면 좋겠다."

구단 관계자는 "2019년 성적이 너무 좋지 않았는데도 관중이 늘어난 데엔 후원의 집을 통한 홍보가 한몫을 한 것 같다. 모든 후원의 집을 매체에 노출시키는 게 목표다"라고 했다.

[과거는 현재의 거울]

'K리그 르네상스'로 여겨졌던 '월드컵의 해' 1998년에도 K리그는 뜻밖의 외환위기 한파에 부딪혀 위기를 겪었습니다. 이젠 기업이나 지방자치단체의 수장이 통 큰 결단을 내리듯 스포츠 팀에 돈을 펑펑 퍼붓던 시대도 지났습니다. K리그라는 상품의 투자가치를 좀 더 설득력 있게 설명하고 그 효과를 입증해야 할 때가 왔습니다.

▶ 3부 1998년 '외환위기 한파에 얼어붙은 스폰서 시장'

경기 한 번에 쓰레기만 5톤

1인당 0.3킬로그램꼴, 화려한 골 잔치 뒤엔 쓰레기 산

"관중이 늘어난 만큼, 쓰레기도 늘었어요. 일회용품만 좀 줄이면 쓰레기도 절반 이상 줄어들 것 같아요."

2019년 11월 3일 서울월드컵경기장에서 열린 FC서울과 울산 현대 간 K리그1 36라운드, 경기 종료 휘슬이 울리자 수많은 관중들이 썰물처럼 경기장을 빠져나갔다. 언제 그랬냐는 듯 고요해진 스타디움. 그 많던 조명이 전부 꺼지고 어둠이 드리워졌다. 그림자가 진 스타디움을 돌아다니던 청소노동자 김 모 씨는 관중들이 버리고 간 쓰레기를 하나하나 주워 담으며 이같이 말했다.

종이컵부터 피자 박스, 먹다 남은 치킨까지. 화려한 축구 경기 이면에 쓰레기 산이 있었다. 경기장 지하 1층 주차장에서 전날 관중들이 버리고 간 쓰레기를 분리수거하는 서울시설공단 소속 청소노동

2019년 11월 4일 서울월드컵경기장 지하 주차장에서 서울시설공단 청소노동자들이
FC서울과 울산 현대 간 경기에서 나온 쓰레기들을 분리수거하고 있다.

자들을 만났다. 이들은 종류별로 나눠 버리지 않은 수많은 쓰레기를
사후 분리하고 있었다. K리그가 2019년 시즌 '역대급' 흥행 돌풍을
일으키면서 관중이 늘어난 것에 비례해 쓰레기의 양도 많아졌다. 이
틀 전 경기장을 찾은 1만 7812명의 구름 관중이 버리고 간 쓰레기는
1톤 트럭 5대 분량, 즉 5톤이 넘었다. 1인당 0.3킬로그램가량의 쓰레
기를 배출한 셈이다.

  2017년 환경부의 '제5차 전국폐기물 총조사'에 따르면 축구장
8곳에서 1년 동안 발생한 쓰레기는 총 1342톤이었다. 그중 재활용
되지 못하고 그대로 버려지는 폐기물은 무려 62.4퍼센트(839톤)에
이른다. 관중들이 즐기는 먹거리의 종류 또한 늘어나면서 일회용품
사용도 증가한 탓이다. 정부가 생활 폐기물 발생을 최소화하기 위해
일회용품 규제 및 자율협약을 맺기 시작한 지 1년 넘게 지났지만, 축

K리그를 읽는 시간 1

구장을 비롯한 경기·공연장은 여전히 일회용품이 넘쳐난다.

일회용품 과다 사용뿐 아니라 팬들의 부족한 시민의식도 문제로 지적된다. 이날도 먹다 남은 쓰레기를 좌석에 그대로 방치한 채 떠나는 경우가 비일비재했다. 매 홈경기 때마다 환경 미화에 걸리는 시간은 평균 사흘. 25명의 적지 않은 청소노동자들이 나서지만 넓은 관중석을 모두 꼼꼼히 확인해야 하기에 고생이 이만저만이 아니다. 서울시설공단 소속 한 청소노동자는 "그래도 경기장이 가득 차는 국가대표팀 경기 때보다는 낫다. A매치 때는 완벽히 청소하는 데 일주일이나 걸린다"고 했다.

음식물 쓰레기 문제도 심각하다. 자국이 남거나 악취가 쉽게 사라지지 않아 심한 경우 대규모 물청소를 해야 한다. DGB대구은행파크의 경우 음식물 쓰레기 냄새를 맡고 경기장으로 몰려오는 비둘기들의 배설물로 곤욕을 치르고 있었다. 한 청소노동자는 "매번 테이블이나 의자에 묻은 비둘기 배설물을 닦아야 하는데 굳어서 잘 지워지지 않는 경우가 많다"고 토로했다. 인천 유나이티드와 대구FC처럼 경기장 운영권을 구단이 가진 경우엔 쓰레기 처리 비용도 고스란히 구단이 떠안아야 한다.

밀폐 용기와 다회용 컵 쓰니 쓰레기 확 줄었네

K리그 '직관'을 계획한 두 명의 축구 담당 기자가 경기장 쓰레기 줄이기 노력이 복잡하지는 않은지, 노력 대비 효과가 괜찮은지 직접

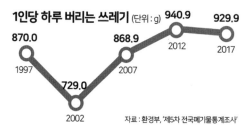

스포츠·레저시설에서 발생하는 쓰레기
전체는 스포츠·레저시설 포함, 2017년 기준

	1년 폐기물 발생량(톤)	시설수(개)	연간 이용객수(명)
축구장	1,342	8	332만380
야구장	2,203	8	719만2,916
농구장	126	8	149만1,305
전체	1만9,201	92	5,104만5,594

1인당 하루 버리는 쓰레기 (단위 : g)

- 870.0 — 1997
- 729.0 — 2002
- 868.9 — 2007
- 940.9 — 2012
- 929.9 — 2017

자료 : 환경부, '제5차 전국폐기물통계조사'

실험해봤다. 두 기자의 과제는 자신이 배출한 쓰레기를 수거하는 것이었다. 다만 A기자는 평소처럼 빈손으로 경기장을 찾아 일회용품을 활용했고, B기자는 직접 구매한 에코백에 다회용 컵과 밀폐 용기를 담아 가서 일회용품 발생을 최대한 줄여봤다.

축구장 '직관' 매력의 절반은 역시 '먹고 마시는 재미'다. 두 손 가볍게 경기장을 찾은 A기자는 서울월드컵경기장 북측 광장에 마련된 푸드트럭에서 피자와 닭강정을 구매한 뒤 경기장으로 들어가 음료와 과자를 추가로 구매했다. 안전 규정상 경기장 내엔 음료가 담긴 병(유리·플라스틱)과 캔을 반입하지 못하게 돼 있어 할 수 없이 일회용 종이컵에 음료를 덜어가니, 좌석 아래엔 전반전부터 쓰레기가 수북했다.

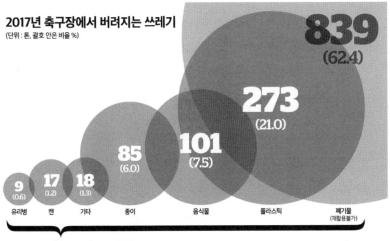

2017년 축구장에서 버려지는 쓰레기
(단위 : 톤, 괄호 안은 비율 %)

839
(62.4)

273
(21.0)

101
(7.5)

85
(6.0)

9
(0.6)
유리병

17
(1.2)
캔

18
(1.3)
기타

종이

음식물

플라스틱

폐기물
(재활용불가)

1,342 총계

    B기자의 선택은 집에서 준비한 고구마와 푸드트럭에서 산 소고기초밥. 다만 소고기초밥의 경우 에코백에 담아온 밀폐 용기에 담아달라고 요청했다. 푸드트럭 사장은 "밀폐 용기에 담아달라고 한 손님은 처음이지만 일회용품을 줄이는 덴 도움이 될 것 같다"며 반겼다. 경기장 내부 매점에선 맥주를 구매했다. 캔맥주는 일회용 컵 대신 2019년 7월 유벤투스FC 방한 경기 당시 같은 매점에서 '덤'으로 받은 다회용 컵에 담았다. 한국프로스포츠협회가 2019년 7~8월에 걸쳐 프로축구 8개(프로야구 3개) 구단과 한국프로축구연맹을 통해 배포한 컵이다.

    경기 종료 후 두 기자가 배출한 쓰레기 양을 비교해보니 차이가 컸다. A기자가 피자 박스와 종이컵, 과자봉지 등 다양한 종류의 쓰레기를 담은 큰 부피의 쓰레기봉투를 짊어 메고 경기장을 빠져나간 데 반해, B기자는 맥주캔과 나무젓가락, 고구마껍질 정도의 쓰레기만 발생했다.

쓰레기를 절감하려면 구단이나 매점 운영 주체의 노력도 필요하다. 다회용 컵 활용은 해외 리그에선 흔하다. 생맥주를 구매하는 관중에게 처음부터 다회용 컵을 제공한 뒤 두 번째 잔부턴 첫 구매 때 받은 잔을 들고 오는 관중에게 생맥주 값을 할인해주는 식이다. 2019년부터 FC서울도 경기장 밖에서 자체 운영하는 음료 판매 트럭에서 이러한 제도를 도입해 호응을 얻고 있다. 경기장 내부 매점 사업자가 경기장 밖에서 이뤄지는 구단의 노력을 따라가지 못하는 셈이다.

〔과거는 현재의 거울〕
축구장에서 발생하는 쓰레기 양은 이처럼 상상을 초월할 정도입니다. 사실 K리그도 2011년 이러한 문제점을 파악하고 쓰레기 줄이기 운동을 펼쳤는데 지속되지는 않았습니다. 최근 수년 사이 쓰레기 처리 문제는 현실로 다가왔습니다. 일회용품 또는 다회용품 사용에 따라 발생하는 쓰레기 양 차이를 확인하셨다면, 경기장에 갈 때는 에코백과 다회용 컵을 꼭 챙기세요.

▶ 3부 2011년 "쓰레기를 줄입시다" 사회 공헌 프로그램

재발해선 안 될 사건들

K리그 흑역사 1위, 2위는 심판 매수, 승부 조작

K리그의 인기는 길고 긴 어둠을 벗어나 2019년 뜨겁게 타올랐다. 연간 유료 관중 230만 명을 돌파하면서, '누가 K리그를 보냐'며 놀림받던 시절을 견디며 소중히 지켜온 흥행 불씨가 살아났다. 한 골 먹더라도 두 골 넣겠다며 공격 축구를 선언한 지도자, 한 발 더 뛰는 최상의 플레이로 헌신한 선수, 관중 한 명의 마음이라도 잡겠다고 동분서주한 구단과 한국프로축구연맹 직원, 이들의 끊임없는 부채질이 흥행을 살려낸 셈이다.

1990년대 후반부터 2002년 한일 월드컵 직후까지 큰 인기를 끌었던 K리그는 어느 순간 끝 모를 추락으로 이어졌다. 2011년 불거진 선수들의 승부 조작 사건 이후 2013년 전북 현대모터스와 경남FC의 심판 매수 사건, 2015년 경남FC의 외국인 선수 계약 비리 사

월드컵 직후인 2002년 7월 K리그 관중이 가득 들어찬 부산 구덕운동장의 모습. **사진** 한국일보

건까지 겹치며 K리그의 신뢰는 무너졌다. K리그 역사에서 날개 없이 추락하는 건 한순간이라는 걸 보여준 대표적 사례들이다.

한 번 깨진 거울처럼 상처는 쉬 아물지 않는다. 2011년 승부 조작에 가담한 사실이 밝혀져 대한축구협회로부터 영구 제명된 최성국은 유튜브 채널을 개설해 '셀프 해명'에 나섰다가 되레 축구팬들의 거센 비판에 직면하기도 했다.

대다수 구단이 과거 수년에 비해 높은 흥행 성적표를 받아 든 2019년 11월, 구단 행정을 책임지고 있는 단장들의 마음은 마냥 편하지만은 않았다. 단장들은 어렵게 쌓은 신뢰와 인기를 지키고 키우기 위해 K리그 역사에 남은 '흑역사'를 되풀이해선 안 된다고 입을 모았다.

K리그1 12개, K리그2 10개 구단 단장 22명을 대상으로 'K리그에서 되풀이되지 않아야 할 사건'을 묻는 설문조사를 실시했는데, 응

K리그를 읽는 시간 1

답한 20개 구단(경남FC와 안산 그리너스 단장은 무응답) 단장들은 각 문항에 고른 점수를 매겼다. 단장들에게 심판 매수, 승부 조작, 음주 운전 같은 선수들의 범죄 행위, 에이전트 비리(몸값 부풀리기 등), 연고지 이전, 구단 임원의 예산 가로채기, 신인 선수 선발 비리, 무리한 해외 구단 초청, 팬들의 폭력 사태, 무료·초저가 입장권 발행까지 10개 항목에 1~5 순위를 정하도록 해 5~1점(1순위에 5점, 5순위엔 1점을 매기는 식)의 점수를 매긴 결과, '심판 매수 사건'(77점)과 '승부 조작'(67점)에 압도적인 점수가 몰렸다. '음주운전 같은 선수들의 범죄 행위'(34점), '구단 임원의 예산 가로채기'(25점)가 그 뒤를 이었다.

'심판 매수'와 '승부 조작 가담'을 1위, 2위로 꼽은 수도권 기업구단 A단장은 "승부 조작은 스포츠의 근간인 신뢰를 파괴하는 행위라는 점에서 절대 재발해선 안 될 일이다. 두 번 다시 재발하지 않도록 경종을 울렸어야 했는데, 사건 당시 징계가 미흡했다"고 꼬집었다. 지방 시민구단 B단장도 "스포츠에서 공정성은 필수 요소라 본다. 경기 결과에 영향을 미치는 부정적 이슈는 K리그가 신뢰를 잃는 가장 큰 원인이 된다"며 엄단이 필요하다는 의견을 전했다.

다만 '기타 의견'을 통해 어느 하나라도 간과해선 안 될 일이라는 의견과 함께 구단들이 되돌아볼 과제를 전한 단장들도 다수였다. 경기인 출신 위주로 조직을 구성하는 데서 생기는 폐쇄성 등 부작용을 경계하는 목소리도 있었다. 수도권 기업구단 C단장은 "경기인 출신들의 보수성과 폐쇄성은 변혁기에 있는 사회 환경을 구단이 따라잡

K리그 단장들이 꼽은 잊어선 안 될 흑역사

심판매수	77점
승부조작	67
음주운전 등 범법행위	34
구단운영비 편취	25
팬들의 폭력사태	13
무료입장권 남발	13
에이전트 전횡	12
선수선발 채점표 조작	8
연고지 이전	6
무리한 해외구단초청	0

는 데 방해 요인으로 작용한다. 경직되고 낡은 인식 및 의사 결정 방식은 팬들의 외면을 초래할 수 있다"고 꼬집었다. 시민구단 FC안양 단장은 "(팬들의 믿음을 저버리는) 구단의 연고지 이전은 다시는 발생해선 안 되는 이슈"라고 강조했다.

팬들을 향한 당부의 목소리도 나왔다. 지방 기업구단 D단장은 "경기장 안에서 발생하는 언어적, 물리적, 인종적 폭력이야말로 팬을 늘려나가야 할 K리그에서 팬 유지와 재방문을 방해하는 가장 부정적인 요인이라고 본다"고 했다. 울산 현대 김광국 단장과 전북 현대 모터스 백승권 단장은 설문 문항에 점수를 매기는 대신 기타 의견으로 답변을 갈음했다. 김단장은 "무엇보다 무료입장권을 남발해 리그의 가치를 스스로 낮추는 일은 없어야 한다"고 힘줘 말했고, 백단장은 구단 최고 결정권자의 운영 철학 확충 및 일관성 유지, 우승 상금 증대, 심판 자질 향상을 우선 해결 과제로 꼽았다.

추가의견

수도권 기업구단 A단장	"승부 조작은 스포츠의 근간인 신뢰를 파괴하는 행위라는 점에서 절대 재발해선 안 될 일이다. 하지만 사건 당시 징계가 미흡했다."
지방 시민구단 B단장	"스포츠에서 공정성은 필수 요소이며, 경기 결과에 영향을 미칠 수 있는 부정적 이슈는 K리그 신뢰 하락의 큰 원인이 될 것이다."
수도권 기업구단 C단장	"경기인 출신들의 보수성과 폐쇄성은 변혁기 사회 환경에 부합하지 못하며, 팬들의 외면을 초래할 수 있다."
지방 기업구단 D단장	"경기장 내 물리적, 언어적, 인종적 폭력은 팬 수를 늘려나가야 할 K리그에서 팬 유치와 재방문을 방해하는 요인이다."
김광국 울산 단장	"K리그가 특정 이유로 침체기를 겪었다고 생각하지 않으며, 관중이 무료입장하는 상황에선 마케팅과 티켓 판매는 자리 잡을 수 없다."

심판 매수와 승부 조작에 빅리그도 휘청

스포츠에서는 '공정성'이 가장 큰 가치인 만큼, 승부 조작은 리그 존재 의의에 의문을 품게 만드는 중차대한 사건이다. K리그에서 가장 큰 후폭풍을 불러온 건 2015, 2016년에 드러난 심판 매수 사건이다. 전북 현대모터스 소속의 한 스카우트가 2013년 1월부터 10월까지 100만 원씩 5차례 뒷돈을 2명의 심판에게 전달했고, 8번의 경기 판정에 해당 심판들이 관여했다는 사실이 경찰 조사 결과 밝혀졌다.

이는 안종복 전 경남FC 사장의 심판 매수 사건이 수면 위로 드러난 지 1년이 채 되지 않았을 때의 일이었다. 연이어 터진 구단과 심판 간 불법 유착에 팬들의 분노는 들끓었다. 전북 현대모터스는 해당 스카우트의 혐의를 인정하면서도 자신들과는 무관하다고 발표해 논란을 빚기도 했다. 당시 한국프로축구연맹의 대처도 미흡했다는 지적이 많았다. 연맹은 상벌위원회를 거쳐 전북 현대모터스에 승점

9점 삭감과 벌금 1억 원의 징계를 내렸다.

유럽 빅리그에서도 심판 매수와 비슷한 사건이 벌어져 휘청거린 적이 있다. 2006년 이탈리아 축구계는 물론 세계 축구계에 충격을 안긴 '칼초폴리'(축구 스캔들)다. 유벤투스FC의 루치아노 모지 전 단장이 인맥을 이용해 심판 배정에 관여하거나 자기 구단에 불리한 판정을 한 심판들을 공격하고, 세금 포탈 등 각종 비위를 저지른 사실이 세상에 드러난 것이다. 유벤투스FC는 2005~2006년 시즌에 거둔 리그 우승을 박탈당하고 2부 리그로 강등됐다. 사건에 연루된 AC 밀란, ACF 피오렌티나, SS 라치오 구단은 간신히 1부 리그에 잔류했지만 승점 삭감 징계를 받았다. 이후 세계 최고의 리그였던 세리에A는 완전히 하향세로 돌아섰다.

K리그 선수들이 직접 연루됐던 2011년 대규모 승부 조작 사태도 심판 매수 건 못지않았다. 당시 경찰 수사 결과 리그 전체 선수 중 무려 9퍼센트인 59명이 승부 조작에 가담한 혐의로 기소됐다. 그중 47명이 선수 자격을 박탈당하고 영구 제명됐다. 2018년엔 국가대표 출신 장학영이 아산 무궁화 선수 이한샘에게 승부 조작을 제의했다가 이한샘의 신고로 긴급 체포됐다. 여전히 K리그가 '승부 조작의 안전지대'는 아니라는 방증이다.

구단 관계자의 횡령 사건도 빼놓을 수 없다. 2016년 K리그 챌린지(2부 리그) 고양 자이크로가 유소년 축구를 지원한다는 명목으로 수억 원의 국고 지원금을 받아서 부정 사용했고, 2018년에는 조태룡 전 강원FC 대표가 광고료를 유용하고 거액의 인센티브를 수령하는 등 업무상 횡령과 직권남용을 저질러 2년 직무정지 징계를 받았다. 이외에도 2015년 외국인 선수의 몸값을 부풀린 이면 계약을 맺어 10억 원 이상을 편취한 에이전트 전횡 사건, 2017년 인천 유나이티드와 전남 드래곤즈 간 경기에서 발생한 팬들의 난입 및 폭력 사태 등이 있다. 적발돼 처벌을 받아도 결코 줄어들지 않고 있는 선수들의 음주운전도 심각한 문제다.

> **[과거는 현재의 거울]**
>
> 인기를 쌓는 데까진 오랜 시간과 노력이 필요하지만 무너지는 건 한순간입니다. 승부 조작이나 심판 매수 같은 구단 차원의 대형 비리가 아니더라도, 선수들 개인의 음주운전이나 폭행 같은 사건에서 비롯된 균열이 자칫 K리그 전체의 신뢰를 무너뜨릴 수 있습니다. 흥행에 취해 지낼 게 아니라 잠시 잊고 있던 과거의 오점을 한 번쯤 되새기고 구단이라는 조직의 구석구석을 살피시길 바라는 마음에서 진행한 설문입니다. 성의껏 응답해주신 단장님들께 감사드립니다.
>
> **▶ 3부 2011년 '충격의 승부 조작 파문'**

K리그 전진을 위한 6인의 조언
"엉터리 기록 퇴출해야" "축구판 펭수 키우자"

2019년 K리그는 유례없는 흥행 가도를 달렸다. 아시안게임 금메달을 시작으로 U-20 월드컵 준우승 신화까지 국제대회에서의 연이은 호성적에 힘입어 팬들이 유입된 데다, K리그 본연의 재미 또한 커지며 237만 명의 관중을 경기장으로 불러들였다. 치열한 순위 경쟁과 '돌풍의 팀' 대구FC, 강원FC의 선전, 선수들의 적극적인 팬 서비스 등으로 인기 몰이를 했다. 하지만 이 열기가 앞으로도 계속되리라고 장담할 수는 없다. 모처럼 불어온 훈풍을 타고 비상하기 위해 장기적인 노력이 필요하다. 선수와 스포츠 전문가들에게 K리그 발전을 위한 심도 깊은 조언을 들어봤다.

한준희(KBS 해설위원)
"미래를 꿈꾸려면 K리그 역사 바로 세우기부터"

저는 앞으로의 K리그 발전을 위해 두 가지를 당부드리고 싶습니다.

첫째, 해외 선진 축구 기준에 준해 통계와 기록을 제대로 정리할 필요가 있습니다. 골부터 시작해 도움, 출전 횟수, 팀 연속 기록 등 K리그의 역사적인 기록은 기본적으로 문제가 있습니다. 1부와 2부 리그, 정규 리그와 컵대회가 혼합돼 있기 때문입니다.

부연하자면 K리그 규정상 어떤 팀이 리그 4연승 후 컵대회에서 1패를 하고, 다시 리그에서 3연승을 하면 7연승으로 기록되지 않습니다. 리그와 컵대회를 한국프로축구연맹이 모두 주관한다는 이유에서 연승이 끊긴 것으로 간주합니다. 잉글랜드 프리미어리그와 카라바오컵의 기록이 뒤섞인 꼴입니다. 또 다른 예를 들어볼까요. K리그는 1부 리그에서 30골, 2부 리그에서 50골을 넣으면 리그 통산 80골로 칩니다. 이건 스페인 프리메라리가와 세군다리가(포르투갈 축구 2부 리그)의 기록이 합해진 꼴입니다. 그 어떤 선진 리그도 이렇게 계산하지 않습니다.

물론 그렇게 하면 지금까지의 최다 출전이나 최다골 기록이 다 바뀔 겁니다. 하지만 이건 역사 흔들기가 아니라 바로 세우기입니다. 귀찮더라도 한 번쯤 털고 가야 합니다.

둘째, 전술적 다양성이 지금보다 더 늘어나야 합니다. 분명 2019년 시즌에 좋은 모습을 보인 팀이 적지 않았습니다. 김병수(강원FC)의

왼쪽 맨 위부터 시계 방향으로 한준희 KBS 해설위원, 장부다 부다장 대표, 김보경 울산 현대 선수, 박성희 한국외대 교수, 권종철 전 대한축구협회 심판위원장, 이종성 한양대 교수.
사진 한국일보, 장부다, 이종성, 권종철, 박성희

혁신성, 김태완(상주 상무)의 유연성, 최용수(FC서울)와 남기일(성남 FC)의 실리성 등입니다. 그럼에도 지도자들의 학구적 탐구열이 더 늘어나면 좋겠습니다. 2019년 시즌의 다양성을 유지하면서도 더 늘어날 수 있는 환경을 조성하기 위해 구단과 지도자들이 의지를 보여야 합니다.

또 단순 중계 이외에 하이라이트, 분석, 쟁점 토론 등 연맹이 제작하는 다양한 파생 프로그램이 늘어나기를 바랍니다.

장부다(스포츠 디자인 마케팅사 'BUDAJANG' 대표)

"사업 영역, 경기장 밖으로 눈 돌려야"

2019년에 K리그의 상품가치는 더 커졌지만 안주하지 않고 다음 단계로 도약해야 할 때입니다. 모든 경기가 매진을 기록한다고 해도 그것으로 구단의 총지출을 메우기 힘듭니다. 디즈니가 영화를 '영혼'으로 두고 수익은 다른 영역에서 얻듯, 구단들도 경기 외에 수익을 내는 구조를 고민해야 합니다.

무엇보다 브랜딩이 중요합니다. 캐릭터 같은 영역에 대한 구단들의 고민 또한 한 단계 올라서야 합니다. 캐릭터를 미취학 아동의 눈높이에 맞춘 구단들이 많은데, 이는 구색 갖추기 정도이지 캐릭터로서 매력이 없습니다.

EBS에서 내놓은 캐릭터 '펭수'를 예로 들면 펭수가 그저 귀엽기만 한 건 아닙니다. 까칠하고 누구나 하고 싶은 얘기를 대신 해주고 있어서 인기가 높죠. 어떤 정치인 때문에 승점이 깎이고 상당한 벌금을 내는 일이 발생하는 경우 구단의 캐릭터가 시원하게 한마디 해준다면 팬들에게 쉽게 와 닿고 스토리도 차곡차곡 쌓일 겁니다. 이런 측면에서 모든 구단이 한 단계씩 올라서기 위해 고민을 해봐야 할 것 같습니다.

미국 메이저리그사커가 수익이 늘어나면서 흑자로 돌아선 데는 할리우드 출신 엔터테인먼트 전문가를 영입한 것이 큰 역할을 한 것으로 알려졌습니다. 이런 과감한 시도도 필요합니다. 구단들이 당장 자기 앞가림하기도 벅찬 게 사실이지만, 제일기획이 운영하는 수원 삼성 같은 경우도 모기업의 역량이 좀 더 적극적으로 투입돼 새로운 시도들이 이뤄졌으면 합니다.

권종철(전 대한축구협회 심판위원장)

"심판들, VAR 의존 줄여야"

K리그에서 비디오 판독 시스템이 정착되고 있지만, 간혹 VAR를 확인하고도 오심이 나오는 경우가 있어 신뢰에 흠이 생깁니다. 무엇보다 중요한 건 심판들이 VAR 활용조차 최소화하도록 체력과 실력을 갖춰야 한다는 점이죠.

선수나 지도자들은 피땀 흘려 경기를 준비합니다. 2019년 K리그 흥행 중에도 오심 논란은 여전히 불거졌는데, 심판들은 정신적·체력적 준비가 돼 있는지 되돌아볼 필요가 있습니다.

사실 '무결점 판정'이 쉬운 일은 아닙니다. 심판을 바라볼 때 선수와 지도자들도 동업자 정신을 좀 더 가져주셨으면 합니다. 현역 심판 때나 지금이나 돌이켜보면, 사람들은 어떠한 판정으로 손해 본 경우는 오랜 시간 기억하고 원망하지만 이득을 본 경험은 별로 오래 기억하지 않습니다.

2020년부턴 K리그 심판 배정 및 교육 전담이 한국프로축구연맹에서 대한축구협회로 이관됩니다. 두 단체가 고심 끝에 내린 결정이어서 많은 준비를 하고 있다고 합니다. 두 단체 모두 일원화의 장점을 더욱 살리고 단점을 충분히 보완하기 위해 서로 다툼을 줄이고

K리그를 읽는 시간 1

협조해나가야 할 것입니다. 더 나아가 협회는 K리그 심판이 월드컵 무대에 진출할 수 있도록 지금보다 더 체계적으로 관리·보호하고, 재정적 지원은 물론 외교적 지원도 아끼지 않아주셨으면 합니다.

김보경(전북 현대모터스, 2019년 시즌 K리그1 MVP)
"K리거는 공인, 음주운전 사태 더는 없어야"

최근 수년간 그라운드 안팎에서 팬들이 보여준 사랑은 저희 선수들이 느끼기에도 그 어느 때보다 컸습니다. 이제 다음 시즌을 준비해야 합니다. 팬들이 경기장을 찾는 근본적인 이유는 흥미진진한 경기를 보기 위해서, 좋아하는 선수를 응원하기 위해서입니다.

먼저 축구 시합의 박진감을 가르는 것은 결국 '속도'입니다. 선수들도 각 팀 전술에 맞게 빠르고 공격적인 축구를 구사하도록 노력하겠습니다. 구단 측은 체계적인 잔디 관리를 해나가고, 경기 때는 경기장 잔디를 충분히 적셔 볼의 스피드가 나올 수 있게 해야 합니다.

하지만 K리거라면 무엇보다도 개인 기량을 끌어올리는 것을 최상의 목표로 둬야 합니다. 팬들을 실망시키지 않으려면 훈련에 진지하게 임해야 합니다. 또 팬들에게 적극적으로 다가가야 하죠. 선배들부터 나서서 사인부터 사진 요청까지 최대한 응해드려야 합니다. 최근에는 선수들이 인스타그램이나 유튜브 등을 통해 팬들과의 접점을 늘리고 있습니다. 저도 올해 'KBK Football TV'를 통해 유튜버에 도전했습니다. 기량 발전에 방해가 되지 않는 선에서 시도해보라고 다른 선수들에게도 적극적으로 추천합니다.

그라운드 밖에서의 처신도 중요합니다. 최근까지 선수들의 음주 운전 적발 사고가 수차례 이어졌습니다. K리거는 공인입니다. 불미스러운 일로 인생을 망칠 수 있습니다. 가장 큰 손해는 결국 자신에게 돌아갑니다. 가벼이 생각해서는 안 되는 일입니다.

이종성(한양대 스포츠산업학과 교수)

"코어 프로덕트는 결국 '선수', 유소년 정책에 심혈 기울여야"

2019년 시즌에 가능성을 본 K리그가 한 단계 더 나아가려면 정공법을 써야 합니다. 이번 시즌 K리그 경기당 평균 관중 수가 8000명을 넘어선 것은 매우 고무적인 현상입니다. 하지만 당장의 시청률과 중계권 가치 상승을 바라서는 안 됩니다. 이는 가장 변화가 느린, 보수적인 지표입니다.

단기적 성과에 일희일비할 필요가 없다는 것이 2019년 U-20 월드컵 준우승으로 증명됐습니다. K리그가 칭찬받아야 할 점은 유소년 정책만큼은 2002년 이후 꾸준히, 잘 밀어붙였다는 것입니다. 시스템을 거쳐 성장한 선수들이 국제대회에서 성과를 거둔 것이 리그 흥행으로 이어졌습니다. 사실 축구만큼 연령대별 시스템이 잘 갖춰진 종목도 없습니다. K리그1 구단들은 한 해 평균 20억~30억 원을 유소년 시스템에 투자하는데, 더 많은 투자가 필요합니다.

K리그 발전의 핵심이 육성에 있다면, '어떤 팬'을 핵심으로 설정

해야 하는가가 다음 문제입니다. 여기서 우리는 지역 밀착 마케팅에 집중한 일본 J리그보다는 코어 팬 층을 집중 공략한 미국 메이저리 그사커의 사례를 배워야 합니다. 지역 분산이 약한 지금의 한국에서 지역성을 강조해선 효과를 보기 힘듭니다.

메이저리그사커는 리그 출범 초기 마케팅 역량을 축구를 좋아하는 히스패닉 팬들에 집중했습니다. 히스패닉 인구가 많은 지역에 구단 출범 허가를 많이 내줌으로써 중남미 선수들을 응원하는 팬들을 흡수했고, 이러한 인기가 점차 백인 주류 사회까지 번지도록 했습니다.

K리그가 공략할 대상은 10대, 20대 여성 팬입니다. 야구도 2008년 이후 호재가 겹치며 젊은 팬들을 흡수한 끝에 유례없는 흥행에 성공했는데 대부분의 여성 팬이 이때 유입됐습니다. 현재 한국 프로야구 팬의 절반이 여성입니다. 2019년을 기점으로 삼아 새로운 팬을 유입하는 결정적인 모멘텀이 오길 기대합니다.

박성희(한국외대 국제스포츠레저학부 교수)
"성적 안 좋을수록 SNS 홍보하는 '파격' 있어야"

축구가 가진 가장 큰 특성은 90분간 터프하고 빠르게 몰아친다는 것입니다. 이는 큰 장점이자 단점입니다. 몰입감이 큰 대신 하프타임 때를 제외하고는 미디어가 개입할 여지가 없습니다.

스포츠는 미디어의 간섭 여지가 없으면 외면을 받고 상품가치는 떨어지는 속성을 갖고 있습니다. 이를 타파하기 위해 미국 대학농구에선 경기 중간 순전히 광고만을 위한 '커머셜 브레이크 타임'을 도입했습니다. 흥행을 위해 경기 룰까지도 바꿨습니다.

K리그도 구조적으로 미디어가 개입할 여지가 필요합니다. 최근 VAR를 도입하기는 했습니다만, 여전히 부족한 게 사실입니다. 축구도 45분씩 전·후반이 아니라 30분씩 초·중·후반으로 진행하는 식의 파격적인 인식 전환이 필요합니다.

핵심은 팬들이 경기 내외부에서 즐길 수 있는 다양한 콘텐츠를 생산해야 한다는 것입니다. 미국 메이저리그에선 성적이 안 좋은 스몰 마켓 구단일수록 SNS에 '올인'합니다. 보수적인 라커룸 문화를 갖고 있는 한국에선 상상도 할 수 없는 모습입니다. 당장 눈앞의 경기를 이기는 데 급급할 뿐입니다. 흥행을 위해서라면 성적이 안 좋을수록 SNS에 뛰어드는 '파격'은 보고 배워야 합니다.

e스포츠도 벤치마킹할 만한 사례입니다. 최근 젊은 세대는 축구나 야구보다 e스포츠에 열광하는데, 이는 게임을 보는 사람이 곧 게임을 하는 사람이기에 생기는 일입니다. 즐길 콘텐츠가 많다는 뜻입니다. 한국프로축구연맹과 구단들이 콘텐츠 개발에 발 벗고 나서야 하는 이유입니다.

선수들이 팬들에게 전하는 편지

K리그를 살려낸 건 결국 팬이었다. K리그는 구단과 한국프로축구연맹, 선수들이 부단히 노력해온 가운데 팬들의 폭발적인 관심과 사랑을 끌어내며 '붐 업'에 성공했다. 감독과 선수들은 그런 팬들에게 직접 감사 인사를 전했다. 2019년 12월 서울 그랜드힐튼호텔 컨벤션센터에서 열린 K리그 대상 시상식에서 만난 이들은 저마다 팬들과 얽힌 추억을 전하며 앞으로 더 많은 노력과 팬 서비스로 보답하겠다고 약속했다.

이날 유상철 인천 유나이티드 감독은 밝은 얼굴로 "팬들의 응원이 있었기에 내가 느슨해지거나 내려놓고 싶을 때 (마음을) 다잡을 수 있었다"고 했다. 췌장암 4기 판정을 받은 사실을 스스로 알린 그는 지금도 병마와 싸우고 있지만, 이날 유감독의 얼굴은 누구보다도

밝고 여유로웠다. 2019년 K리그1 파이널B(7~12위) 최종전에서 K 리그1 잔류에 성공한 그는 "2부 리그로 떨어지지 않겠다는 팬들과의 약속을 지킬 수 있어 좋았다. 육안으로 봐도 경남FC 서포터보다 인천 유나이티드 서포터가 더 많았는데, 내가 선수였더라도 기죽지 않았을 것이다"며 고마워했다.

사실 그는 아프고 힘들다. 유감독은 투병 근황을 털어놓은 다음 '손 하트'를 그려 팬들에게 고마움을 전했다.

"2차 항암 치료까지 받았는데 수시로 컨디션과 몸 상태가 바뀐다. 그 상태를 어떻다고 말로 표현하기 어렵다. 그래도 팬들의 응원 메시지를 접하면서 잘 버티고 있는 것 같다. 경기장에 들어설 때마다 항상 소름이 돋는다. 남은 약속 하나(췌장암 극복)를 지키기 위해 최선을 다하겠다."

시상식 하루 전에 열린 파이널A(1~6위) 최종전에서 울산 현대의 준우승을 지켜봐야 했던 믹스 디스커루드도 이날 시상식장에서 팬들과 쌓은 추억을 하나하나 꺼내놓으며 "단언컨대 내 축구 인생 중 최고의 인기를 누린 한 해였다"고 되돌아봤다. 맨체스터 시티 소속으로 2018년부터 울산 현대에 임대됐던 그는 노르웨이와 벨기에, 미국, 스웨덴 같은 무대를 누벼봤지만 "어딜 가도 이런 팬들을 만난 적이 없다"고 했다.

가장 기억에 남는 선물은 쌈장이다. 밥 먹을 때 꼭 쌈장을 먹는다는 소문을 접한 팬들이 믹스에게 수시로 쌈장 선물을 전했다. 식당

K리그를 읽는 시간 1

에서나 쓸 법한 14킬로그램 초대형 쌈장부터 집에서 직접 만든 '홈메이드 쌈장'까지 모든 쌈장 선물을 기억한단다. 그는 "2018년 여름에 옷 선물을 받았는데 '울산의 마지막 퍼즐 조각, 믹스'라는 메시지가 담긴 것을 보고 정말 감동했다"고 했다.

믹스는 계속 팬들에게 고마움을 전했다.

"시즌 중간에 경기장을 옮겼는데 많은 팬이 와주셔서 놀랐다. 울산 시내를 돌아다니다 보면 (팬들이 알아보는 바람에) 1분에 한 번씩은 멈춰 서게 됐는데, 그때마다 '믹스 파이팅!' '울산 파이팅!'을 외쳐주셨다. 외국에선 선수가 못했을 때 화를 내거나 비난도 많이 하는데, K리그 팬들은 한결같이 지지하고 응원해줘서 고마웠다."

전북 현대모터스의 우승 드라마를 써낸 문선민은 2019년 원정 팬들이 늘어난 것을 보고 무척 놀라고 감사했다고 한다. 실제 2019년 전반에 걸쳐 팬들이 수도권은 물론 춘천, 울산, 포항 등의 원정 경기까지 찾으면서 전북 현대모터스는 '전국구 구단'으로 거듭난 모습을 보였다. 그는 "홈경기뿐 아니라 원정에도 많은 팬들이 오신 걸 보고 관심과 사랑이 더욱 커지는 것 같아 감사했다. 군대(상주 상무)에 입대해서도 더 노력하겠다"고 했다.

특별한 팬들을 콕 집어 고마움을 전한 선수들도 있었다. 강원FC 한국영은 시즌 내내 공룡 옷을 입고 골대 뒤를 지킨 열성 팬 '공룡좌'(본명 권현)를 향해 "공룡좌가 등장한 이후 팀 성적이 좋아져서 선수들도 고마워했다. 특히 여름엔 정말 더우셨을 텐데 멀리서 매번 경기장을 찾아주신 것에 감사드린다"고 했다.

수원 삼성 홍철은 "입단 당시부터 사진을 찍어 사진첩을 선물한 팬이 계신데 2019년 좋은 경기력을 보여드리지 못해 죄송하다. 2020년엔 환호하는 모습을 더 자주 찍으실 수 있도록 노력하겠다"고 했다.

2020년 문선민 등과 상주 상무에서 활약하게 될 '예비 군인' 오세훈은 "재치 있게 '상견례 프리패스권'을 만들어준 팬, 아산 무궁화의 홈경기는 물론 대표팀의 해외 일정까지 찾아와준 열성 팬께 고마움을 전한다. 앞으로 상주 상무에 가서 성장하는 모습을 보여드리겠다"고 약속했다.

K리그 최우수선수로 선정된 김보경은 "이제는 팬들이 거의 유주(딸) 선물만 보내주시니 '난 축구만 잘하면 되겠구나' 생각했다"며 '아빠 미소'를 남겼다.

2부

K리그 사람들

축구 중계 마이크 다시 잡은 송재익 캐스터

"뽀로로만큼 재밌게, 축구도 중계도 팬 눈높이에 맞춰야"

1970년 MBC에 입사한 뒤 40년 가까이 국내외 굵직한 스포츠 이벤트 중계를 도맡으며 '중계의 달인'으로 꼽히는 송재익 캐스터는 70대 후반의 나이에 다시금 황금기를 누리고 있다. 은퇴 10년여 만에 K리그 자체 중계 캐스터로 축구 현장에 복귀한 그는 이를 계기로 전국을 누비는 '축구 여행자'의 삶을 다시 살아가게 됐다. 그는 자신이 '덕을 봐온' 축구 현장을 누비며 축구팬들에게 향수를 안기게 된 지금의 삶을 큰 행운이자 행복이라고 했다.

송재익 캐스터는 2019년 시즌 중계 현장에 복귀한 소감을 이렇게 말했다.

"내가 전생에 나라를 구했나. 어쩜, 이보다 운이 좋을 수 있겠느냐. 언제까지 중계를 맡을지 모르지만, 축구계가 다시 살아나 야구의 인기를 뛰어넘을 정도로 국민적 관심을 모으는 데 미약하나마 도움이 된다면 그만한 행복도 없을 것이다."

물론 미디어 환경이 급변한 10여 년의 세월을 건너뛰고 중계 마이크를 다시 잡는다는 건 그에게도 크나큰 도전이었다. "(방송에서) 말 한 번 잘못했다가는 끝장이 날 텐데, 무슨 망신을 당하려고 나서냐"는 아내 말이 가슴을 쿡 찔렀단다. 그는 "얼굴 가리고 그리는 낙서(댓글)가 많은 세상이라 나도 무서운 건 매한가지다"며 웃었다.

그럼에도 70대 후반의 나이에 K리그 현장 중계에 뛰어들기로 결정한 데는 2019년 초 한국프로축구연맹 사무국에서 접한 '자발적 반성' 메시지가 한몫했다. "K리그 사무실에 갔다가 '관중·시청률·재미 부족'이라는 메시지가 붙어 있는 것을 봤다." K리그가 절박한 심경으로 노력하는 모습을 보곤 힘을 보태야겠다고 마음먹었다. 연맹 측이 '묻지 마 섭외'를 한 게 아니라, 자체 설문조사를 진행한 결과 중·장년층 축구팬 선호도가 높았다며 근거를 대며 그를 설득한 점도 수락한 요인 가운데 하나다.

2019년 시즌 초반 아산 무궁화와 부천FC 간 중계 때 골키퍼의 분홍색 유니폼을 경기장 근처에 핀 매화에 빗대거나, '물수제비 헤딩을 했다' '포도주가 잘 익는 온도(17도)에서 경기하는 선수들의 기량도 잘 익었으면 좋겠다' 같은 '감칠맛 코멘트'를 하는 등 기품 있는 말솜씨는 여전하다. 축구팬들은 '추억 여행을 온 것 같다' '듣기 편하다' 등 댓글을 달며 호응했다.

그는 매 경기 철학적 표현을 툭툭 던지며 중계를 할 수 있는 비결

K리그 중계를 통해 축구 현장에
복귀한 송재익 캐스터.
사진 한국프로축구연맹

로 여행을 꿈았다. K리그 중계 때마다 소형 캠핑카를 몰고 서해 보령 앞바다나 지리산 자락 등을 여행하며 사람 사는 세상을 차분히 들여다봤다고 한다. 은퇴 전부터 이어오다 한동안 접어뒀던 축구 유랑을 재개한 셈이다. 남편의 중계석 복귀를 걱정했던 아내는 어느새 '송재익의 축구 여행' 고정 멤버가 됐다. 송캐스터는 "일주일에 한두 경기씩 중계하니, 광양, 광주, 아산 등을 목적지로 여행도 즐길 수 있어 좋다. 연맹에서 받은 중계료가 둘의 여행 경비론 충분하다"고 했다.

그는 '축구계 송해'라는 표현을 접하곤 "영광이고, 그분처럼 되고 싶다"며 미소 지었다. 그러면서 K리그가 더 많은 팬을 만족시키기 위해 팬들의 눈높이에 맞는 경기를 펼쳐야 한다고 조언했다. 특유의 은유 화법에 따르면 "K리그라는 채널이 안정적인 시청률을 얻고 싶다면 '뽀로로' 같은 것을 틀면 된다"는 것이다. 높은 시청률을 원하면 결국 재미있는 콘텐츠(경기)를 내놓아야 한다는 얘기다.

"요즘 팬들은 옛날처럼 이기고 지는 데만 집착하지 않아요. 내가 응원하는 팀이 지더라도 열심히 뛰면 기꺼이 박수를 쳐주더라고요. 축구도 중계도 시청자들의 문화를 잘 좇아가야 한다는 건 세대를 초월한 스포츠의 진리입니다. 내가 믿는 구석은 하나밖에 없어요. 옛 축구팬들의 추억을 되살릴 수 있다면 그걸로 된 거죠. 시청자들이 옛날처럼 내 중계를 보고 공감한다면 그만큼 고마운 일이 또 있겠어요?"

송재익 캐스터는 데뷔 50주년을 맞은 2020년 11월 잠실종합운동 장에서 열린 서울 이랜드와 전남 드래곤즈 간 경기를 중계하는 것을 끝으로 마이크를 내려놨다. 그는 "내 분수에 맞지 않는 일을 하지 않 았기에 이렇게 장수할 수 있었던 것 같다. 그게 내 건강 비결이기도 하다"고 말했다. 그러면서 "마지막 소감을 묻는다면, 그저 행복했다 고 답할 뿐"이라며 웃었다.

상주 상무 열혈 팬 부부

"응원석에 우리 둘만 있어도, 상주 상무 파이팅"

"여행 갈 돈, 옷 살 돈을 아껴서 축구 보러 다니는 거죠. 성적이요?
지더라도 최선을 다했다면 행복합니다. 물론 이기면 더 좋죠."

상주 상무가 가는 곳마다 늘 함께하는 해바라기 같은 팬이 있다.
상무가 경북 상주에 자리 잡은 2011년부터 9년째 전국 방방곡곡을
다니며 상주 상무의 전 경기를 모두 직접 관람하고 있는 최재웅·박
혜영 부부다.

2019년 여름 상주 상무가 강원FC와 원정 경기를 펼친 춘천송암
스포츠타운 주경기장. 상주 상무 응원석엔 5명도 안 되는 팬들이 강
원FC를 응원하는 2000여 명의 홈 팬들에 맞서 응원전을 펼치고 있
었다. 비록 적은 수의 팬들이지만 인기 팀 원정 응원단 못지않은 열
기가 가득했다.

특히 새빨간 상주 상무 유니폼을 입고 경기장을 찾은 부부가 그라운드가 떠나갈 듯 목청을 높이는 모습이 눈에 띄었다. 상주 상무에서 뛰었던 강원FC의 김호준 골키퍼가 선방해내자 "호준아, 네 후임들이야. 살살해라"고 고함을 지르고, 상주 상무의 이태희가 상대의 태클에 쓰러지자 "저거, 태희 맞지? 어떡하니, 어떡해" 하며 한숨을 내쉬기도 했다. 팀에 합류한 지 얼마 되지 않은 대구FC 출신 김진혁의 이름을 크게 외치기도 했다. 최씨는 "상주 상무 선수들은 우리 아들이나 다를 바 없다"고 멋쩍게 웃었다.

상주 상무는 K리그에서 소위 말하는 '비인기' 구단이다. 인구가 10만 명이 채 되지 않는 상주를 연고지로 삼은 데다, 선수들이 군 복무 기간 중에 일시적으로 머무는 국군체육부대 팀이라 골수팬들이 많지 않다. 나 홀로 지키는 응원석이 외로울 만도 한데 부부의 상주 상무 사랑은 대단했다. 박씨는 "저희 둘만 원정 응원석에 있을 때도 많아요. 그래도 기죽지 않아요. 오히려 선수들한테 목소리가 더 잘 들릴 때도 있고요. 상대 응원단도 이제는 저희가 응원할 수 있도록 잠시 쉬며 배려를 해주기도 해요"라고 말했다.

K리그 열성팬을 자처하는 부부의 사연도 특별했다. 자신을 '모태' 축구팬이라 칭하는 박씨는 1980년대 럭키금성부터 시작해 안양 LG 치타스의 골수팬이었다. 그러던 중 역시 축구를 좋아하는 최씨를 만나 결혼에 골인했고, 1997년 남편의 고향인 상주에 신혼집을 차렸다. 하지만 박씨가 응원을 하고 싶어도 상주엔 대도시처럼 프로축구 팀이 없었다. 가까운 대구나 대전으로 경기를 보러 갔지만 '우리 팀'

상주 상무 경기를 지켜보는 최재웅, 박혜영 부부

이 아니라는 생각에 쉽게 정을 붙이지 못했다.

그런 박씨에게 2011년 뛸 듯이 기쁜 소식이 들려왔다. 상무가 상
주와 연고 협약을 맺고 K리그에 참여한다는 이야기였다. 그해 3월
인천 유나이티드와의 홈 개막전부터 시작된 이들의 발걸음은 벌써
9년째 이어지고 있다. 비가 오나 눈이 오나 부부는 직접 승용차를 끌
고 전국을 누비고 있다. 비행기를 타야 하는 제주 원정도 마다하지
않는다.

최씨 부부에겐 나름의 응원 규칙이 있다. 승패와 상관없이 팀이
최선을 다한다면 그걸로 만족한다는 것이다. 그래서인지 부부는 잘
알려지지 않은 선수들의 이름을 더 크게 외친다. 박씨는 "무명 선수
는 못한다는 소리를 들으면 주눅 들어서 더 못해요. 이제 시작하는
애, 막 상주 상무에 들어온 애들은 적응하기 어렵거든요. 또 정말 열

심히 뛰는 게 눈에 보이고요"라고 강조했다.

부부에게 유독 애틋했던 선수는 국가대표 공격수 이정협이다. 그는 상무 시절이었던 2014년 무명 선수에 불과했다. 부부는 잠시 거쳐 가는 상주 상무에서도 항상 최선을 다해 뛰는 이정협을 누구보다 열심히 응원했다. 노력이 결실을 맺듯 이정협은 상주에서 국가대표팀에 처음 발탁돼 '군데렐라'라는 별명으로 불리며 슈틸리케의 황태자로 활약했다.

이정협은 전역을 앞두고 상주 상무에서의 마지막 경기를 마친 후 항상 자신을 응원해준 부부에게 사인이 담긴 국가대표팀 유니폼을 선물했다. 박씨는 "정협이가 전역하고 (임대 이적으로) 울산 현대에 들어갔는데, 저희가 첫 원정 응원을 갔을 때도 울산 현대 유니폼을 다시 사인해서 주더라고요. 대표팀에 다시 발탁됐던 얼마 전에도 고맙다고 전화도 해주고, 아들이나 다를 바 없어요"라며 미소 지었다.

자연히 상주 상무 선수들도 매번 경기장을 찾는 최씨 부부를 부모님처럼 따른다. 선수들은 경기 때마다 이들에게 감사 인사를 한다. 2017년 7연패의 수렁에 빠져 승강 플레이오프까지 간 끝에 잔류에 성공했을 때도 선수들이 가장 먼저 달려간 곳은 최씨 부부였다. 지금도 많은 상주 상무 출신 선수들이 부부와의 인연을 이어가고 있다.

두 사람에게 왜 그토록 K리그를 좋아하는지를 물었더니 2015년 6월 K리그 챌린지 서울 이랜드와의 경기 이야기를 꺼냈다.

"박항서 감독 시절이었는데 그날따라 비가 억수로 많이 와서 전반전 끝나고 직원들이 그라운드에 고인 물을 퍼낼 정도였어요. 그런데 그날 몸을 사리지 않고 경기장을 누비던 (박)진포가 물보라를 일으키며 혼자 드리블로 수비 2명을 제쳤어요. 발레복만 안 입었을 뿐이지, 저한테는 발레리나의 몸짓처럼 아름다웠어요. 최선을 다하는 선수들의 모습이 그것처럼 하나하나 다 소중해요."

그럼, 상주 상무와 이정협이 소속된 부산 아이파크가 맞붙으면 조금은 이정협을 응원하지 않느냐는 질문에 최씨는 "무조건 상주 상무지. 말도 안 되는 소리"라며 단칼에 끊었다. '진짜' 상주 상무 팬이 확실했다.

'유튜버' 김보경

"후배 여러분, 프로선수 훈련법 올려놨어요"

"축구선수를 꿈꾸는 모든 이들을 위한 유튜브 채널이 되고 싶어요."

선수들도 보고만 있을 수 없었던 걸까. 김보경은 2019년 현역 선수로서 쉽지 않은 '유튜버'에 도전했다. 그는 "구독자 1000명만 넘으면 성공이라 생각했는데, 생각보다 반응이 좋다. 이근호 형이랑 박주호 형도 처음엔 '절대' 안 찍는다고 했지만, 이제 마음이 바뀌었는지 출연 약속을 받아냈다"며 미소 지었다.

김보경은 2019년 3월 30일 동영상 플랫폼 유튜브에 자신의 영어 이름 머리글자를 따 'KBK Football TV' 채널을 개설하고 자신의 훈련 영상을 공유하기 시작했다. 근력 운동부터 자아 성찰의 비디오 분석 영상, 울산 현대 선수단의 슈팅 연습 등 프로선수들의 실제 훈

선수 생활을 하며 유튜버로도 활동 중인 김보경

런 모습을 영상에 담았다. 채널 개설 한 달 만에 600명을 돌파한 구독자 수는 2019년 말 3만 5000명을 넘겼다. 프로선수의 트레이닝 방식이 궁금하던 중 호기심이 해소됐다는 축구팬의 반응부터 직접 따라 해보니 유익하다는 예비 선수의 후기까지 댓글의 출처는 다양했다.

현역 선수, 그것도 국가대표급 실력을 갖춘 스타플레이어에게 '유튜버'는 쉽지 않은 도전이었을 터, 김보경은 그 계기를 "잘못된 방식으로 훈련하는 어린 후배들이 눈에 밟혀서"라고 밝혔다. 중견 선수가 되고 나니 '전문 트레이닝 방식을 3, 4년만 일찍 접했더라면 더 훌륭한 선수가 됐을 텐데'라는 후회가 들었다.

"선배들에게 물어보고 싶어도 부끄러움을 많이 타는 성격이라 어려움이 많았는데, 나중에 보니 주변의 후배 선수들도 비슷한 고민을 하고 있었더라고요."

한국은 훈련 환경도 열악하다. 선수 개개인마다 체계적인 스케줄을 설계해주는 해외 리그와 달리 한국에선 자기 스스로 알아서 해야 한다.

"냉정히 말해 K리그는 피지컬 훈련 환경이 좋지 않습니다. 선수단 규모는 20~30명에 이르지만 피지컬 코치는 한 명뿐인 경우가 대부분이라 정작 도움이 필요한 어린 선수들을 신경 쓸 수 없는 구조입니다. 근육 양과 컨디션 등에 따라 훈련 방식에 차별을 둬야 하는데 무겁게만 하면 좋다는 인식도 여전히 남아 있습니다."

그가 고민 끝에 선택한 방법은 유튜브였다. 영국과 일본 등 해외의 리그에서 오래 활동하는 동안 쌓은 노하우를 이제 막 프로 무대에 뛰어든 후배들에게 직접 전수하기로 했다. 울산 현대 홍보팀에서 촬영과 편집을 담당했던 프리랜서를 섭외해 본격적으로 영상 제작에 뛰어들었다. 김보경은 영상을 보는 것만으로 직접 체험이 가능하도록 다양한 각도 장면을 화면에 담았다. 하체 강화 훈련 영상의 경우 고관절 가동성 운동 20회 1세트, 코어 1분 3세트, 발목 가동성 50회 3세트 등 구체적인 루틴을 공개해 편의성을 더했다.

시행착오 끝에 얻은 노하우를 공개하는 것이 꺼려지지는 않았느냐는 질문에 그는 고개를 저었다. 김보경은 "다른 선수가 영상을 보고 두 배 성장하면 오히려 저도 지지 않기 위해 더 열심히 하는, 치열한 경쟁이 이뤄질 겁니다. 이를 통해 K리그도, 한국 축구도 전체적으로 발전했으면 하는 마음이 큽니다"고 말했다. 유튜브 채널을 운영해 벌어들인 수익도 K리그 팬들을 위한 이벤트에 사용할 예정이다.

김보경은 국가대표팀 시절 인연을 활용해 동료 선수들의 '비법'도 유튜브에 공개하겠다는 계획이다. 특유의 꾸준함으로 잘 알려진 윤영선이 첫 번째 게스트로 출연한 가운데 K리그 각 구단의 에이스 선수들이 이미 출연 대기 중이다.

"(이)재성이랑 (이)청용이 형도 시즌만 끝나면 영상에 등장할 예정이고, (박)지성이 형한테도 심심할 때 제 유튜브 영상 좀 봐달라고 미리 '밑밥'을 깔아놨습니다. 영상에 일본어 자막을 추가한 것도 피지컬 트레이닝이 선진화된 일본 J리그 선수들을 섭외할 때 도움이 됐으면 해서입니다."

선수가 축구 외적인 일을 한다는 비판을 살 우려도 있지만 김보경은 2019년 시즌 내내 맹활약하며 오히려 펄펄 날았다. 이제 '투잡'에 완벽히 적응했다는 김보경은 유튜브 활동에 대해 다음과 같이 바람을 전했다.

"아무래도 팀 성적과 축구가 최우선이기 때문에 영상이 늦게 올라올 수도 있는 점을 이해해주시면 좋겠습니다. 재미보다는 정보 전달이 목적이라 지루해하는 분도 계시겠지만, 축구를 사랑하는 사람들이 함께 즐기는 채널이 됐으면 좋겠습니다."

인터넷방송 진행자 강은비

"영화처럼 K리그도 중계 영상이 중요, EPL처럼 박진감 있었으면"

"드라마나 영화는 연기자의 연기만큼이나 촬영 기법이 중요하잖아요. 축구도 마찬가지예요. 중계카메라가 늘어나서 다양한 각도에서 박진감 넘치는 장면들을 보여준다면 팬들도 K리그의 진정한 재미를 알게 되지 않을까요?"

배우 출신 인터넷방송 진행자 강은비는 초보자의 눈으로 본 K리그 콘텐츠로 축구팬들의 마음을 단번에 사로잡았다. '직관' 문화 전도사를 자처한 강은비는 K리그 팬으로서의 의견을 가감 없이 털어놨다.

"축구는 아직 경기장에서 친구나 가족과 함께 맛있는 것도 먹고 맥주도 한잔하는 소풍 같은 문화가 자리 잡지 못한 것 같아요. 수원경기 때 먹었던 왕갈비 통닭이 정말 맛있었는데, 맛집 투어처럼 K리

K리그 유튜브 콘텐츠를 내놓은 BJ 강은비. **사진** 강은비

그 푸드트럭 투어도 하면서 누구나 즐길 수 있는 문화로서 K리그를 알리고 싶어요."

강은비는 사실 둘째가라면 서러울 정도의 축구광이다. 잉글랜드 프리미어리그 맨체스터 시티의 광팬으로도 알려진 그의 축구 사랑은 FC서울과 맨체스터 유나이티드의 팬이었던 아버지의 영향이 컸다. 2011년 커뮤니티 실드(잉글랜드 축구에서 프리미어리그 우승팀과 FA컵 우승팀이 격돌하는 단판 대회) 맨체스터 더비를 함께 본 것이 맨체스터 시티를 응원하게 된 계기가 됐다.

"전반 막판에 에딘 제코가 중거리 슛으로 환상적인 골을 넣었어요. 그때는 선수 이름도, 맨체스터 더비가 뭔지도 몰랐지만 '앞으로 이 선수, 이 팀을 응원하겠다'고 선언하면서 맨체스터 시티 팬으로 입문하게 됐죠."

배우 시절 가족들과 함께 서울로, 인천으로 자주 K리그 '직관'을 하러 다녔던 강은비가 개인 방송 플랫폼으로 아프리카TV를 선택한 이유도 축구 때문이었다.

"2017년 10월에 첫 방송을 시작했는데 아프리카TV를 선택했던 가장 큰 이유는 인터넷 축구 중계권이 있어서였어요. 시청자들과 호흡하면서 평소 좋아했던 챔피언스리그부터 잉글랜드 프리미어리그, K리그 등 관련된 방송을 하고 싶었거든요."

강은비는 매주 주말마다 오후엔 K리그, 새벽엔 해외 리그 중계로 축구 콘텐츠를 진행하며 정신없는 나날을 보낸다. 월요일마다 진행하는 K리그 콘텐츠는 역대 전적이나 순위표 같은 자료를 정리하는 것부터 대본을 준비하는 것까지 본인이 직접 모든 것을 챙기고 진행한다. 경기 리뷰와 '내 맘대로 뽑는 라운드 베스트 11', 다음 라운드 예측까지 곁들이면서 전문성은 부족하지만 초보자의 눈으로 팬들의 눈높이에서 콘텐츠를 만들어간다는 점에서 신선한 시도라는 평가를 받고 있다.

강은비는 관심이 가는 선수를 꼽아달라는 질문에 "아직 K리그 선수들을 다 알지 못해서 부끄러운 마음"이라면서도 신이 난 듯 줄줄이 이름을 읊었다.

"남준재, 배기종, 염기훈, 서보민 같은 주장 선수에게 눈이 가더라고요. 동해안 더비 미디어데이에서 만난 신진호, 정재용 선수도 멋있어요. 아 참, 상주 상무의 윤빛가람 선수도 최고다. 그리고 믹스. 맨체스터 시티 출신 믹스는 사랑입니다. 믹스는 울산 현대에 계속 남아야 해요."

그랬던 강은비가 1년 새 훌쩍 성장했는지 이제는 라인업만 봐도 선수들 이름과 얼굴 하나하나가 모두 익숙하다.

그는 잉글랜드 프리미어리그 애청자로서 K리그의 박진감만큼은 유럽 축구 못지않다고 목소리를 높였다.

"2018년 싱가포르 인터내셔널 챔피언스컵에서 아틀레티코 마드리드와 파리 생제르맹FC 경기를 '직관'했는데 K리그도 박진감에선 그에 못지않아요. 2019년 10라운드 슈퍼매치 명승부와 제주 유나이티드의 시즌 첫 승처럼 극적인 경기가 많았잖아요. 확실히 중계방송에서 프리미어리그처럼 다양한 각도를 보여주지 못하는 게 아쉬워요. 카메라가 늘어나서 시청자들이 화려하고 박진감 넘치는 영상을 본다면 그게 직접 관람으로 이어지고, 자연스럽게 K리그의 진정한 재미를 체험할 수 있지 않을까요?"

강은비는 처음으로 K리그 경기장을 찾았던 12년 전 일을 아직도 생생히 기억하고 있다.

"2007년 7월 서울월드컵경기장에서 열린 경기였는데 장마철이라 그날따라 비가 무척 많이 왔어요. 그런데 장대비 속에서도 선수들이 너무 열심히 뛰는 거예요. 그날 너무 감동해서 집에 돌아오자마자 미니 홈피에 '여러분, 제발 K리그 사랑해주세요'라고 글을 올렸어요. 지금도 항상 그때와 같은 마음이에요."

강원FC '승리의 상징' 공룡좌

"땀범벅이지만 아이들만 즐겁다면"

2019년 한 해 가장 더웠던 8월 초 춘천에서 강원FC의 명물이 된 '공룡좌'를 만났다. 경기 시작 시간인 저녁 8시가 넘어도 30도를 웃도는 푹푹 찌는 날씨였지만, 공룡좌의 열정은 무더위에 굴하지 않았다. 하프타임에 만난 공룡 복장의 주인공 권현 씨는 "그동안엔 버틸만했는데 무더위에 공룡 옷에 달린 환풍 장치까지 고장 나는 바람에 땀범벅이 됐다"며 공룡 옷을 잠시 벗고 숨을 돌렸다.

권씨는 "진짜 공룡이 아닌 사람인지라 덥고 체력적으로 힘들어 지치는 건 맞지만, 팀이 잘하는 덕에 극복할 수 있었다"고 했다. 그가 공룡 옷을 입고 경기장에 처음 등장한 건 2019년 5월 19일 성남FC와의 원정 경기에서다. 평범한 응원을 넘어 팀과 자신이 좀 더 주목받을 만한 아이템을 찾던 중에 공룡 옷을 입고 한국민속촌을 돌아다

K리그 탱고 어워드 시상자로 나선 '공룡좌' 권현 씨와 조재완 선수. **사진** 한국프로축구연맹

니는 사람들의 동영상을 보고 흥미를 느낀 게 계기가 됐다.

5만 원가량 자비를 들여 주문한 공룡 옷이 가져온 파장은 예상을 훌쩍 뛰어넘었다. SNS에서나 사진이 오르내릴 거라 짐작했던 것과 달리, 경기 중계 때 클로즈업을 받으면서 구단의 상징으로 떠올랐다. 6월 23일 포항 스틸러스와의 경기에서 강원FC가 4골을 먼저 내준 뒤 5골을 퍼부어 승부를 뒤집은 당시 수시로 카메라에 잡히면서 '승리의 아이콘'처럼 여겨지기 시작했고, 7월 12일엔 '탱고 어워드'(한 달간 가장 개성 있는 플레이를 보인 선수에게 주는 상) 시상식에 팬 대표로 나서 수상자인 강원FC 조재완에게 시상하기도 했다.

처음엔 그가 단순히 관심을 얻기 위해 퍼포먼스를 벌이는 것 아니냐는 삐딱한 시선을 보내던 이들도 있었으나, 강원FC가 창단했을 때부터 응원해온 골수팬이라는 사실이 알려지면서부터는 격려가 줄을 잇는다. 주말 강원FC 홈경기 때면 그는 자신이 사는 태백에서 2시간 30분을 내달려 춘천을 찾는다.

"미디어의 주목을 받는 등 일이 커지는 바람에 지금은 반강제로 공룡 옷을 입고 있지만, 어린이들이 나를 보며 즐거워하는 것에서 느끼는 보람도 크다. 어린이 팬들이 사진 촬영이나 하이파이브를 요청하면 꼭 응하려고 한다. 아이들이 나 때문에라도 K리그에 대해 흥미를 조금이라도 더 느낄 수 있다면 좋겠다는 생각에서다."

인천 유나이티드 서포터 부부

"목 터져라 응원하며 '인생 후반전' 뛸 용기도 얻었죠"

인천 계양구에 사는 60대 허관 씨는 K리그 인천 유나이티드 홈경기가 열리는 날이면 아내 조순분 씨와 축구 유니폼을 맞춰 입고 집에서 30분쯤 거리에 있는 인천축구전용경기장으로 향한다. 나들이를 겸해 찾는 경기장에서 아들 또래 선수들의 투지 넘치는 플레이를 응원하고, 다양한 연령대 관중들과 소통하는 재미가 크기 때문이다. 2010년 처음 인천 유나이티드 홈경기를 찾았다가 축구에 매료돼 서포터 활동을 시작한 허씨 부부는 현재까지 10년 동안 거의 모든 홈경기를 찾아 응원했다. 허씨는 "축구를 꾸준히 지켜보니 내 인생을 되돌아보게 되고, 선수들의 도전을 보면서 나 또한 새로운 도전에 나서려는 용기를 얻는다"며 차근히 축구의 매력을 나열했다.

인천축구전용경기장에서 만난 그는 "인천 유나이티드 서포터가 된 뒤 축구 사랑을 통해 많은 선물을 받은 것 같다"고 했다. 오랜 시간 도전을 거듭해온 사업을 접으며 실의에 빠졌을 때 찾게 된 경기장에서 매 경기를 차근히 되짚어보는 식으로 깨달음을 얻곤 했다. 요즘은 축구라는 공감대과 생겨 자녀들과 소통하기 쉬워졌고, 젊은 이들과 어울려 지내며 세대 격차도 줄인다는 게 그가 꼽은 K리그 서포터 활동의 장점이다. 그는 "한 경기 입장권 가격이 1만 원(1인 기준) 정도인데, 연간회원권을 끊으면 훨씬 저렴한 비용으로 국내 최고 축구 리그를 즐길 수 있다. 소속감을 갖고 무언가에 집중할 수 있어 웬만한 여가 생활에 비해 가성비가 높다"고 했다. 여기에 대중교통으로 경기장을 오가고 간식이나 음료도 반입이 되므로 경기장에서 소비하는 돈까지 줄이면, 비용은 얼마든지 줄일 수 있다.

허씨는 불과 10여 년 전만 해도 시계 제조업계에서 제법 알아주던 사업가였다. 대기업에 근무하던 34세 때 회사를 그만둔 직후 사업에 뛰어들어 50대 초반까지 승승장구했다는 그는 "운영하던 회사의 규모가 그리 크진 않았어도 알짜 운영을 해 정부 기관으로부터 여러 차례 표창을 받기도 했다. 2000년대 중반 휴대폰 관련 사업에 손을 대고부터 사업이 크게 기울어 결국 몇 년 전 사업을 접었다"고 되짚었다. '인생 전반전'에 거침없이 골을 집어넣으며 승승장구하던 그에게 시련이 닥친 건 사업 규모를 줄인 2010년쯤부터다. 휴대폰 사업 영역 전반에 손을 뻗은 대기업 계열사들의 공세를 방어하지 못한 허씨는 몹시 방황했고, 설상가상으로 이때까지 곁에서 든든히 조력하던 아내 조씨마저 우울 증세를 얻었다.

인천축구전용경기장에서 인천 유나이티드를 응원하는 허관(왼쪽) 씨와 가족들. **사진** 고영권

　세상에 대한 원망, 사업 실패에 따른 허망함, 자녀들에 대한 미안함에 사로잡혀 살던 허씨 부부가 우연한 계기로 축구장에 발을 들인 건 행운이었다.

　"허정무가 2010년 8월 인천 유나이티드 감독으로 부임했다는 소식을 듣고 응원차 당시 홈구장이었던 인천문학경기장을 찾았다. 그때 부족한 예산 탓에 이렇다 할 스타플레이어 한 명 영입하지 못한 상황에서 죽도록 뛰는 선수들의 모습에 매료됐다. (축구장이) 늙은 내게도 많은 배움을 줄 것 같았고, 무엇보다 과거 프로야구 삼성 라이온즈 광팬으로 스포츠에 관심 많던 아내가 축구 경기에 집중하며 즐거워하는 모습에 꾸준히 축구장을 찾기로 마음먹었다."

　남편 손에 이끌려 축구장에 발을 들인 지 10년째에 접어든 아내 조씨는 이제 남편보다 더 열렬한 팬이 됐다. 그는 "사람이라면 누구나 인천 유나이티드 축구의 '생존력'에 감탄할 수밖에 없을 것"이라며 웃었다. 최근 수년간 시즌 내내 하위권을 맴돌던 팀이 2부 리그로 강등될 위기를 맞을 때마다 전력 이상의 능력치를 끌어내 야무지게 승점을 쌓고 1부 리그에 잔류하는 모습이 참 신기했다.

"인천 유나이티드는 쉽게 말해 '흙수저' 팀이라 애초부터 좋은 성적을 기대할 순 없지만, 선수들이 모든 걸 쏟아내는 경기를 펼치면 승패와 상관없이 뜨거운 박수를 보낸다. 이젠 인천 유나이티드의 모든 선수가 내 아들 같아서 승부가 어느 정도 패배로 기울면 다치지 않고 경기를 끝내길 빈다."

무엇보다 환갑을 훌쩍 넘긴 두 사람이 최근 수년 새 축구장에서 얻은 새로운 재미는 '세대 간 소통'이다. 같은 공간에서 같은 유니폼을 입고 같은 응원가를 목 놓아 부르며 희로애락을 함께하다 보니 20대, 30대 젊은 동료 서포터들과 자연스레 친구가 됐다. 몇 년 전부턴 아들 내외도 함께 응원 다니기 시작하면서, 가족과 함께 보내는 시간은 물론 대화 소재도 늘었다.

"성장해온 배경이 다르기에 시각차가 존재할 수밖에 없는 정치·사회적 화제 대신, 함께 지켜본 경기와 팀 전력 등을 논하는 게 훨씬 즐겁다. 요즘 축구팀에서도 '자율'이 강조되듯 가정에서도 구성원이 서로의 뜻을 존중한다면 갈등 생길 일도 없고 스스로 성장하게 된다. 자녀는 부모의 입을 보고 크는 게 아니라 뒷모습을 보며 성장하는 것이라 한다. 부모 역할은 그저 열심히 사는 모습을 보여주는 것 뿐이다."

인간의 삶은 90분짜리 축구 경기와 사뭇 닮았다. 전력이 다소 처

지더라도 전략을 잘 짜고 민첩히 움직여 강자를 이기는 경기, 초반
에 실점을 해 불리해지더라도 후반전 대비를 잘해 승부를 뒤집은 경
기, 화려한 경기력을 보여주거나 승리하지 못하더라도 최선을 다한
모습에 지켜보던 이들이 아낌없는 박수를 보내는 경기가 그렇다. 이
를 인생에 대입해보더라도 크게 다르지 않다. 허씨는 이렇게 앞날을
말했다.

"내가 죽을 때쯤, 주변에서 내 인생을 지켜본 이들로부터 아낌없
는 박수를 받을 수 있도록 남은 인생도 최선을 다해 살겠다. 축구장
에서 얻은 용기, 젊은이들과 교감하며 얻은 아이디어를 바탕 삼아
더 늦기 전에 소규모 창업에 도전해볼 계획이다."

조광래 대구FC 대표

대박 난 '대파' 흥행을 돌아보다

2019년 시즌에서 대구FC는 우승 경쟁을 펼친 전북 현대모터스와 울산 현대만큼 큰 성과를 냈다. 비록 우승도, 아시아축구연맹 챔피언스리그 진출도 이루지 못했지만, '대파'이라는 애칭이 붙은 새 홈구장 DGB대구은행파크에서 무려 9차례 매진을 기록하며 K리그 흥행 돌풍의 중심에 섰다.

시즌을 마친 뒤 만난 조광래 대구FC 대표는 2019년 시즌을 평가해달라는 부탁에 "모든 면에서 이전보다 나아졌다고 할 수 있지만, 100퍼센트 만족할 수는 없었다"고 했다. 어떤 점이 얼마나 부족했는지를 묻자 "20퍼센트 정도 아쉬웠는데, 전반기에 아시아축구연맹 챔피언스리그를 치르는 등 빡빡한 일정을 소화한 탓에 후반기엔 부상 선수들이 많고 경기 스피드도 크게 떨어졌다"는 냉철한 진단이 돌아

대구FC 마스코트
리카, 빅토와 나란히 서서
엄지를 치켜들고 있는
조광래 대구FC 대표.
사진 대구FC

왔다.

'자체 평가'에 박한 점수를 주는 그가 유일하게 100점을 준 쪽은 마케팅이다.

"직원들이 연구도 많이 하고, 좋은 아이디어가 있으면 현실화하려 노력한다. 시합하는 날 경기장 밖을 돌아다녀보면 유럽 축구 못지않은 분위기를 확인할 수 있어 뿌듯해진다."

의미 있는 수확도 거뒀다. 2019년 K리그 대상 시상식에서 최고의 팬 만족도를 보인 팀에게 수여하는 '팬 프렌들리 클럽상'과 관중 수가 크게 증가한 팀에 주어지는 '플러스스타디움상'을 수상했다.

2019년 '대팍'은 19차례 홈경기 가운데 9차례가 매진된 가운데 평균 관중 수는 전년 대비 305퍼센트나 급증해 인기를 실감했다. 새 구장 건설과 함께 인근 시설이 정비되고 주변 상권도 확 살아나면서 축구가 지역 경제에 한몫했다는 평가도 받았다. 연말엔 구단 마스코트 '리카'의 인기까지 치솟으며 구단 상품 구매 열기도 뜨거웠다. 조대표는 "리카는 정승원이나 김대원과 마찬가지로 대구FC의 얼굴이다. 선수와 다르지 않게, 우리가 잘 키워나가야 하는 존재다"라고 했다.

2019년, 대구FC 대표를 맡은 지 5년을 넘긴 조대표는 '롱런'이 언제까지 이어질지를 묻는 질문에 잠시 고민하더니 명확한 답을 내놨다.

"당장 내가 몇 년 뒤 물러나겠다는 얘기를 하기보다, 하나의 목표 정도는 내놓고 싶다. 대구FC가 K리그에서 우승하는 걸 한 번 보게 된다면 (거취에 대한) 생각이 더 편해질 것 같다."

대진표 짜는 남자, 홍승민 한국프로축구연맹 대리

흥미진진 K리그 대진표, 이렇게 만들어졌다

'도대체 누가 대진표를 짰느냐'는 말이 나올 만큼 2019년 K리그는 시즌 막판까지 흥미진진한 대진의 연속이었다. 최종전에서 아시아축구연맹 챔피언스리그 티켓을 놓고 3위 FC서울과 4위 대구FC 간 맞대결, 또 1부 리그 생존을 놓고 10위 인천 유나이티드와 11위 경남FC 간 맞대결이 성사됐다. 우승을 노리는 울산 현대와 전북 현대모터스는 37라운드 맞대결 이후 홈에서 마지막 경기를 치러, 끝까지 긴장감을 놓을 수 없었다. '대진 담당자가 '알파고' 아니냐'는 우스갯소리가 나올 정도로, K리그 흥행의 최고 조연이라는 말까지 나왔다.

소문만 무성했던 K리그 대진표는 누가, 어떻게 짜는 걸까. 시즌이 끝난 뒤, 한국프로축구연맹 사무실에서 '대진표 깎는 남자' 구단지원

팀 홍승민 대리를 어렵게 만났다. 사진 촬영도 한사코 거절한 홍대리는 "주변에서 '신의 일정이다'라는 감탄에서부터 '수고했다'는 격려의 말씀까지 칭찬을 많이 해줬다. 하지만 선수들과 구단 관계자들의 노력 때문에 (K리그가) 흥행한 것이지, 저는 한 것이 없다"고 겸손하게 답했다.

연맹은 지난 2010년부터 컴퓨터 프로그램을 활용해 리그 일정을 관리하고 있다. 홍대리가 각 구단의 홈경기 개최 비율, 구장별 행사 일정, 3연속 홈·원정 경기 금지, 휴식일 수, A매치 기간 등 모든 변수를 정리해 프로그램을 돌리고, 그렇게 나온 복수의 안을 갖고 일정을 확정하는 방식이다. '슈퍼매치' '동해안 더비' 같은 인기 경기들은 흥행을 고려해 어린이날 등 공휴일에 미리 배치하기도 한다. 울산 현대가 최종전에서 포항 스틸러스를 만난 것도 이런 의도가 숨어 있었다.

최종 순위가 결정되는 파이널 라운드도 1~33라운드와 방식이 크게 다르지 않지만, 막판 경쟁을 고려해 미세한 수정 작업이 이뤄진다. 홍대리는 "파이널 라운드 일정을 짤 때 우승, 챔피언스리그, 강등 3가지를 고려해 마지막까지 긴장감이 유지되도록 노력했다"고 전했다.

특히 전북 현대모터스와 울산 현대 간 경기 일정을 짜는 데 고심이 컸다고 털어놨다.

"양 팀의 맞대결을 37라운드 아니면 38라운드에 놓을지를 두고 내부 논의가 길었다. 나로선 우승 경쟁이 36라운드나 37라운드에 끝날 것 같아 37라운드에 배치하는 것이 그림이 가장 좋을 것이라 판단했다. 제 예상이 오묘하게 맞아 들어가는 것을 보고 신기했다."

아시아축구연맹 챔피언스리그 출전권을 두고 FC서울과 대구FC 사이에 접전이 펼쳐질 것을 예상한 것도 적중했다. 그는 '경·제·인'(경남·제주·인천)도 마지막 세 라운드에서 차례로 맞대결을 성사시키려 했지만 일정이 어긋나 아쉬웠다고 귀띔했다.

그에게 앞으로도 흥미진진한 대진표를 기대해도 되겠느냐고 물었다. 의외의 대답이 돌아왔다.

"시상식에서 선수들이 '각본 없는 드라마'였다는 칭찬을 많이 해주셔서 고마웠다. 하지만 제 역할은 드라마를 연출하는 게 아니다. 모든 팀에게 공정하도록 어느 한 팀이 유리하지도, 불리하지도 않는 일정을 짜는 게 제 일이다. 앞으로도 모든 팬이 '페어'하다고 고개를 끄덕이는 대진을 짜기 위해 최선을 다하겠다."

감독으로 거듭난 김남일
'엄마 리더십'의 결과는?

2002년 한일 월드컵 4강 신화의 주인공 '진공청소기' 김남일은 2020년 성남FC의 지휘봉을 잡고 감독으로 데뷔했다. 시즌을 앞두고 만난 김남일 감독은 정경호 수석코치를 비롯한 코칭스태프와 밤낮으로 호텔 방에 모여 토론하고, 전술이나 전력은 물론 선수들의 심기까지 살뜰히 챙기는 '엄마 리더십'을 몸에 익히고 있다. 훈련 일정에 적힌 취침 시간은 밤 11시 30분이지만 30대 후반~40대 중반의 비교적 젊은 층으로 구성된 코칭스태프는 툭하면 날을 넘기며 소통했다.

그래서인지 전지훈련지인 제주 서귀포의 한 호텔에 마련된 코칭스태프들의 '토론방'엔 흡사 PC방 간식 코너처럼 다양한 과자와 음료, 과일까지 마련돼 있었다. 토론방에서 만난 김감독은 "팀 매니저

김남일 성남FC 감독이 2020년 2월 12일 제주 서귀포 한 호텔에서
토론방에 비치된 과자를 집어 들었다.

가 자기 먹고 싶은 걸 사다 놓은 것 같다"며 머쓱한 웃음을 짓더니
"사실 나도 먹고 코칭스태프도 회의할 때 함께 먹는다"고 털어놨다.
젊은 코칭스태프의 취향을 고려한 토론방인 셈이다.

　신태용 감독과 호흡한 2018년 러시아 월드컵 대표팀 코치 당시
느슨해진 선수단 분위기를 두고 "마음 같아선 빠따(배트)라도 들고
싶었다"고 말해 논란의 중심에 서기도 했던 그는 2019년 12월 성남
FC 감독 취임 기자회견에선 "빠따 대신 빠다(버터) 같은 부드러운
감독이 되겠다"고 다짐했다. 쉽지 않지만 선수들에게 한 걸음씩 다
가가려고 노력 중이다. 실제 감독이 돼서는 신태용 감독의 '형님 리
더십'을 롤 모델로 삼았다.

　김감독이 맡은 뒤로 성남FC는 팀 분위기가 점점 유연해졌다고
한다.

"선수들과 함께 밥을 먹을 때나 차 한잔 할 때 이런저런 얘기들을 많이 나눈다. 자율적인 분위기에서 창의적인 부분을 키워가자는 방향을 잡고 새 시즌을 준비 중이다."

다만 기강이 느슨해질 때쯤이면 2019년 시즌까지 상주 상무 수석코치를 맡아 지도력을 쌓은 정경호 코치가 나선다. 김감독은 "팀내에선 정코치가 엄한 아버지 역할, 내가 자상한 엄마 역할을 맡는다"고 강조했다.

K리그 감독이라는 자리가 결코 만만치 않다는 걸 그도 안다. K리그2로 강등되기라도 하면 제주 유나이티드나 경남FC처럼 K리그1 경험을 맛본 팀들은 물론 대전 하나시티즌이나 서울 이랜드처럼 팀을 업그레이드한 도전자들과도 경쟁해야 한다.

김감독은 대체로 1차 전지훈련에서 선수들의 몸을 만들고 2차 전지훈련 때 전술을 입히는 기존 방식에서 벗어나, 1차 전지훈련 때부터 전술 훈련과 체력 훈련을 병행했다. "하루빨리 내 팀 컬러를 입히고 싶었다"는 이유에서다.

"젊은 선수들이 많은 가운데 최고참 이적생 양동현과 성남FC의 버팀목 연제훈의 솔선수범이 고맙다. 신구 조화를 잘 이루고 내 축구 철학을 잘 입혀서 시즌 끝날 무렵 결과로 증명하겠다."

끝으로 그는 어느 팀과의 대결이 가장 기대되느냐는 질문에 "모든 팀이 쉽지 않을 것이다. 그래도 수원 삼성과 인천 유나이티드, 전북 현대모터스처럼 내가 몸담았던 팀들과 상대할 때 좀 더 좋은 모습을 보이고 싶다"고 속내를 드러냈다.

김기동 포항 스틸러스 감독

"강산이 변해도 '스틸러스 웨이' 안 변해"

김기동 포항 스틸러스 감독의 별명은 '철인'이다. K리그에서 현역으로 뛴 19년간 필드 플레이어 최다 출장(501경기)과 최고령 출장 기록을 세운 강한 선수이기도 하지만, 2003년 포항 스틸러스에 처음 입단해 지도자로 변모한 지금까지 한곳에서 17년간 '스틸러스 맨'으로 살아온 그이기에 붙은 이름이다.

2019년 4월 최순호 전 감독 후임으로 포항 스틸러스 사령탑에 오른 김기동 감독은 2020년 시즌 개막을 앞두고 처음으로 '김기동의 스틸러스'를 꾸렸다. 동계 전지훈련지인 제주 서귀포에서 만난 김감독은 자신의 현역 시절이던 지난 2009년 구단이 선포했던 '스틸러스 웨이steelers way'를 지켜가며 K리그 구성원들을 존중하고 팬들이 만족하는 시즌을 만들어가겠다고 다짐했다.

김기동 포항 스틸러스 감독이 2020년 2월 11일 제주 서귀포 칼호텔에서 활짝 웃어 보이고 있다.

스틸러스 웨이란 2009년 김태만 당시 포항 스틸러스 사장이 '감동이 있는 축구'를 선사하겠다는 취지로 내세운 4가지 약속으로, 실제 경기 시간을 5분 이상 늘리고, 깨끗한 경기 매너를 지키고, 심판의 권위와 판정을 겸허히 존중하며, 스틸러스 선수로서 자부심을 갖자는 것을 말한다.

강산이 변한다는 10년이 지나도 스틸러스 웨이의 가치는 이어지고 있다.

"스틸러스 웨이를 도입한 초반엔 선수들도 적응하기 어려웠고 나또한 '홈에서만 잘 지키고 원정에선 철저히 이기는 축구로 가자'고 제안했을 정도였다. 하지만 점차 시스템이 갖춰지고 선수들도 취지에 공감하면서 팀 문화로 정착한 것 같다. 사실 감독이 돼서도 판정 탓에 억울할 때가 있지만, (심판에게) 한 번 어필한 뒤 항의를 더 하지는 않으려고 노력한다. 존중이라는 가치도 실천하는 의미에서, 그리고 팬이 무엇을 원하는지를 생각해보면 그게 맞는 것 같다."

그는 앞으로도 포항을 존재감 넘치는 팀으로 이끌고 싶은 마음이 크다. 2019년 시즌 K리그 최종전에서 우승을 코앞에 둔 울산 현대를 4대 1로 꺾음으로써 전북 현대모터스에 우승을 안긴 장본인이었던 그는 "우리 경기 가운데 하나였고 우리 팬들이 꼭 이겨주기를 바랐던 '동해안 더비'였기에 그런 승리가 가능했던 것 같다. 울산 현대의 잔치에 고춧가루를 뿌리고 싶은 마음은 없었다"고 강조했다.

정정용 서울 이랜드 감독

"처음 오는 관중은 있어도 한 번만 오는 관중은 없을걸요?"

2019년 U-20 월드컵에서 한국을 준우승으로 이끈 정정용 감독은 2020년 고난의 길을 택했다. K리그2 서울 이랜드 감독으로 축구 팬들을 만나기로 하면서다. 명장으로 이름을 날린 그가 K리그2 꼴찌 팀을 맡은 이유는 하나, 새로운 도전을 위해서다.

시즌 개막을 준비하는 2020년 초 전지훈련지인 제주 서귀포에서 만난 정감독은 첫 시즌 목표를 전했다.

"처음 오는 관중은 있어도, 한 번만 오는 관중은 없도록 준비하겠다. 프로는 성적으로 말해야 하기에 벌써부터 스트레스를 받는다. 상당히 힘든 시즌이 될 것이라는 생각이 들지만 잘해야겠다는 의지와 새 도전에 대한 기대도 크다. 팀에 이름 높은 선수들이 많지 않아도 신구 조화를 이뤄 플레이오프까지는 올라보고 싶다."

정정용 서울 이랜드 감독이 2020년 2월 10일 제주 서귀포 켄싱턴리조트에서
싸이의 '강남 스타일' 안무를 따라 하고 있다. **사진** 서울 이랜드

    서귀포에서 3차 전지훈련을 진행 중인 서울 이랜드 선수들은 대
체로 2019년 시즌보다 살이 쪽 빠졌다고 한다. 정감독 말을 빌리자
면 '얼굴이 해골처럼 된 선수'도 있다. 1월 초 전남 목포에서 진행한
1차 전지훈련에서 선수들의 몸 상태와 컨디션을 점검한 정감독은
태국 촌부리에서 가진 2차 전지훈련 땐 연습경기도 최소화하며 고
강도 체력 훈련과 식단 조절, 비디오 분석 등으로 최상의 몸 상태를
만드는 데 주력했다. 당연히 이들의 몸 상태를 데이터화해 훈련에
적용했다.

    2020년 K리그2는 설기현(경남FC), 황선홍(대전 하나시티즌), 남
기일(제주 유나이티드) 같은 스타 감독들의 자존심 대결도 관심을
끈다.

    "올해 우리가 속한 2부 리그가 1부 리그보다 치열하고 재미있을

거라는 얘기를 여기저기서 듣는다. 축구란 게 모든 팀이 승리를 가져갈 순 없지만, 한 번 경기장을 찾은 팬들이 다음 경기를 기대하며 또 경기장을 찾을 수 있도록 준비할 것이다."

2019년 서울에서 열린 전국체육대회 여파로 홈경기의 상당수를 충남 천안에서 소화했던 서울 이랜드는 2020년 '제집'인 잠실종합운동장으로 완전히 컴백했다. 그런 만큼 '새로운 강남 스타일' 축구를 선보이겠다는 의지도 크다. 실제 정정용 체제의 서울 이랜드는 한층 젊어졌다. 최근 아시아축구연맹 U-23 챔피언십 우승과 도쿄 올림픽 본선행을 견인한 김학범호의 주장 이상민이 합류했고, 연령대별 대표팀을 거친 김태현과 서경주도 K리그 팬들 앞에 서기 위해 땀 흘리고 있다.

정감독은 선수들에게 무조건 팀을 위해 희생하라고 요구하지만은 않을 생각이다.

"이제 프로팀 감독이 돼 입장이 바뀌었지만, 리스크가 있더라도 우리 선수들이 올림픽 같은 큰 무대에 설 기회가 생긴다면 언제든 보내줄 것이다. 감독으로서 선수와 팀이 함께 발전해가는 방향으로 이끌어 가고자 한다."

마지막 1970년대생 현역 이동국

"은중이가 도쿄 올림픽 와일드카드 준비하라던데요?"

1998년 프랑스 월드컵에서 19세 나이로 혜성처럼 등장해 국내 축구팬들의 가슴을 설레게 했던 이동국은 2020년 들어 마지막 남은 1970년대생 현역 K리거가 됐다. 그럼에도 그는 "경쟁하겠다"고 한다.

2020년 시즌을 앞두고 전북 완주의 전북 현대모터스 클럽하우스에서 만난 이동국은 "스페인 전지훈련에서 몸을 잘 만들었다. 선수와 구단, 팬들이 모두 원하는 아시아축구연맹 챔피언스리그 정상에 도전할 준비가 돼 있다"고 말했다. 한국 나이로 마흔둘. 또래 일반인 남성들은 '해가 지날 때마다 몸이 달라진다'는 하소연을 내뱉을 때이지만, 이동국은 여전히 '팔팔함'을 과시했다.

"아직 훈련이나 경기를 해도 특별히 예전보다 더 힘들다는 걸 느끼지 못한다. 회복도 잘된다."

그와 함께 성장한 동갑내기 김은중 올림픽대표팀 코치와 박동혁 충남아산 FC 감독 등 지도자의 길을 걷는 동기들의 부러움도 한몸에 받는다. 2019년 국가대표 골키퍼 출신 김용대가 선수 생활을 접으며 마지막 남은 1970년대생 K리거가 된 이동국은 "은중이가 도쿄올림픽 대표팀 와일드카드로 추천할 테니 준비하라더라"며 웃었다. "내가 도쿄(올림픽)에 가는 건 어려운 일"이라면서도 내심 새 시즌을 준비하는 자신을 향한 '절친'의 응원이 기분 좋은 듯했다.

실제 팀에서도 이동국에게 거는 기대는 여전하다. 2019년 시즌 K리그1 33경기에 출전해 9골 2도움을 기록하며 건재함을 증명한 이동국은, 2020년에도 K리그와 아시아축구연맹 챔피언스리그를 병행해야 하는 전북 현대모터스 입장에선 꼭 필요한 공격 자원이다. 이동국은 "나는 더 물러날 곳이 없는 선수다. 그런 선수가 더 무서운 것 아닌가"라며 자신감을 보였다. 후배들의 응원도 큰 힘이 된다.

"형이 잘 뛰어야 우리도 오래 뛸 수 있다며 응원하는 동생들이 많다. 40대 초반까지 충분히 잘 뛸 수 있다는 걸 보여주고 싶다."

팀 분위기도 최고다. 2019년 시즌 전북 현대모터스는 K리그 최종전에서 강원FC에 승리를 거두며 같은 시간 포항 스틸러스에 진 울산 현대에 앞서 짜릿한 우승을 맛봤다. 이동국은 그날을 떠올렸다.

"강원FC에 1대 0으로 앞서던 후반 20분쯤 코너킥을 차러 가는데 홈 팬들이 엄청난 환호를 보내셨다. 그때 우리가 우승할 수 있다는 걸 직감했다. 경기가 끝날 때까지 온몸에 소름이 돋아 있었다."

이동국이 2020년 2월 7일 전북 현대모터스 클럽하우스에서
자신이 처음 들어 올렸던 K리그 우승트로피 앞에서 미소 짓고 있다.

그는 2019년 시즌을 '선물 같은 해'로 여긴다. 1998년 프랑스 월
드컵 이후 K리그는 이동국을 비롯해 안정환, 고종수 같은 꽃미남 축
구선수들을 보러 경기장에 몰린 팬들로 부흥기를 맞았지만, 인기가
그리 오래 이어지지 않았다. 그 당시를 고스란히 기억하고 있는 그
는 K리그 인기가 식지 않으려면 구성원들의 꾸준한 노력이 필요하
다는 걸 잘 안다.

"후배들에게 팬 없는 경기장에서 뛰는 게 무슨 의미가 있겠느냐
는 얘기를 꾸준히 해왔다. K리그 선수들이 사인이나 사진 촬영 같은
팬들의 요구를 웬만하면 다 들어주는 모습이 좋은 평가를 받는데,
프로선수로선 당연히 해야 할 일 아닌가."

축구선수로선 마지막 불꽃을 피우고 있지만 '인간 이동국'의 인생
은 이제 반환점을 돌고 있다. 그는 "내 인생을 어떻게 마무리할지는

모르겠지만, 훗날 '이동국은 경기가 끝날 때까지 골을 기대할 수 있었던 선수'로 기억되고 싶다"고 했다.

끝으로 그는 유럽파 후배들이 은퇴할 때쯤 K리그에 복귀해주면 좋겠다고도 했다.

"K리그 수준이 예전보다 많이 높아졌기 때문에 그들이 돌아오더라도 많은 노력을 해야 할 것이다. 그런 선수들이 K리그에 돌아와 박수를 받으며 팬들이 감탄하는 경기를 펼친다면 나 또한 기분이 좋을 것이고, 어린 선수들이 성장하는 데도 큰 보탬이 될 것이다."

수원 삼성의 아담 타가트

호주 국가대표, K리그에서 활짝 꽃피다

호주 국가대표 출신 공격수 아담 타가트의 축구 인생은 K리그에서 활짝 꽃폈다. 그는 "한국에서 새로운 도전을 겪으며 성장했다. 2022년 카타르 월드컵 무대까지도 노려보겠다"고 했다.

잉글랜드 프리미어리그 풀럼FC와 스코틀랜드의 던디 유나이티드, 호주 A리그 퍼스 글로리 등에서 활약했던 타가트는 2019년 수원 삼성 유니폼을 입고 K리그 무대를 밟았다. 호주 국가대표로 2014년 브라질 월드컵 무대도 누볐던 그에게 K리그는 도전의 무대였다. 타가트는 "K리그는 내게 도전과 성장의 무대"라고 했다.

"치열한 주전 경쟁 구도는 물론 공을 잡고 돌아서면 곧장 3명의 선수가 자신을 향해 달라붙는 압박 수비 모두 호주에선 경험하기 어려운 일이었다. 여기에 3위까지 주어지는 아시아축구연맹 챔피언스

수원 삼성에서 실력을 활짝 피운 타가트. **사진** 한국프로축구연맹

리그 출전권, 6위에 들어야 펼칠 수 있는 상위 스플릿, 2부 리그 강등 가능성 등 어떤 위치에서도 긴장할 수밖에 없는 시스템이 큰 동기부여가 됐다.”

사실 K리그에 입성하기 전까지 타가트는 아시아 무대에서도 큰 주목을 받지 못했다. 21세이던 지난 2014년 호주 A리그 뉴캐슬 제츠에서 16골을 터뜨리며 득점왕을 차지하고 '사커루'의 일원으로 브라질 월드컵 무대를 밟았지만, 이후 잉글랜드 프리미어리그 2부 풀럼FC로 이적한 뒤론 부상과 부진이 겹치며 '빛을 보다 만 유망주'쯤으로 여겨졌다. 결국 2016년 호주 A리그로 돌아와 퍼스 글로리와 브리즈번 로어에서 자리 잡으며 재기의 발판을 마련했고, 2019년 시즌 도중 수원 삼성으로 이적해 '인생 시즌'을 보냈다.

2019년 7월엔 리그 다섯 경기에 모두 출전해 6골을 몰아넣으며

K리그를 읽는 시간 1

'이달의선수상'을 받는 등 맹활약을 펼쳤다. 호주 언론의 관심도 뜨거워서 최근엔 거의 모든 호주 스포츠 매체들이 타가트의 K리그 활약상은 물론 유벤투스FC 방한 경기 당시 득점 소식까지 빠짐없이 전하고 있다. 2022년 카타르 월드컵 아시아 지역 2차 예선에서 호주 대표팀으로 나설 가능성도 차츰 높아지고 있다.

본사 측의 투자가 줄어 창단 이래 겪어보지 못한 보릿고개를 넘은 수원 삼성에게도 타가트는 복덩이였다. 구단은 어려운 상황 속에서도 2019년 FA컵 우승을 차지하면서 팬들에게 기쁨을 전했다. 타가트는 "이임생 감독과 영어로 직접 소통하면서 팀에 일찌감치 녹아들었다. 또 동료들의 도전 정신이 내게도 긍정적인 영향을 끼쳤다"며 고마움을 전했다.

고형진, 김희곤 심판

"카타르 월드컵 옐로카드를 이 손에"

심판들도 K리그 스토리를 함께 써가고 있다. 국내 간판 심판 격인 고형진, 김희곤 심판은 그중에서도 유독 주목받고 있다. 고형진 심판은 2017년 대한축구협회 올해의 심판상을 수상한 명실공히 한국 심판계의 대표 주자다. 김희곤 심판은 2018년 11월 K리그2 경기에서 광주FC 소속 이승모가 상대 선수에게 부딪혀 쓰러지자 즉시경기를 중단하고 심폐소생술을 실시하는 등 빠른 대처로 큰 사고를 막은 일로 축구팬들 사이에서 '연예인'급 인기를 끌었다. K리그를 넘어 국제대회에서도 맹활약을 펼치는 두 사람은 "2022년 카타르 월드컵에 꼭 나가고 싶다"는 포부를 드러냈다.

2019년 3월 대한축구협회에서 만난 두 심판의 얼굴은 새까맣게 그을려 있었다. 한국 대표로 카타르 도하에서 열린 국제축구연맹 심

월드컵 무대에 도전하는 고형진(왼쪽), 김희곤 심판. **사진** 이한호

판 세미나에 다녀온 직후였다. 그곳에서 세계 각국의 심판 30여 명과 함께 땡볕 아래에서 진행된 혹독한 훈련을 통과했다.

"오전 9시 30분부터 저녁 늦게까지 비디오 판독을 비롯한 각종 이론 교육과 실전 트레이닝을 받았다. 국제 축구의 흐름에 맞춰 훈련법도 계속 바뀌고 있고, 심판들도 비디오 영상과 경기 모니터링 등을 통해 부단히 노력하고 있다."(고형진)

한국은 지난 2010년 남아프리카공화국 월드컵을 끝으로 2014년 브라질 월드컵과 2018년 러시아 월드컵에선 심판을 배출하지 못했다. 1994년 미국 대회부터 5회 연속 이어진 대가 끊긴 것이다. 매 경기 일주일 전부터 체력 훈련을 하는 등 열정적인 심판으로도 잘 알려진 고심판은 "국가대표팀 못지않게 저희에게도 다음 월드컵에 진출하는 것이 목표다. 한국은 아시아에서 가장 빨리 리그에 VAR를 도입한 나라인 만큼, 희곤이와 함께 월드컵 전까지 여러 대회에서 좋은 활약을 펼쳐 주심이든 VAR 심판이든 뽑혀서 카타르에 꼭 가겠다"고 강조했다.

VAR에 대해선 긍정적인 입장이다.

"아무래도 카메라가 사람의 눈보다 정확할 수밖에 없다. 도입 초기엔 많은 분들이 의심의 눈길로 보았지만 정확한 판정을 통해 실수를 줄일 수 있다는 것이 입증됐다. 그것이 가장 큰 장점이다. 판정 논란이 줄어들면서 팬들도 경기 결과에 만족하고 납득하고 있다."(고형진)

두 사람은 심판 양성 과정의 문제점에 대해서도 쓴소리를 아끼지 않았다.

"생활체육 등 축구 저변이 넓어지면서 심판 수는 증가했지만 심판을 교육할 전문 강사 인력은 여전히 부족하다. 강사 인력 풀을 보강해야 판정의 정확도도 올라갈 것이다."(김희곤)

이들의 부단한 노력으로 심판을 바라보는 눈도 점차 바뀌어가고 있다.

"옛날에는 심판이 돈 받고 판정한다는, 조금은 왜곡된 이미지가 강했고, 실제 그런 경우도 있었다. 하지만 이제는 다르다. 내부의 자정 노력과 함께 지속적인 커뮤니케이션을 병행하면서 선수와 심판, 팬들 사이에 서로 존중하는 문화가 생긴 것 같다."(김희곤)

실제로 김희곤 심판은 2019년 3월 대구FC와 제주 유나이티드 간 K리그1 2라운드 경기 후 관중들의 사인 및 사진 요청 세례를 받기도 했다. 그중 관중들이 건넨 "고생하셨습니다"라는 말이 가장 기억에 남는다고 했다.

"2004년부터 심판으로 일했는데, 대구FC에서의 그 기억은 죽을 때까지 잊지 못할 것 같다. 하지만 한 번의 실수로 분위기가 반전되는 것이 심판의 일이다. 항상 이를 염두에 두고 경기에 나선다."(김희곤)

고형진 심판도 각오를 전했다.

"선수는 선수대로, 팬들은 팬들대로, 스태프는 스태프대로 각자 한 경기 한 경기 최선을 다하는 것처럼, 저희 심판들도 판정 하나하나에 한국 축구에 누가 되지 않겠다는 마음으로 임하고 있다. 앞으로도 매 경기마다 저희가 할 수 있는 모든 것을 다 쏟아내겠다."

축구 행정가로 나선 허정무 이사장

"축구특별시 대전, 자존심 찾아야죠"

'진돗개' 허정무는 2020년 축구 행정가가 되어 K리그 무대로 돌아왔다. 허정무 대전 하나시티즌 이사장은 부임 직후부터 '옛 향수'을 더듬었다. 유럽 무대를 누비던 1980년대 초 네덜란드 PSV 아인트호벤 시절 매 경기 관중이 가득 들어찼던 경기장 분위기를 떠올려보고, 2000년대 초반 '적장'으로 대전을 찾았을 때 위압감을 느꼈던 대전 시티즌 팬들의 대단했던 열기를 기억했다. 이제 당시 팬들을 열광하게 한 것이 무엇이었는지 고민해본다.

허정무 이사장은 "PSV 아인트호벤 시절부터 그려왔던 축구 행정을 대전 하나시티즌에서 펼칠 수 있게 돼 설레기도 하고 부담스럽기도 하다"고 했다. 2020년 1월 초 대전에 새 거처를 마련하고 동분서주하고 있는 그는 "2000년대 초반 '축구특별시'로 이름 날린 대전 축

허정무 대전 하나시티즌
이사장이 2020년 1월 21일
대전월드컵경기장 내 구단
사무실에서 손가락 하나를
펴 보이고 있다.

구의 위상을 하루빨리 되찾겠다"고 강조했다.

2003년 대전 시티즌은 팍팍한 살림에 스타플레이어 한 명 사들이기 어려운 팀이었지만 김은중, 이관우, 최은성을 앞세워 홈 승률을 높이며 평일 최다 관중 4만 3770명(2003년 6월 18일)을 끌어들이는 진기록을 세우기도 했다. 허이사장도 그 무렵을 떠올린다. 그는 "전남 드래곤즈 감독 시절 대전에 오면 팬들이 워낙 많아 위축됐던 기억이 생생하다. 대전의 축구 인프라는 우리나라 어디에도 뒤지지 않는 데다 발전 가능성은 무궁무진하다"고 내다봤다.

그의 어깨는 무겁다. 시민구단에서 기업구단으로 전환한 최초의 사례인 데다, 하나금융그룹이 인수하는 과정에서 경기장은 물론 주변

시설 운영권도 넘겨받았다. 지방자치단체로선 경기장 운영에서 생기는 적자 부담을 덜 수 있고, 구단은 경기장 대관료를 줄이면서 경기장 안팎 시설을 활용해 활발한 마케팅을 펼칠 수 있게 됐다. 2019년의 대구FC에 이어 또 하나의 좋은 본보기를 만든다면 다른 K리그 구단의 행보에도 긍정적인 영향을 미칠 것이다.

"대전월드컵경기장에서 경기를 하는 날이 1년에 많아야 20일 정도밖에 되지 않는다. 영업하지 않는 날에도 경기장에 시민들이 몰릴 수 있는 방안을 구상하고 있다. 과거 내가 뛰었던 네덜란드 구단들의 '상술'이 좋았다. 40년 전인데도 경기장엔 쇼핑몰이나 식당이 활성화돼 경기가 없는 날에도 사람이 몰렸고, 경기가 있는 날엔 먹고 마시고 즐길 거리가 다양해 팬 만족도도 높았다."

언젠가는 같은 대전을 연고지로 둔 프로야구팀 한화 이글스의 인기를 넘어서는 꿈도 품는다.

"축구와 야구는 서로 팬들을 뺏어 가는 구조는 아니라고 본다. 한화 이글스와 경쟁한다기보다는, 축구도 박진감과 몰입도가 상당해 매력 있는 종목인 만큼 황선홍 감독을 믿고 최상의 경기력을 갖춰 홈 팬들을 만족시키고 싶다. 대전 하나시티즌을 FC서울이나 전북 현대모터스만큼 인기 있는 팀으로 만들기 위해 노력할 것이다."

끝으로 그는 대전 구단의 역사와 스토리를 이어갈 것을 약속했다. 지도자의 길을 걷고 있는 김은중과 이관우, 최은성은 물론 공오균, 김정수 등을 언급하며 "나중에 대전 구단 출신 지도자들과 인연을 맺고 새로운 역사를 함께 만들고 싶다. 2019년 미국 무대로 진출

한 국가대표 황인범도 국내에 온다면 꼭 대전 하나시티즌에서 뛰었
으면 한다"고 전했다.

유상철의 '네버엔딩 스토리'

2002년 한일 월드컵 4강 주역이자 프로축구 K리그에서도 굵직한 발자취를 남긴 유상철은 최근 돌았던 건강 이상설에 대해 상세히 밝혔다. 인천 유나이티드를 지휘하던 2019년 11월 구단 SNS를 통해 전한 '팬 여러분께 드리는 편지'에서였다. 팀이 한참 K리그1 잔류 경쟁을 벌일 때였다. 축구팬들은 충격에 빠졌다.

당시 유감독은 성남FC와의 경기를 마친 뒤부터 건강 이상설에 휩싸였다. 황달 증세가 겉으로 드러난 데다 선수들마저 감독의 건강 상태에 대해 언급하기 꺼리면서 소문은 사실처럼 받아들여지기 시작했다. 피부와 눈의 흰자위가 노랗게 변하는 것을 일컫는 황달은 담즙 색소(빌리루빈)가 몸에 많이 쌓였을 때 나타나는 증세로, 췌장암이 어느 정도 진행됐을 때 나타나는 것으로 알려졌다.

유상철 감독이 팬들에게 전한 편지 내용은 이렇다.

사랑하는 인천 팬 여러분, 한국 축구를 사랑해주시는 모든 축구 팬 여러분, 안녕하십니까? 인천 유나이티드 감독 유상철입니다. 먼저, 항상 저희 인천 유나이티드를 아껴주시고 선수들에게 크나큰 성원을 보내주시는 팬 여러분께 진심으로 감사하다는 말씀을 전해 올립니다.

제가 이렇게 팬 여러분께 인사를 올리게 된 이유는, 여러 말과 소문이 무성한 저의 건강 상태에 대해 이제는 제가 직접 팬 여러분께 말씀을 드려야겠다는 판단이 섰기 때문입니다.

저는 지난 10월 중순경 몸에 황달 증상이 나타나는 등 이상 징후가 발생했고, 곧바로 병원을 찾아 정밀검사를 받았습니다. 그리고 검사 결과 췌장암 4기라는 진단을 받게 되었습니다.

이는 분명 제게 있어 받아들이기 힘든 진단이었습니다. 하지만 저는 이를 받아들여야만 했습니다. 저 때문에 선수들과 팀에게 피해가 되는 모습을 보여주고 싶지 않았기 때문입니다.

처음 이곳 인천의 감독으로 부임할 때 저는 인천 팬 여러분께 '반드시 K리그1 무대에 잔류하겠다'는 약속을 한 바 있습니다. 그리고 저는 성남 원정을 마치고 병원으로 향하기 전 선수들에게 '빨리 치료를 마치고서 그라운드에 다시 돌아오겠다'는 약속을 하기도 했습니다.

이후에 저는 1차 치료를 마치고 다시 그라운드에 돌아와 선수들에게 "나는 약속을 지켰다"고 말했습니다. 병원에 있으면서 역시 현장에 있을 때가 가장 좋았다는 걸 느꼈던 것 같습니다.

앞으로도 저는 계속 치료를 병행해야 합니다. 제가 맡은 바 임무를 다함과 동시에 우리 선수들, 스태프들과 함께 그라운드 안에서 어울리며 저 자신도 긍정의 힘을 받고자 합니다. 그리고 팬 여러분과 했던 약속을 지키고자 합니다. 남은 두 경기에 사활을 걸어 팬 여러분이 보내주신 성원과 관심에 보답하고자 감독으로서 최선을 다할 것을 다시 한 번 약속드립니다.

축구인으로서의 자존심을 걸고 우리 인천의 올 시즌 K리그1 잔류를 위해 최선을 다하겠습니다. 또한 팬 여러분께서 끝까지 우리 인천을 믿고 응원해주시듯이 저 또한 끝까지 포기하지 않고 버티고 또 버티겠습니다. '할 수 있다'는 긍정의 힘으로 병마와 싸워 이겨내겠습니다.

저를 걱정하고 응원해주시는 모든 팬 여러분께 진심으로 감사의 말씀을 전하며 이만 인사말을 줄이겠습니다. 팬 여러분께 건강과 행운이 항상 함께하시기를 기원합니다. 감사합니다.

인천 유나이티드 유상철 감독 드림

K리그 팬과 선수, 심판 모두 자신의 위치나 승패를 떠나 유상철 감독의 쾌유를 기원했다. 인천 홈경기 땐 그의 회복을 기원하는 기립 박수가 터져 나왔고 곳곳에 응원하는 현수막이 내걸렸다.

유상철 감독은 끝내 인천 유나이티드를 K리그1에 잔류시키는 데 성공했다. 인천 유나이티드가 최하위를 달리던 2019년 5월 중순 새로 사령탑을 맡았던 그는 "팀의 K리그1 잔류를 이끌겠다"고 약속했는데, 결국 시즌 마지막 경기에서 잔류가 확정됐다.

11월 30일 창원축구센터에서 열린 2019년 시즌 파이널B 최종전에서 인천 유나이티드는 경남FC와 대결해 0대 0 무승부를 기록함으로써 10위를 유지하며, '잔류왕'이라는 별명답게 K리그1에 살아남았다. 이날 1000명 안팎의 인천 유나이티드 팬들은 잔류를 이뤄내고 유감독의 활짝 웃는 모습을 볼 수 있으리라는 기대를 품고 창원까지 머나먼 원정길에 올랐다. 전세버스 16대가 동원됐고, 대중교통이나 개인 차량으로 이동한 팬도 상당수였다. 실제 이날 오전 9시 35분 서울에서 창원으로 출발한 KTX 열차엔 칸마다 적게는 5명, 많게는 10명 안팎의 인천 유나이티드 팬들이 탑승해 최종전 열기를 가늠케 했다.

경기가 0대 0으로 끝나자 유감독은 세상을 다 얻은 듯 코칭스태프와 부둥켜안았다. 그는 환호하는 팬들 앞에 당당히 선 채 확성기를 통해 "선수들 기죽지 않게 많은 분이 응원을 와주셔서 감사하다"고 외쳤고, 팬들은 잔류를 이끈 유감독을 향해 '남은 약속 하나(췌장암 극복)도 꼭 지켜줘'라는 메시지가 적힌 현수막을 들어 올렸다. 경

유상철 인천 유나이티드 감독이 2019년 12월 2일 서울 그랜드힐튼호텔에서 열린
K리그 대상 시상식에서 손 하트를 만들어 보이고 있다.

기가 끝난 뒤 기자회견장에서 유상철 감독은 이 현수막이 언급되자
잠시 말을 잇지 못했지만, 이내 극복 의지를 밝혔다. 유상철 감독은
"어떤 결과가 나오고 어떤 기적이 일어날지 모르겠지만, 나 또한 그
약속을 지키기 위해 힘들더라도 (췌장암을) 잘 이겨내겠다. 최선을
다하겠다"고 했다. 인천 유나이티드는 2020년 시즌 유상철 감독을
명예감독으로 임명하고 병마와 싸우는 그와 함께 걷기로 했다.

3부
___

한국프로축구사

⚽

한국 축구의 시작[*]

한국의 축구 본능

축구가 공식적으로 한국 역사에 등장한 시기는 1902년 배재학당 (1885년 설립)에 축구반이 생기면서부터였다. 1년이 지난 1903년 황성기독교청년회가 조직되고, 1905년엔 서울에 관립 외국어학교가 설립된다. 특히 이 학교에 초빙된 외국인 교사 중 프랑스인 마르텔이 학생들에게 근대축구를 본격적으로 가르치기 시작했다. 이후 축구는 매우 빠른 속도로 민중에 퍼져 나갔다.

조선의 첫 공식 축구 시합은 1905년 6월 황성기독청년회와 대한체육구락부 간의 경기였다. 이후 축구의 인기는 더욱 높아졌고 전국

---

[*] 1983년 출범한 K리그는 40년 가까운 시간 동안 수많은 변화를 겪으며 다양한 이야기를 남겨왔습니다. 한국프로축구연맹의 동의를 얻어 〈한국프로축구 30년〉에서 발췌·정리한, 알아두면 쓸모 있는 K리그 옛이야기를 전합니다.

적으로 크고 작은 경기가 자주 열렸다. 1920년대 들어서자 비로소 국제적으로 통용되는 규칙과 각종 장비를 갖추고 경기를 갖기 시작했다. 제1회 전조선축구대회처럼 규모가 큰 대회가 속속 열리며 이를 관장하는 단체의 필요성이 제기됐다. 축구협회가 먼저 출범했던 영국과 달리 조선에서는 1928년 축구 단체로서는 제일 먼저 '조선심판협회'가 창립됐고, 이로부터 5년 뒤인 1933년 9월에 이르러서야 조선심판협회를 계승한 '조선축구협회'가 출범했다.

다른 나라에서의 축구가 즐거움을 느끼는 유희적 성격이 강했던 것과는 달리, 일제강점기 동안 조선의 축구는 민중에게 단순한 놀이 이상의 의미가 있었다. 식민 지배하의 차별과 삶의 고단함을 풀 수 있는 해방구였고 동시에 민족의 혼을 담고 일본과 싸우는 투쟁 수단이었다. 이때부터 한국인에게 축구와 국가대표팀은 특별한 의미를 지니게 됐다. 광복 이후에도 이러한 특별함은 변하지 않았고 더욱 견고해졌다. 조선축구협회는 1948년 이름을 '대한축구협회'로 바꾸고 FIFA(당시 '세계축구연맹')에 가입해 본격적인 국제 무대 도전에 나선다.

국제 무대 첫 출전

첫 번째 무대는 1948년 제14회 런던 올림픽이었다. 광복 직후 신탁통치하에 있던 대한민국 정부는 선수단을 런던에 보낼 만한 경비가 없었다. 그러나 1936년 제11회 베를린 올림픽에서 손기정 선수의 일장기 말소 사건의 아픔을 겪었던 한국인들에게 태극기를 단 국가대표팀의 존재는 민족의 자긍심이었다. 태극 마크 유니폼을 입은 국가대표팀을 세계 무대에 내보내기 위해 국민들은 모금 운동에 나섰다. 축구 대표팀은 이런 기대에 부응하듯 국제 무대 첫 출전에서 북중미의 강호 멕시코를 5대 3으로 누르고 8강에 진출했다. 역사적인 순간이었다. 비록 8강전에서 스웨덴에 0대 12로 참패를 당했지만, 국가대표팀의 세계 무대 1승을 본 국민들은 더 나은 내일의 희망을 갖게 됐다.

두 번째 도전은 1954년 개최된 제5회 스위스 월드컵이었다. 조국 광복의 기쁨도 잠시, 3년간 처참한 한국전쟁을 치르고 난 상황에서 월드컵 출전은 불가능에 가까운 도전이었다. 하지만 한국은 예선전에서 예상을 뒤엎고 일본을 상대로 1차전 5대 1 승리, 2차전 2대 2 무승부를 거두며 출전권을 따냈다. 대표팀의 사기는 하늘을 찌를 듯했다. 첫 경기를 불과 10시간 앞두고 도착한 취리히에서 한국을 맞이한 팀은 우승 후보 헝가리였다. 0대 9의 참패. 터키와의 두 번째 경기 역시 0대 7의 완패. 가혹한 결과였다. 세계 축구의 높은 벽을 실감하며 발길을 돌려야 했다.

상처는 깊었지만 세계 무대에서 경쟁할 수 있는 축구에 대한 열망은 더욱 뜨거워졌다. 경험은 무엇보다 소중한 자산이었다. 월드컵을 경험한 선수들은 전술 관련 서적을 번역하고 국제 규격의 경기장을 만드는 등 축구 발전을 위해 많은 노력을 기울였다. 하지만 이것만으로는 충분하지 않았다. 선수 육성이 무엇보다 큰 과제였다. 재능 있는 선수들이 좀 더 많은 경기를 가져야 했다.

1960년대에 들어 대한축구협회는 자구책을 마련하기 시작했다. 우수한 기량을 보유한 해외 팀들을 안방으로 초청하는 방안이었다. 브라질의 마두레이라(1961년), 페루의 스포팅 크리스탈(1962년), 잉글랜드의 미들섹스 원더러스(1967년) 같은 해외 프로팀들이 대표팀의 경기력 향상을 목적으로 초청돼 경기를 가졌다. 대표팀은 모든 경기에서 패했다. 여전히 세계 축구의 벽은 높았다.

1970년대는 좀 더 많은 해외 프로축구팀들이 한국을 찾았다. 특히 세계적인 스타들이 소속돼 있는 유명 프로팀이 방한해 화제가 됐다. 대표적으로 에우제비우가 이끈 벤피카(포르투갈), 펠레의 산투스(브라질), 베켄바우어의 뉴욕 코스모스(미국) 등이었다. 축구팬들은 세계적인 스타들을 직접 만나기 위해 서울 동대문운동장으로 몰려들었다. 해외여행이 자유롭지 못했던 1970년대에 이런 해외 프로팀들의 방한은 국민들이 축구를 통해 세계와 소통할 수 있는 소중한 기회였다.

세계 무대에서 경쟁해보고 싶다는 국민들의 열망은 1957년부터 말레이시아에서 시작된 메르데카컵이나 1968년부터 태국에서 개최된 킹스컵과 같은 동아시아 국제대회에 대한 뜨거운 성원으로 이어졌다. 대표팀이 1960년대 후반부터 킹스컵과 메르데카컵에서 압도적인 성적으로 연이어 우승하자 1971년부터 박대통령컵 쟁탈 아시아축구대회를 개최했고, 이 대회는 해외 프로팀들이 공식적으로 방한하는 창구가 됐다.

한국을 찾은 해외 프로팀들과의 경기가 많아지면서 한국에도 높은 수준의 경기력을 보여주는 프로리그와 프로축구팀이 필요하다는 소망이 커지기 시작했다. 특히 1977년 7월경부터 MBC '월요스포츠' 프로그램이 서독 분데스리가의 주요 경기를 녹화 방송하기 시작했다. 이를 통해 유럽의 뜨거운 프로축구 열기와 유명 스타플레이어의 우수한 경기력을 안방에서 매주 볼 수 있었다. 이 프로그램의 인기가 높아지자 KBS 역시 1년 뒤인 1978년부터 '목요스포츠'를 통해 잉글랜드 프로축구 리그의 주요 경기를 녹화 방송했다.

두 프로그램이 경쟁적으로 유럽 선진 프로리그를 방송하는 동안 한국 축구도 세계적인 팀들과 경쟁하려면 프로축구 리그와 프로축구팀이 필요하다는 인식이 시청자들 사이에 널리 퍼졌다. 대한축구협회와 정부 역시 1966년 제8회 잉글랜드 월드컵에서 북한 대표팀이 거둔 8강 진출 신화에 충격을 받은 만큼, 대표팀의 경력을 향상시킬 프로팀 창단에 적극적일 수밖에 없었다.

한국 프로축구의 태동

최초의 프로팀 할렐루야

이런 분위기를 타고 프로축구단 창단에 가장 먼저 나선 쪽은 현대그룹이었다. 현대는 국가대표팀 코칭스태프였던 함흥철 감독과 김정남 코치 체제하에 차범근, 김호곤, 조영증 같은 특급 스타플레이어와 어린 유망주를 영입해 축구단을 창단하겠다고 선언했다. 정주영 현대그룹 회장이 1978년 11월 9일 1년 예산 3억여 원의 세미 프로축구팀 창단 최종결재서에 서명한 만큼 팀 창단은 가시권에 들어왔다.

문제는 차범근의 거취였다. 당시 차범근은 공군에서 복무하며 제대 후 포항제철팀으로 간다는 조건하에 월급을 받고 있었다. 현대측은 그의 영입을 위해 포항제철과 금전적 보상 문제까지 합의를 마친 상태였다. 정주영 회장은 1억 원 넘는 스카우트 비용을 들여서라도 차범근을 영입하라고 지시했다. 대한축구협회와 축구계 인사들도 차범근의 현대행을 지원하고 나섰다. 차범근이 현대팀의 탄생에 산파 역할을 해 프로화가 추진되면 한국 축구 발전의 전환점이 되리라는 기대감 때문이었다.

그러나 예상 밖의 암초가 등장했다. 당시 차범근은 현대팀 창단을 앞두고 출전했던 제8회 박대통령컵 쟁탈 국제축구대회에서 빼어난 활약을 펼쳤다. 그를 눈여겨본 서독의 아인트라흐트 프랑크푸르트가 차범근에게 영입을 제안했다. 이때부터 해외 리그 진출에 뜻을 둔 차범근과 흥행 보증수표 격인 차범근의 영입이 불투명해진 현대, 그리고 한국 축구 발전을 위해 프로팀 창단에 지원을 아끼지 않은 대한축구협회 사이의 동상이몽이 시작됐다.

언론은 연일 차범근의 서독 진출과 현대팀 입단을 놓고 보도 전쟁을 벌였다. 축구팬들도 최초의 프로팀 창단을 위해 차범근이 현대에 입단해야 한다는 의견과 축구 발전을 위해 분데스리가에 진출해야 한다는 의견으로 팽팽히 맞섰다. 결국 차범근은 1978년 12월 SV 다름슈타트98에 입단하며 서독행을 선택하고, 그의 영입이 무산된 현대 측은 축구팀 창단을 뒤로 보류하기에 이른다.

꺼져가던 프로팀 창단의 불씨는 1979년 최순영 신동아그룹 회장이 새로운 대한축구협회 수장으로 취임하면서 다시 살아났다. 최회장은 1980년 1월 자신의 대한축구협회 회장 출마 공약대로 프로팀 창단을 선언했다. 1979년 기독교인 선수들로 구성돼 선교 활동을 해

다름슈타트에 스카우트되어 서독 프로축구에
'차붐'을 일으킨 지 반년 만에 프랑크푸르트팀에
입단한 차범근. 1979년 7월 16일 입단 계약에
앞서 팀에서 훈련하고 있다. **사진** 한국일보

온 할렐루야 축구팀을 프로로 전향한다는 계획이었다.

최순영 회장의 할렐루야 프로팀 창단 선언이 발표되자 한국실업
축구연맹이 불편한 감정을 숨기지 않았다. 할렐루야 구단은 월 50만
원의 고정급과 득점상, 특별수당 등을 합쳐 100만 원 내외의 급여를
보장하고, 주택 매입시 융자 지원 등 당시로서는 파격적인 대우 조
건을 내세워 우수 선수 영입에 나섰다. 한국실업축구연맹 소속 구단
은 팀 주축 선수들이 이탈할 것이라는 우려와 함께 반대 의사를 피
력했다. 아직 실업축구도 제대로 자리를 잡지 못한 상황에서 등장한
프로팀 공식 창단 소식은 이들의 위기감을 더하는 위험 요소였다.

프로팀 탄생은 아직 시기상조라는 한국실업축구연맹 민병대 회
장의 주장에 맞서 대한축구협회 최회장은 한국 축구 발전을 위해 프

로리그는 반드시 필요하다고 맞받아쳤다. 양측의 갈등이 극대화된 시점은 대한축구협회가 1980년 6월 17일 인천공설운동장에서 열릴 예정이었던 차범근 소속 아인트라호트 프랑크푸르트와의 방한 친선 경기에 아직 공식 창단식을 갖지 않은 할렐루야의 참가를 승인하면서부터였다.

대한축구협회가 할렐루야의 출전을 강행하자 이를 반대하는 한국실업축구연맹은 대한축구협회 선수등록 규정의 2조 '대한축구협회가 주최·주관 또는 승인하는 경기에 참가하고자 하는 팀 및 이에 소속하는 선수는 본 규정에 의한 등록을 마친 선수라야 한다'를 근거 삼아, 아직 정식 발족하지 않은 할렐루야는 대한축구협회 미등록 팀이므로 출전 자격이 없다고 주장했다. 이어 할렐루야 유니폼을 입고 아인트라호트 프랑크푸르트와의 친선전에 출전했던 한국실업축구연맹 소속 선수 11명에게 제3차 한국실업축구연맹전 출전 금지라는 징계를 내렸다. 대한축구협회도 즉각 반격에 나섰다. 자격 문제가 없는 선수들의 출전 자격을 정지시킨 대회로서 이를 인정할 수 없다며 한국실업축구연맹전에 심판 배정을 중지시켜버렸다. 한 치의 양보도 없이 양측은 평행선을 달렸다. 악화 일로를 걷던 두 단체의 대립은 최회장이 할렐루야의 창단을 1980년 연말로 미루는 대신 징계 철회를 합의안으로 제시하며 일단락됐다.

여론은 대한축구협회의 편이었다. 한국 축구계가 최초의 프로구단 창단을 놓고 양분된 사이 국가대표 1진 화랑팀의 주장을 맡고 있던 박상인이 미국 프로리그로 진출한다는 이야기가 보도되었다. 차범근의 뒤를 이어 분데스리가로 진출한 김진국, 홍콩의 해봉 프로팀으로 활동 무대를 옮긴 변호영, 김강남, 김성남, 김현복, 이광선, 박병철 등 국가대표급 스타 선수들이 해외로 발길을 돌렸다. 이들이 자신을 키워준 조국을 떠난 것은 합리적 대우를 받을 수 없는 환경 때문인 만큼 대다수의 축구팬들은 프로리그의 필요성에 크게 공감하고 있었다.

문제는 고사 직전에 몰린 실업팀의 상태였다. 어려운 경제적 여건과 저조한 관중 동원력에 몰린 기업·금융 구단들은 축구단 운영에 부담감을 느끼고 있었다. 이런 상황에서 주축 선수의 이탈로 생기는 문제에 대해 대한축구협회가 아무런 대책을 갖고 있지 않다는 것이 한국실업축구연맹의 속내였다. 이런 한국실업축구연맹의 고충엔 당시 한국 축구가 처한 어려운 상황이 그대로 반영돼 있었다.

최순영 회장은 프로팀과 프로리그 탄생만이 한국 축구를 발전시키는 획기적인 방안이라는 주장을 확고히 했다. 그러면서도 한국실업축구연맹의 요청에 따라 실업리그가 끝나는 시점까지 선수 스카우트와 팀 창단을 미루기로 약속했다. 또 대한축구협회 산하에 프로축구연맹을 만들어 프로팀 운영 규정을 마련하고 실업리그와의 공생책을 마련하겠다는 합의안을 만들어냈다.

첫 단계로 대한축구협회는 1980년 11월 26일 프로축구연맹준비위원회(위원장 김동근)를 발족하고 대한생명보험 빌딩 회의실에서 프로축구연맹 발기인 총회를 열었다. 앞으로 대한축구협회 산하에 프로축구연맹을 두기로 하고, 할렐루야가 창단된 직후인 12월 중순에 정식 창립총회를 열고 발족하기로 합의했다.

이와 동시에 한국실업축구연맹은 1982년부터 1부, 2부 승강제로 리그를 운영한다는 복안을 내놓았다. 프로팀 창단에 발맞춰 실업축구의 질적 향상을 위해 오랫동안 미뤄왔던 1부, 2부 승강제를 더는 미룰 수 없다는 생각이었다. 우선 1980년 성적과 1981년 리그 성적을 토대로 1982년 1부 리그에 10팀, 2부 리그에 8팀을 배정해 별도의 리그를 벌이고, 한 시즌이 끝나면 1부 리그 하위 2팀과 2부 리그 상위 2팀이 자리바꿈을 하는 운영 방식을 채택하겠다는 계획이었다.

할렐루야, 유공 코끼리… 프로축구팀 창단

이런 진통 끝에 1980년 12월 20일 한국 최초의 프로축구팀 할렐루야가 마침내 창단식을 열었다. 독수리를 마스코트로 정하고 초대 감독으로 김용식, 선수는 이영무, 황재만, 신현호, 홍성호, 황정연, 조병득 등 14명에 1년 안에 군 제대 후 합류하게 되는 박민재, 박성화, 김철용 등 3명을 포함해 모두 17명으로 구성했다. 팀이 정상 궤도에 오르기 전까지는 최회장이 이사장으로 재직 중인 한국기독교선교원이 운영을 맡기로 했다.

전용 훈련구장과 클럽하우스가 없던 할렐루야는 1981년 1월 7일 영하의 혹한을 무릅쓰고 서울 효창운동장에서 첫 훈련으로 공식 활동을 시작했다. 창단까지의 과정도 쉽지 않았지만 창단 이후의 상황도 쉽지 않았다. 참가할 리그도 맞상대할 팀도 없는 할렐루야의 첫 경기는 창단 100여 일 만에 성사됐다. 브라질 프로팀을 초청해 1981년 3월 28일 동대문운동장에서 친선경기를 가졌다. 할렐루야는 이영무의 결승골에 힘입어 2대 1 역전승을 거두며 데뷔전을 화려하게 장식했다.

할렐루야의 활동이 본격화되면서 프로리그 출범에 대한 기대감도 높아졌다. 대한축구협회는 할렐루야를 시작으로 1982년 3팀, 1983년 4팀을 연차적으로 창설해 8개 팀을 가입시킨다는 목표를 재천명했다.

재계의 움직임도 호의적이었다. 이미 실업리그에서 활약하며 우수 선수를 확보하고 있던 포항제철과 대우 등도 프로화를 검토한다는 소식이 들려왔다. 하지만 이들보다 한발 앞서 프로팀 창단에 적극적으로 나선 건 대한석유공사였다. 1981년 5월부터 대한석유공사 고위층에서 이미 프로팀 창단 승인이 확정돼 창단준비위원회가 결성됐다는 보도가 흘러나왔다. 축구인들은 앞다퉈 환영의 메시지를 보냈다. 정부의 정책적 의사가 깊게 반영된 만큼 성사 가능성도 높았다.

언론도 지원사격에 나섰다. 한국 축구를 획기적으로 발전시킬 프로축구의 활성화를 위해서는 프로축구연맹이 사단법인체로 독립해야 한다고 주장했다. 그럴 경우 프로팀이 체육진흥법에 따른 세제 혜택을 받고 선수의 신분 보장이 제도적으로 뒷받침된다는 것이 그 이유였다.

금세라도 창단이 성사될 것 같던 대한석유공사의 프로축구단 창단은 이후 다소 지루하게 전개됐다. 훈련장과 전용 구장 등 제반 시설을 갖추고 우수 선수를 데려오는 난제가 산적해 있었다. 창단 작업에 가속이 붙게 된 계기는 한발 앞서 출범한 프로야구의 인기가 전국을 강타하면서부터였다.

1981년 12월 11일 롯데호텔에서 창립총회를 열고 6개 팀으로 공식 출범한 프로야구는 확실한 연고지제 실시와 대기업 중심, 재일동포 선수 영입 등을 원칙으로 삼았다. 곧 MBC와 KBS, 정부의 주도적인 지원 아래 1982년 3월 27일 개막 경기를 가졌다. 강력한 내부 반발을 봉합하며 어렵게 프로화를 추진해오던 대한축구협회로서는 충격적인 결과였다. 축구계 전반에 이대로 주춤거리다간 국민들의 모든 관심을 야구에 빼앗길지 모른다는 위기감이 감돌았다.

마음이 바빠진 대한축구협회와 대한석유공사는 1982년 4월 13일 구단운영과를 구성해 본격적인 창단 작업에 나섰다. 선수 영입에 박차를 가한 대한석유공사는 조규향 단장을 필두로 감독 이종환, 코치 김정남, 선수 이강조, 오연교, 박영수, 최기봉, 이장수, 신문선 등 18명으로 팀 구성을 완료했다.

마침내 대한석유공사는 1982년 12월 17일 서울신탁은행 본점 4층 강당에서 축구계 인사와 대한석유공사 임직원 등 500명이 참석한 가운데 창단식을 가졌다. 서울 중곡동에 합숙소, 인천에 잔디 연습구장을 갖춘 대한석유공사는 구단 심벌로 코끼리를 확정했다. 공식 명칭은 '유공 코끼리 축구단'이었다.

유공 축구단 창단을 발판으로 삼아 대한축구협회는 1983년을 한국 축구 재건의 해로 선언했다. 1982년 한국 축구는 최악의 한 해를 보냈었다. 한국실업축구연맹과 빚었던 갈등이 행정 무능의 모습으로 비쳐 빈축을 샀고, 뉴델리 아시안게임 조별 예선에서 이란에 0대 1, 일본에 1대 2로 패하자 축구팬들은 큰 충격에 빠졌다. 대한축구협회를 질타하는 궐기대회까지 준비될 정도였다. 이런 내홍을 겪는 한국 축구의 모습에 비해 한발 앞서 출범한 프로야구는 선풍적 인기를 끌면서 상대적으로 축구는 심각한 위기에 처한 듯 보였다. 대한축구협회로선 상황을 획기적으로 타계할 돌파구가 필요했다.

1983년, 슈퍼리그 원년

프로리그 출범

프로축구연맹은 1983년 1월 11일 대한축구협회 산하에서 프로리그위원회를 만들어 본격적인 프로리그 출범을 위한 준비에 나섰다. 이어 한 달 후인 2월 22일 정기 대의원총회에서 유공을 정식으로 가입시키고, 연맹의 사업은 할렐루야와 유공이 공동 출자하기로 했다. 흑자가 날 경우 공과금을 제외한 순수이익금에서 이긴 팀에 50퍼센트, 패한 팀에 40퍼센트를 배당하고 나머지 10퍼센트는 연맹 사업비로 쓰기로 했다. 그러나 프로리그위원회와 프로축구연맹의 역할은 여기까지였다.

현실적으로 2개 팀만으로 리그를 출범시키는 것은 불가능했다. 이미 연고지에 기반을 둔 6개 팀이 리그전을 벌이는 프로야구와 비교해 경쟁력을 갖추기는 매우 어렵다는 판단이 내려졌다. 당초 장기적 관점에서 실업리그의 성장을 유도해 유럽형 승강제 시스템을 도입하려던 계획은 수정과 보완이 불가피했다.

최순영 회장은 고사 직전의 실업축구와 이제 막 걸음마를 시작한 프로축구를 모두 살리고 동시에 인기 몰이에 나선 프로야구와 경쟁할 묘안이 필요했다. 마침내 이 어려운 숙제를 한 번에 해결할 묘책으로 '슈퍼리그' 출범이라는 방안이 도출됐다.

프로 2팀에 실업 3팀으로 이뤄진 슈퍼리그, 즉 실업과 프로를 뛰어넘는 차상위 리그를 출범시켜 단기간에 프로리그를 활성화하고 실업리그를 안정화하겠다는 것이 목표였다. 구체적으로 리그는 슈퍼리그, 1부 리그, 2부 리그의 3디비전으로 구성됐다. 한 시즌이 끝나면 슈퍼리그 하위 1개 팀이 1부 리그로 떨어지고 1부 리그 상위 1개 팀이 슈퍼리그로 승격되며, 1부 리그 하위 2개 팀은 2부 리그로 떨어지고 2부 리그 상위 2개 팀이 1부 리그로 올라오게 된다. 즉 하위 리그로 떨어지지 않기 위해 매 경기 박진감 넘치는 경기를 할 것으로 예상했다.

대한축구협회는 유공의 프로축구연맹 정식 가입을 승인한 지 이틀 만인 1983년 2월 26일 이사회를 열어 슈퍼리그 창설을 원칙적으로 찬성하고 빠른 시일 안에 '슈퍼리그위원회'를 구성해 창설에 따른 세부 계획을 세우기로 했다.

슈퍼리그위원회는 1983년 5월 7일을 디데이로 설정하고 출범 업무에 열을 올렸다. 프로팀의 경기력을 높이고 선수들이 박력 있고 패기 넘치는 경기를 할 수 있도록 상금제를 도입했다. 1위팀에 5000만 원, 2위팀에 3500만 원, 3위팀에 3000만 원, 4위팀에 2500만 원, 5위 팀에 2000만 원을 지급하기로 했다. 경기마다 모범상, 인기상, 득점 상, 도움상 등 선수를 선정해 페넌트와 함께 득점상에 40만 원, 인기 상에 30만 원 등의 상금을 주기로 정했다. 경기마다 기자단이 선정하는 '베스트 11'도 신설했다.

운영 방식의 큰 틀이 확정되자 홍보 파트너로 KBS가 나섰다. 경쟁사인 MBC가 1983년 MBC 청룡팀을 운영하며 프로야구 흥행에 앞장선 점이 큰 자극이 됐다. 1980년 무렵 TV 보급률은 85퍼센트에 이를 정도여서 그 영향력이 대단했고, 특히 프로스포츠의 성공 여하는 방송에 달려 있다고 할 만했다. 프로야구의 흥행 성공 뒤에는 MBC의 확실한 지원이 있었던 만큼 대한축구협회 역시 슈퍼리그의 성공을 위해서는 공중파 방송국의 전폭적인 지원이 필요하다는 점을 알고 있었다. 그리고 KBS는 슈퍼리그의 공동 주최자로서 확실한 파트너십을 보여줬다.

우선 대한축구협회는 슈퍼리그를 출범하기에 앞서 축구 열기 확산을 위해 제31회 대통령배 전국축구대회 입장권을 무료로 책정하는 승부수를 띄웠다. 의도는 적중했다. 1983년 3월 12일부터 2주간 열린 대회에 20만 명의 관중이 몰렸다. 72경기에서 터진 골만 180골. 여기에 슈퍼리그 출전이 확정된 국민은행이 결승전에서 명지대를 연장 끝에 극적으로 2대 1로 꺾고 우승한 것이 슈퍼리그에 대한 관심을 높이는 계기가 됐다.

개막일은 1983년 5월 7일로 정해졌다. KBS는 3500만 원의 제작비를 들여 응원단과 고적대, 무용수 등 1581명을 동원함으로써 1시간 30분짜리 생방송 '그라운드 슈퍼쇼'를 준비했다. 각 구단도 관중을 사로잡을 이벤트 쇼와 경품을 경쟁적으로 내놓았다. 모든 준비는 끝났다. 5개 구단 선수단과 대한축구협회, KBS, 슈퍼리그 출범을 준비한 관계자 일동은 마지막 점검을 마쳤다.

슈퍼리그의 화려한 첫발

1983년 5월 8일 오전부터 서울 동대문운동장 주변으로 많은 인파가 몰리며 일대가 마비됐다. 매표소 앞에는 끝이 보이지 않는 줄이 이어졌다. 초조함에 표정이 굳어 있던 대한축구협회 관계자와 KBS 방송 관계자들의 얼굴에 미소가 번졌다. 화창한 운동장 하늘 위로 슈퍼리그 개막을 알리는 애드벌룬이 떠올랐다. 당초 5월 7일로 예정돼 있던 개막식이 우천으로 연기되며 관중 동원에 실패하는 것 아니냐는 불안감을 한 번에 날리는 장면이었다. 사전 예매표는 일찌감치 매진됐다. 아침 8시 30분부터 판매를 시작한 당일 판매분 4000장도 2시간 만에 매진됐다. 오전 10시 30분부터 입장을 시작해 오후 1시 무렵 이미 관중석은 꽉 찼다. 오후 1시 20분이 되자 운영진은 안전을 위해 출입구를 닫을 수밖에 없었다. 무려 3000명의 관중이 표를 구하지 못해 돌아갔다. 예상치 못한 대성황이었다.

오후 3시 한국 프로축구 리그의 역사적인 출범을 알리는 육군 군

악대의 팡파르가 그라운드에 울려 퍼졌다. KBS 교향악단이 '봄의 왈츠'를 연주하는 가운데 꽃가루와 수백 개의 풍선이 하늘로 날아올랐다. 동시에 프로팀 할렐루야와 유공, 실업팀 포항제철, 국민은행, 대우가 차례로 모습을 드러냈다. 각 구단은 치열한 격돌을 예고하듯 경쟁적으로 마스코트와 화려한 깃발을 앞세웠다. 스탠드에선 응원단이 형형색색 매스게임을 선보였다.

대한축구협회 손수영 부회장의 개막 선언으로 시작된 개막식은 최순영 협회장의 개회사에 이어 공동 주최한 KBS 이원홍 사장의 격려사, 그리고 각 구단 선수 대표의 선서로 이어졌다. 할렐루야 주장 홍성호는 선수단을 대표해 수준 높은 경기와 좋은 경기 매너를 보여주겠다는 내용의 선언문을 낭독했다. 이원경 체육부장관의 기념 시축이 이어졌다. 마침내 슈퍼리그 개막 경기가 열렸다. 두 프로팀 할렐루야와 유공의 첫 대결. 국가대표 출신 선수들을 9명이나 보유하고 이미 2년여의 프로 경험으로 노련미를 갖춘 할렐루야와 창단 5개월의 젊음과 패기로 무장한 유공의 맞대결은 축구팬들을 흥분시켰다.

경기 시작을 울리는 휘슬이 울리자 양 팀은 전반 시작부터 팽팽한 접전을 펼쳤다. 개막 경기의 긴장감이 선수들을 압박했다. 관중석도 함께 숨을 죽였다. 누구의 발에서 역사적인 첫 골이 터질 것인지 3만 관중의 시선이 그라운드에 집중됐다. 전반 22분 페널티 박스 안으로 돌진하는 유공의 박윤기에게 이강조의 절묘한 패스가 이어졌다. 할렐루야의 수비수 황정연과 볼을 다투던 박윤기가 오른발로 벼

락같은 대각선 슈팅을 때렸다. 베테랑 골키퍼 조병득이 손 쓸 새도 없이 공은 왼쪽 구석으로 파고들었다. 슈퍼리그의 출범을 자축하는 역사적인 첫 골이었다. 감격에 겨워 두 손을 꼭 쥐고 하늘로 뛰어오른 박윤기를 향해 3만 관중의 아낌없는 박수가 쏟아졌다.

한 수 위의 기량을 갖췄다는 평가를 받았던 할렐루야 선수들도 그대로 물러설 수 없었다. 실점을 만회하려고 집요한 공격을 펼쳤다. 개막전의 승리를 지키고 싶은 유공 선수들은 실점을 피하기 위해 필사적으로 경기에 임했다. 치열한 공방전이 펼쳐진 후반 70분, 박창선이 철옹성 같은 유공의 수비수들을 뚫고 강력한 중거리 슛으로 동점골을 터뜨렸다. 1대 1 무승부였다. 프로의 자존심을 건 두 팀 간 첫 맞대결은 승부를 가리지 못했다.

이어진 경기 역시 실업의 최강자를 가리는 자존심이 걸린 대결이었다. 실업 무대 전통의 강호 대우와 포항제철은 전반 시작부터 팽팽한 기 싸움을 펼쳤다. 6명의 국가대표 선수가 모두 출전한 대우에 맞서 1982년 실업리그 우승자인 포항제철은 대등한 경기력을 선보였다. 전반 초반부터 이어진 대우의 맹공을 잘 막아낸 포항제철은 후반 3분 이길용이 이태호의 패스 미스를 가로채 선제골을 터뜨리며 앞서 나갔다. 일격을 당한 대우도 곧바로 반격에 나섰다. 실수를 만회하려고 부지런히 움직인 이태호의 크로스를 정해원이 백 헤딩 패스로 연결했고, 이춘석이 골로 마무리했다. 후반 9분 터진 대우의 동점골이었다. 역사적인 개막 2연전은 모두 1대 1 무승부로 막을 내렸다.

K리그를 읽는 시간 1

슈퍼리그가 개막한 1983년 5월
8일 서울 동대문운동장에서
실업팀 최강자를 겨루는 대우와
포항제철 간의 경기가 벌어졌다.
사진 한국일보

　막연한 호기심으로 경기장을 찾았던 관중들은 경기가 끝날 무렵
폭발적인 환호를 아끼지 않았다. 전원 수비와 전원 공격의 박진감
넘치는 공방전, 스타 선수들의 현란한 기술과 페어플레이 등 매력적
인 요소들이 관중을 사로잡았다. 여기에 침체 일로의 한국 축구를
재건하겠다는 대한축구협회의 전력과 의지, 대기업의 마케팅 참여,
전 경기를 중계한 KBS의 전폭적 지원이 맞물리며 프로축구 원년의
문이 성공적으로 열렸다.

전국적 열기의 전기 리그, 대역전극 펼쳐진 후기 리그

　개막전 만원 관중의 열기는 첫 번째 지방 경기가 열린 부산으로
이어졌다. 전통적으로 야구가 강세를 보였던 부산에서 프로축구가
프로야구의 관중을 넘어서는 기록을 수립하기도 했다. 부산에서 열
린 5월 14일, 15일 이틀간의 경기에서 축구 경기장을 찾은 관중 수

는 4만 7282명으로 1만 7746명의 관객을 동원한 프로야구를 압도했다.

경기 내용에서도 관중들의 열기가 고스란히 전해졌다. 부산 구덕 운동장에서 열린 할렐루야와 유공의 두 번째 맞대결은 6골을 주고 받는 난타전 끝에 3대 3 무승부를 기록했다. 프로축구단이라는 자부심과 승부욕에서 시작된 두 팀 간 라이벌 의식은 슈퍼리그의 성공적 출범을 이끄는 견인차 역할을 했다. 1983년 시즌 4차례의 맞대결에서 모두 무승부를 거둘 만큼 두 팀은 치열하게 격돌했다.

시즌 초반부터 예상을 깨고 가장 앞서나간 팀은 대우였다. 전기 리그 동안 대우는 3승 4무 1패를 기록하며 가장 먼저 3승 고지에 올랐다. 전기 리그 마지막 경기인 7월 2일 할렐루야전에서 0대 1로 지지 않았다면 무패로 전기 리그를 마칠 수도 있었다. 비교적 전력이 떨어지는 국민은행을 상대로 착실히 승점을 쌓고 포항제철과 유공을 상대로는 패하지 않는다는 전략이 주효했다. 할렐루야와 유공으로서는 다소 체면이 서지 않는 상황이었다. 할렐루야는 전기 리그에서 2승 5무 1패, 유공은 2승 4무 2패를 기록했다. 두 팀 모두 최약체로 평가받은 국민은행에게 패한 게 뼈아팠다.

잠시 휴식기를 가진 뒤 후기 리그는 8월 25일 서울에서 다시 시작됐다. 후기 리그 들어 운영에 큰 변화가 있었다. 주말 2연전에 대한 체력 부담과 부상 위험이 커지며 경기력의 질적 저하가 찾아왔다. 전국을 이동해야 하는 일정까지 감안하면 엄청난 강행군이었다. 슈퍼리그위원회는 이 문제를 해결하기 위해 주말 1경기, 주중 1경기로 일정을 변경했다.

구단별로 희비가 엇갈렸다. 가장 큰 혜택을 받은 구단은 할렐루야였다. 노장 선수들이 많았던 할렐루야에 중간 휴식기는 후기 리그 상승세의 원동력이 됐다. 전기 리그 할렐루야의 가장 큰 문제는 주축 선수들의 체력 저하였다. 경기 후반 실점을 허용해 무승부를 내준 경기가 3경기나 됐다. 이런 상황에서 들려온 일정 변경은 가뭄의 단비와 같았다. 체력을 비축한 할렐루야는 후기 리그 들어서 맹렬한 기세로 3승을 따냈다. 승부처는 9월 22일 서울에서 벌어진 대우와의 경기였다. 이 경기에서 2대 1 승리를 거둬 대우 독주에 제동을 걸었다. 하지만 여전히 대우는 우승 후보 1순위였다. 대우는 후기 리그 들어 국민은행과 포항제철을 상대로 3승을 따내며 할렐루야보다 우승 경쟁에서 한 걸음 앞서 있었다.

9월 25일 마산공설운동장엔 수용 인원 3만 5000명을 넘은 4만 명이 입장했다. 슈퍼리그 최종 승자를 결정짓는 마지막 경기였다. 경기를 앞두고 할렐루야 라커룸에는 긴장감이 감돌았다. 대우는 이미 6승 6무 3패를 기록해 6승 고지에 올라 있었다. 5승 8무 2패를 기록 중인 상황에서 마지막 경기를 반드시 이기고 2시간 후에 열릴 대우와 유공 간 경기의 결과를 기다려야 했다. 상대는 포항제철. 시즌 전적 1무 2패. 할렐루야는 이 경기 전까지 포항제철을 한 번도 이겨보지 못했다.

경기 휘슬이 울리고 4만 관중의 함성 속에 경기가 시작됐다. 할렐루야는 선제골이 중요했지만 실업팀의 자존심을 걸고 맞선 포항제철의 저항은 거셌다. 득점 없이 전반이 끝나고 후반 들어서도 경기 양상은 크게 달라지지 않았다. 지루한 공방전이 펼쳐지던 후반 35분 베테랑 미드필더 박창선의 크로스를 오석재가 헤딩슛으로 연결했다. 종료 10분을 앞두고 터진 극적인 결승골이었다. 할렐루야의 1대 0 승리였다.

곧바로 이어진 유공과 대우 간 최종전. 그라운드에 입장하는 대우 선수들의 발걸음이 무거웠다. 패하거나 무승부를 거두기 바랐던 할렐루야가 포항제철을 이기는 바람에 대우는 2골 차 이상으로 유공을 이겨야 우승을 바라볼 수 있었다. 줄곧 선두를 지켜온 대우로서는 실망감이 큰 상황이었다. 만약 대우가 유공을 2골 차로 꺾는다면 전적 7승 6무 3패가 돼 슈퍼리그 원년 우승컵은 실업팀에 넘어가게 된다. 우승권에서는 멀어졌지만 프로팀의 자존심을 지키려는 유공으로서도 물러설 수 없는 한판이었다.

다량 득점을 위해 대우 선수들은 미드필드에서부터 상대를 압박했다. 대우 조광래는 부지런히 움직이며 패스를 연결했지만 이강조가 이끄는 유공의 수비진은 대우의 파상 공세를 잘 막아냈다. 대우는 무려 20개의 파울을 범했고, 양 팀 모두 33개의 파울과 2장의 경고가 나올 만큼 혈투가 벌어졌다. 그러나 대우 홈 팬들의 일방적인 응원에도 불구하고 결국 골은 터지지 않았다. 경기 종료를 알리는 휘슬이 울렸다. 0대 0 무승부. 슈퍼리그의 원년 챔피언이 결정되고 할렐루야의 우승이 확정되는 순간이었다.

슈퍼리그 출범 원년을 수놓은 별들

MVP는 할렐루야의 주장 박성화에게 돌아갔다. 수비수임에도 탁월한 득점력을 갖췄던 박성화는 후기 리그부터 주장을 맡아 팀 분위기를 쇄신했다. 넓은 시야를 바탕으로 공수에서 맹활약한 박성화는 팀 우승의 견인차 역할을 했다.

득점왕은 개막 첫 경기에서 첫 골을 성공시킨 유공의 박윤기에게 돌아갔다. 박윤기는 8골을 기록한 대우 이춘석과 7골의 포항제철 이길용을 제치고 9골로 득점왕에 올랐다. 첫 도움왕은 6개 도움을 기록한 할렐루야의 박창선이 차지했다.

팬 투표로 뽑은 인기상에는 대우의 조광래가 1만 3954표를 얻어 8353표를 얻은 이길용을 제치고 수상자로 선정됐다. 우수 골키퍼상은 한 경기를 제외하고 15경기에서 주전 수문장 역할을 해낸 조병득에게 돌아갔다.

예상을 뛰어넘은 대성공이었다. 슈퍼리그를 찾은 관중은 유료 입장객만 41만 9478명으로 하루 평균 2만 974명에 달했다. 노인과 부녀자, 어린이는 무료입장을 한 것을 감안하면 하루 평균 3만 명 이상이 슈퍼리그를 관전한 셈이다. 1982년 실업축구가 48일 동안 8000명의 유료 입장객을 동원한 것과 비교하면 경이적인 기록이었다.

화끈한 공격 축구가 성공의 비결이었다. 시즌을 통틀어 무득점 경기는 단 2경기, 40경기에서 터진 골은 무려 107골로 경기당 2.7골에 달했다. KBS의 절대적인 역할도 있었다. 전 경기를 TV로 중계하고 지방 순회 경기 때는 지역별로 적극적 홍보에 나섰다.

1984년, 6개 구단 체제

프로리그의 면모를 다듬어가다

슈퍼리그의 성공적인 출범은 축구의 저변이 크게 확대되는 결과를 가져왔다. 1984년의 슈퍼리그는 무엇보다 외형적 확대가 두드러진 한 해였다. 리그 출범 원년엔 할렐루야와 유공 두 팀에 불과했던 프로축구단은 6개 구단으로 늘어났다.

가장 먼저 프로 전환을 선언한 건 대우였다. 할렐루야에 아쉽게 원년 왕좌를 내준 대우는 1983년 김우중 회장의 지시 아래 프로화 작업에 돌입했다. 이재명 대우 단장은 1983년 10월 18일 1년간 팀을 이끈 장운수 감독을 대우 소유인 아주대와 거제고의 축구를 총괄하는 총감독으로 선임했다. 대신 국가대표팀을 지휘했던 조윤옥 감독을 영입했다. 또 슈퍼리그 사상 처음으로 외국인 지도자를 영입했다. 프랑스 프로축구팀 니스의 수석코치로 있던 판초 곤잘레스를 코치로 초빙해 슈퍼리그 우승을 목표로 전열을 가다듬었다. 1983년 12월 3일 대우센터 6층 강당에서 공식 명칭 '대우 로얄즈 축구단'의 창단식이 열렸다. 실업 시절 사용했던 왕관과 방패를 형상화한 엠블럼을 그대로 살렸다. 할렐루야, 유공에 이은 세 번째 프로팀의 등장이었다.

슈퍼리그 원년 당시 대우의 선전과 프로화 작업은 프로구단 추가 창단의 기폭제 역할을 했다. 대우가 축구팀 운영과 슈퍼리그 참가를 통해 보여준 마케팅 전략은 경쟁 기업들에 큰 자극이 됐다. 특히 마지막까지 할렐루야와 벌였던 우승 레이스와 부산 지역을 거점 삼아 보여준 홍보 전략이 주목받았다. 대우가 생산하는 가전제품과 자동차의 판매량 증가가 수치화되면서 경쟁사인 현대자동차와 럭키금성도 적극적으로 프로팀 창단에 나섰다.

현대자동차는 슈퍼리그 출범과 동시에 대우의 움직임을 주시하고 있었다. 이미 1978년 프로축구단 창단을 준비했던 현대는 내부적으로 적절한 창단 시기를 조율하고 있었다. 1983년 7월 12일 정세영 현대자동차 사장은 프로팀 창단 결정을 공식적으로 발표했다. 문정식 전 국가대표 감독을 사령탑으로, 코치진은 역시 국가대표 코치 출신의 김호곤과 전 산업은행 선수 조중연으로 꾸렸다. 6개월의 창단 준비를 마친 현대는 12월 6일 현대 강당에서 창단식을 갖고 공식 출범했다. 호랑이를 구단 마스코트로 삼은 현대 축구단의 공식 명칭은 '현대 호랑이 프로축구단'이었다.

비슷한 시기에 럭키금성도 프로축구단 창단을 공식 발표했다. 1983년 8월 11일 럭키금성 그룹의 구자경 회장은 대한축구협회 측에 프로축구단을 창단하겠다는 의사를 공식적으로 전하고 협조를 요청했다. 코칭스태프 인선은 파격이었다. 감독으로 해군 축구단 해룡의 코치였던 박세학을 영입하고, 유공의 부코치였던 박영환과 중동고 감독 고재욱을 코치로 선임했다. 특히 감독의 계약금과 연봉이 화제였는데 계약금 3000만 원, 연봉 2400만 원의 거액이었다. 두 코치의 계약금도 2000만 원을 웃돌았다. 럭키금성은 처음으로 스포츠 후원 법인을 설립했다. 스포츠만을 전문적으로 육성·관리하는 '럭키금성스포츠'라는 별도 법인으로 프로축구단을 지원해 2, 3년 안에 흑자 경영을 실현하겠다고 발표했다. 12월 22일 럭키금성 빌딩 강당에서 창단식이 열렸다. 황소를 마스코트로 내세운 럭키금성은 공식 명칭을 '럭키금성 황소 축구단'으로 정했다.

가장 조용한 행보를 보인 구단은 포항제철이었다. 포항제철은 창단식을 고민하다 1984년 2월에 대한축구협회에 프로축구단과 아마추어 축구단을 동시에 등록하는 것으로 절차를 마쳤다. 구단 마스코트는 축구공을 감싸고 뛰어오르는 돌고래였다. 공식 명칭은 '포항제철 돌핀스 축구단'이었다.

연이은 창단으로 기량이 우수한 선수를 영입하는 것이 시급한 과제로 떠올랐다. 특히 현대자동차와 럭키금성은 재계 라이벌인 대우의 아성을 넘기 위해 선수 스카우트에 거액을 쏟아 부었다. 현대는 네덜란드 프로축구 PSV 아인트호벤에서 활약 중이던 허정무를 전격 스카우트했다. 계약금 7000만 원에 연봉 2000만 원의 조건이었다. 럭키금성은 북미 프로축구 시카고 스팅에서 활약 중인 조영증을 계약금 1억 원 연봉 2400만 원에 영입했다. 이후부터 스타급 선수들의 연봉은 천정부지로 뛰어올랐다. 우수 선수를 뺏기지 않기 위해 실업팀 역시 선수들 임금을 올리는 등 슈퍼리그의 출범은 축구계 종사자들의 경제적 대우를 크게 향상시키는 효과가 있었다.

내부 갈등과 행정 난맥

리그 운영권을 놓고 슈퍼리그위원회와 프로구단 사이에 불거진 갈등은 해를 넘기고 있었다. 대한축구협회로서는 슈퍼리그의 과반 이상을 차지하게 된 프로구단의 주장을 묵살할 수 없었다. 슈퍼리그위원회와 각 프로구단 간 입장 차를 조정할 협의 기구가 필요했다. 이를 위해 1984년 1월 10일 대한축구협회는 '프로축구관리위원회'를 발족시켰다. 각 프로구단 단장 5명과 이윤식 대한축구협회 사무처장 등 8명으로 구성됐다. 프로축구관리위원회는 프로축구의 운영에 따른 모든 문제를 논의하기로 했지만 형식상 대한축구협회 이사회의 산하기관 처지여서 결정권이 없었다. 결국 슈퍼리그의 모든 일정과 운영권은 슈퍼리그위원회에 그대로 존속돼 있었다. 프로축구단 측은 이러한 조건에서는 유명무실한 단체가 될 것이라며 의결권을 달라고 요구했다.

프로구단 수가 많아진 만큼 선수의 계약과 연봉, 이적 등 문제를 처리할 규정을 제정해야 한다는 목소리가 대한축구협회 안팎에서 들려왔다. 출범 원년처럼 정관과 규약 없이 일회성 이벤트처럼 경기를 진행할 경우 큰 문제가 발생할 수 있다는 우려가 컸다. 특히 프로구단 측에서는 특정 선수와 계약한 다음 공증을 해야만 공식적으로 계약이 인정되는 번거로움이 있었다. 또 해당 선수가 계약 후 다른 구단과 재차 계약을 해도 대한축구협회로서는 관여할 근거가 없다는 점도 큰 문제였다. 여기에 체육부와 대한축구협회가 1986년 아시안게임과 1988년 서울 올림픽에 대비한다는 이유로 프로구단별 아마추어 선수 3명을 주전으로 뛰게 하라고 지시하면서 프로팀은 더욱 곤란해졌다. 제도적 보완이 필요했다. 하지만 슈퍼리그의 운영 목적이 국가대표팀 경기력 향상의 일환으로 여겨지며 프로구단의 의견이 묵살되고 있었다.

내재된 갈등이 표면화된 것은 슈퍼리그 개막을 불과 하루 앞둔 1984년 3월 28일이었다. 포항제철은 돌연 대회 불참을 선언하고 나섰다. 엎친 데 덮친 격으로 대우마저 불참을 검토 중이라는 사실이 확인됐다. 갑작스러운 포항제철의 불참 소식에 축구계가 발칵 뒤집혔다. 포항제철은 공문을 통해 최순호, 박경훈, 이길용 등 국가대표에 뽑힌 선수들이 슈퍼리그에서 뛸 수 없는 상태에서는 경쟁력이 없어 리그 참여가 어렵다고 통보했다.

사건의 시작은 1983년 9월이었다. 당시 국가대표팀에 소집돼 있던 포항제철의 최순호와 박경훈, 대우의 이태호와 변병주, 그리고 서울 시청 소속의 최인영은 박종환 감독의 훈련에 반발해 태릉선수촌을 무단이탈했었다. 이에 대해 대한축구협회는 3년간 자격정지라는 중징계를 내렸다. 그러나 해를 넘겨 동정 여론이 흘러나오자 대한축구협회는 1984년 2월 23일 이들에 대한 징계가 과했다며 징계 철회를 의결했다. 다분히 1984년 로스앤젤레스 올림픽 축구 예선전 출전을 의식한 결정이었다.

포항제철은 즉시 대한축구협회에 공문을 보냈다. 소속팀 주전 선수였던 최순호와 박경훈, 이길용이 슈퍼리그에서 단 한 경기라도 뛸 수 있도록 해달라는 주문이었다. 그러나 대한축구협회는 국가대표팀 소집을 이유로 슈퍼리그 출전 불가라는 결정을 포항제철 구단에 통보했다. 박태준 포항제철 회장은 초강수를 두었다. 슈퍼리그에 불참하겠다는 것. 한홍기 감독을 통해 올림픽 예선 일정이 끝나고 해당 선수들이 돌아오는 상반기까지 슈퍼리그에 출전하지 않겠다는 성명을 냈다. 프로축구 운영을 위한 적절한 소집 규정을 만들지 않은 채 즉흥적으로 처리하는 결정에는 따르지 않겠다는 의사였다.

포항제철의 이런 행보에 맞춰 대우 역시 대한축구협회의 행정 난맥상을 지적하며 노인호의 이중 등록 문제를 들고 나왔다. 1983년 명지대를 졸업한 노인호는 대우의 창단 멤버로 이름을 올렸었다. 그러나 뒤이어 창단한 현대가 계약금 3000만 원에 월봉 150만 원을 제시하자 대우와의 계약을 파기하고 현대로 둥지를 옮겼다. 대우와 현대 간 스카우트 전쟁의 서막을 알리는 사건이었다. 명백한 선수 이중 등록 문제라며 대우는 대한축구협회 측에 징계와 중재를 요청했다. 그러나 대한축구협회는 노인호에게 엄중 경고라는 무혐의에 가까운 처분을 내렸다. 선수 수급에 어려움을 겪는 신생 구단의 입장을 고려한다는 취지였다. 대우는 격렬히 반발하고 나섰다.

이 두 난제에 대해 슈퍼리그위원회와 프로축구관리위원회는 실질적으로 아무런 대응을 하지 못했다. 여론은 출범 2년 만에 갈등이 심화되는 프로축구계에 싸늘한 시선을 보내고 있었다. 대승적 차원에서 합의가 필요했다. 개막을 하루 앞둔 3월 29일 포항제철의 박태준 회장이 한 발 양보했다. 4월에 시작되는 로스앤젤레스 올림픽 예선전이 끝나는 5월부터 최순호와 박경훈, 이길용을 슈퍼리그에 뛰게 한다는 조건으로 슈퍼리그 불참을 철회했다. 대우 역시 선수 선발에 관한 제도적 보완과 원칙을 마련한다는 약속을 받고 슈퍼리그 참가를 결정했다. 그러나 이 사건들을 계기로 대한축구협회의 행정에 문제가 있다는 지적이 줄을 이었다.

이로 인해 슈퍼리그 운영에 영향권을 행사하고 프로구단의 입장을 대변하는 '한국프로축구협의회'가 탄생했다. 8개 구단주를 위원으로 하여 초대 회장은 대우의 이재명 단장이 맡았다. 슈퍼리그에는 해체와 흡수를 검토하고 있는 프로축구연맹 외에도 슈퍼리그위원회, 프로축구관리위원회, 한국프로축구협의회까지 무려 4개의 운영 단체가 등장했다. 출범 2년 만에 일어난 일이었다.

1985년, 존재의 이유

프로구단이 참여한 최초의 실내축구대회

1985년 1월 7일 대한축구협회는 상비군관리위원회 개최를 시작으로 신년 업무를 시작했다. 이날 회의에서 가장 오랫동안 논의된 사항은 코앞으로 다가온 1986년 멕시코 월드컵 조별 예선에 출전할 선수를 선발하는 것이었다. 대한축구협회는 32년 만의 월드컵 본선 진출에 사활을 걸고 있었다. 협회의 모든 행정력이 멕시코 월드컵 예선전 준비에 집중됐다. 슈퍼리그 운영에 관한 결정은 2순위로 밀리고 있었다. 프로구단 관계자들은 대한축구협회의 명단 발표와 예선 일정 발표에 촉각을 기울였다. 각 구단은 어렵게 영입한 주축 선수들을 장기간 월드컵 대표팀에 보내야 하는 상황이 부담스러웠다. 전력 공백은 불가피한 상황이었다.

출범 3년째를 맞이하며 대한축구협회와 6개 프로축구단의 이해 관계는 점점 엇갈리고 있었다. 아시안게임과 올림픽에까지 프로선수의 출전 제한이 없어지며 이런 흐름은 더욱 강화됐다. 양측의 갈등이 공식적으로 표면화된 사건은 제1회 실내축구대회 개최 발표였다.

1984년 10월 19일 대한축구협회는 새로운 대회의 기획안을 내놓았다. 1985년 1월부터 국내 실정에 맞는 실내 축구대회로 겨울철 실내 스포츠 시장에 뛰어들겠다는 계획이었다. 최순영 회장이 구단주로 있던 할렐루야를 제외한 프로축구 5개 구단은 10월 26일 곧바로 단장 회의를 열고 대한축구협회의 일방적 결정에 응할 수 없다며 불참을 공식 선언했다. 5개 프로구단이 동시에 대한축구협회의 결정에 반발한 것은 처음 있는 일이었다.

우여곡절 끝에 1985년 2월 2일 제1회 실내축구대회가 초, 중, 고, 대학, 일반, 프로 부분에서 모두 36개 팀이 참가한 가운데 막을 올렸다. 잠실체육관과 장충체육관에서 열린 이 대회에서 유공이 전승을 거두며 우승을 차지했다. 일련의 사건들이 겹치며 프로구단들은 프로축구 중흥을 위해 프로축구연맹의 부활이 필요하다는 인식을 같이하게 됐다.

관중 급감하고 팀 해체되고… 프로축구 '존재의 이유'를 되묻다

럭키금성의 우승을 끝으로 막을 내린 1985년 축구대제전 슈퍼리그의 최종 성적표를 받아든 슈퍼리그위원회와 프로구단 관계자들의 표정이 어두워졌다. 1일 평균 관중 수 5393명, 원년 대비 4분의 1 수준이었다.

출범 원년의 축구 열기를 부활시키겠다는 애초의 야심찬 계획에 비하면 초라한 성적표였다. 3년 만에 갑자기 슈퍼리그의 열기가 식은 것을 두고 다양한 분석이 이어졌다. 우선 멕시코 월드컵 예선 일정에 큰 영향을 받았다. 스타 선수들이 떠난 슈퍼리그는 흥행에서 고전을 면치 못했다. 42일간 열린 슈퍼리그의 총 관중 수는 23만 명 수준인 데 비해, 국내에서 열린 3차례의 월드컵 예선전에서 국가대표팀이 불러들인 관중 수는 20만 9000명이었다. 11월 3일 잠실올림픽경기장에서 열렸던 한국과 일본 간 최종 예선전에는 무려 7만 명의 관중이 찾았다. 프로축구는 일반 국민들이 갖고 있는 고정관념, 즉 국내 축구의 기반이 되어주는 프로축구 대신 국가대표의 활동이 한국 축구의 전부라고 생각하는 인식을 넘어서야 했다.

지역연고제 정착도 큰 숙제로 등장했다. 전국 15개 주요 도시를 순회하는 경기 운영 방식은 지방 팬들의 입장에서는 슈퍼리그 8개 팀의 경기를 한꺼번에 볼 수 있다는 매력이 있었다. 하지만 경기를 치르고 난 뒤 1년 뒤에나 다시 찾는 방식으로는 지속적인 관심을 끌기 어려웠다. 결과적으로 연고 의식이 뿌리내리지 못했고 각 구단도 연고 출신 선수를 거의 보유하지 못한 것이 원인으로 작용했다. 해결책으로 제일 먼저, 도 단위에서 도시 단위로 연고지를 변경해 프로축구의 근본을 만들어야 한다는 의견이 제시됐다.

할렐루야의 해체 역시 리그 흥행의 큰 악재였다. 2차 리그의 마지

K리그를 읽는 시간 1

막 경기였던 7월 18일, 상무전을 끝내고 들어온 할렐루야 선수들에게 이수정 단장은 팀 해체 소식을 전했다. 재정난이 그 이유였다. 갑작스러운 이수정 단장의 발표에 선수들은 큰 충격에 빠졌다.

선수들만 충격에 빠진 것이 아니었다. 프로 창단 1호 팀, 슈퍼리그 원년 챔피언인 할렐루야가 해체된다는 이야기에 프로축구계 전체가 크게 흔들렸다. 한 달여 앞으로 다가온 3차 리그의 진행 자체가 불투명해진 상황이었다. 할렐루야의 구단주가 대한축구협회의 수장이라는 점은 슈퍼리그 전반에 큰 혼란을 초래했다.

최순영 회장은 종교적 목적으로 창단된 할렐루야가 슈퍼리그에 참가해 본연의 임무인 선교에 충실하지 못했다며 선교 활동으로 복귀하기 위해 아마추어행을 선언했다고 입장을 밝혔다. 연말까지는 구단을 유지해 3차 리그 진행에 차질이 없게 하겠다는 수습책을 내놓았다. 각 구단의 구단주들은 즉각 반발했다. 자신들도 팀을 축소하거나 아마추어로 전환하겠다고 맞섰다. 동시에 대한축구협회 회장직에서 사퇴하라는 목소리가 높아졌다. 출범 3년 만에 프로축구 공멸의 위기가 찾아왔다.

할렐루야의 해체는 프로축구 리그 존재에 대한 근본적인 의문을 불러왔다. 슈퍼리그가 출범하며 한국 축구는 짧은 부흥기를 맞이했다. 이에 힘입어 32년 만에 1986년 멕시코 월드컵 본선 진출이라는 쾌거를 이뤄냈다. 그러나 국가대표팀이 낸 이런 성과를 프로축구는 함께 공유하지 못했다. 각 구단별 적자액이 눈덩이처럼 불어났지만, 대한축구협회는 현실적 대안 대신 한국 축구 발전에 기여하고 있다

멕시코 월드컵을 앞두고 1986년 3월 국내에서 3차례 벌어진 예선전에서
유럽 축구를 실제 경험함으로써 본선을 대비한 좋은 교훈을 얻은 월드컵 대표팀 선수들.
왼쪽부터 최순호, 조영증, 조광래, 박창선, 허정무. **사진** 한국일보

는 모호한 대답을 내놓았다.

국가대표팀을 위해 프로축구가 희생하는 구도가 형성되며 각 구단은 자구책 마련에 나섰다. 슈퍼리그 모든 구단으로 구성된 한국프로축구협의회에서 5개 프로구단 단장들만 모인 '프로축구단장협의회'가 등장했다. 협의회는 1985년 시즌에 발생한 문제들의 재발 방지를 위해 11월 15일 긴급회의를 갖고 대표선수 관리에 따른 건의서를 최순영 대한축구협회장 앞으로 제출했다. 이 건의서에서 대한축구협회는 대표선수 소집시 각 구단과 협의를 거쳐 선발할 것, 대표선수 관리와 관련한 일체 비용을 협회가 전적으로 부담할 것, 만일 그러지 않을 경우에는 선수 관리 원칙에 따라 경기 개시 1개월 전에 선수를 소집할 것을 요구했다.

대한축구협회는 11월 27일 이사회를 열었다. 이 자리에서 훈련

기간 중 프로선수의 급여를 대한축구협회에서 지급해야 한다는 제안에 대해 다른 경기 단체와 균형이 맞지 않고 재원이 부족하다는 이유로 받아들일 수 없다고 결정했다. 대회 1개월 전에 선수를 소집하라는 안도 앞으로 대회 성격에 따라 신축성 있게 대처하기로 해 협의회의 제안을 사실상 거부했다. 또 프로축구단장협의회를 슈퍼리그위원회에 예속하는 방안을 적극 모색하겠다고 밝혔다.

1986년 멕시코 월드컵을 앞두고 대한축구협회가 향후 행정의 방향을 국가대표팀의 전폭적인 지원으로 확고히 하며, 5개 프로축구단은 자신들의 입장과 이익을 대변할 단체의 필요성을 다시 한 번 절감하게 됐다. 동시에 프로리그 운영에 관해 좀 더 적극적으로 나서기로 했다.

1987년, 전력 평준화

대우 로얄즈, 프로축구를 휩쓸다

3월 28일 출범 4년 만에 새롭게 재도약을 선언한 1987년 한국프로축구대회는 시즌 시작 전 팀 간 전력이 평준화되면서 치열한 우승 경쟁이 예고됐다. 라운드가 거듭되면서 포항제철과 대우의 상승세가 매서웠다. 두 팀은 시즌 초반부터 우승을 놓고 격돌했다. 특히 대우의 선전이 눈부셨다. 개막 2연전에서 무득점에 그쳤던 대우는 견고한 수비력에 바탕을 둔 축구로 이후 6경기 무실점, 8경기 무패 행진을 기록하며 4승 5무 1패로 전반기 선두에 올랐다. 후반기에 들어서 대우는 더욱 압도적인 모습을 보였다. 12경기 무패, 승률 71.8퍼센트. 경이로운 기록이었다. 7경기 연속 득점, 6경기 무실점 등 각종 기록을 경신했다. 결국 대우는 16승 14무 2패로 일찌감치 시즌 우승을 확정 지었다.

축구 관계자들은 대우의 우승 비결로 구단의 전폭적인 지원과 스타플레이어들의 신구 조화, 탁월한 선수단 관리를 꼽았다. 대우는 부산 연고지 정착을 위해 선수단 전체를 부산으로 이주시킨 데 이어 공격적인 마케팅으로 타 구단의 모범을 보였다. 부산 시내 10개 구를 20명의 선수와 코치들이 나누어 조기축구회의 명예코치로 뛰고 백화점 사인회를 돌았다. 유료 관중 3만 명을 목표로 삼아 경기장을 찾은 팬들에게 승용차나 피아노 같은 고가의 경품을 내걸었다. 또 타 구단보다 높은 연봉, 승리 수당, 득점 수당과 같은 적극적인 투자를 아끼지 않았다.

신구의 조화도 빛을 발했다. 조선대를 갓 졸업한 김주성은 화려한 용모와 빼어난 기량을 뽐내며 신인상을 거머쥐면서 리그 최고 스타로 떠올랐다. 여기에 백전노장 조광래는 플레잉 코치로 변신해 부산 홈경기에만 출전함으로써 선수단에 경험과 안정감을 더했다. 1986년 시즌 국가대표팀 경기로 이탈했던 김풍주, 김판근, 정용환의 수비 라인과 정해원, 이태호, 변병주, 이춘석 등 공격 라인이 대거 복귀하며 탄탄한 공수 조화를 선보였다.

5개 구단 감독 중 유일하게 30대였던 이차만 감독의 지도력도 높은 평가를 받았다. 우선 공격은 조광래, 수비는 김희태 코치에게 업무를 분담했다. 팀 운영 방식에서 합숙 훈련 대신 가정생활을 허용해 자발적 의욕을 고취했다. 훈련도 스타 선수들의 기량에 맞는 맞춤형 개별 훈련 방식으로 바꿨다. 선수들의 호응이 높아 자연스럽게 개인보다 팀을 위해 헌신했다. 무엇보다 부상 선수가 없었다. 타 구단이 주말 2연전을 치르면 부상 선수들이 속출해 정상적인 경기 운영이 어려웠던 데 비해 대우는 경기 도중 눈을 다친 이태호를 제외하고는 특별한 부상 선수 없이 시즌을 마쳤다.

'김종부 파동' 아수라장 된 프로축구

11월 7일 토요일, 조현규 현대 프로축구단 부단장이 한국프로축구위원회를 찾아 정식으로 팀을 해체하겠다는 공문을 전달했다. 갑작스러운 현대의 팀 해체 선언에 대한축구협회가 발칵 뒤집혔다. 김종부 영입 문제를 놓고 대우, 대한축구협회와 시즌 내내 갈등을 빚었던 현대가 팀 해체를 선언하자 이후 엄청난 파문이 일었다.

현대는 법적 분쟁까지 이어진 김종부의 이중 계약 문제에서 대한축구협회가 대우의 손을 들어주었다고 판단했다. 현대는 그동안 김종부가 대우 선수로 뛸 경우 팀을 해체하고 구단 운영비 10억 원은 사회에 환원하겠다고 공언해왔었다. 현대의 팀 해체는 사실상 대화 거부 선언이었다.

11월 11일 대한축구협회는 대책을 마련하기 위해 이사회를 열었다. 뾰족한 해법은 없었다. 결국 이 자리에서 최순영 회장을 포함해 23명 이사 전원이 사표를 제출했다. 그사이 축구지도자협의회 회원을 중심으로 50여 명이 최순영 회장의 퇴진을 요구하는 시위까지 벌였다. 상황은 축구계 내부를 벗어나고 있었다. 조상호 체육부장관은

1986년 6월 6일 멕시코 월드컵 본선 불가리아전에서 후반 교체된 김종부가 24분께 불가리아의
디미트로브 게오르기의 마크를 피해 동점골을 올리고 있다. 한국은 이때 1무 2패로 조 4위를 차지해 10강
진출에는 실패했지만, 3경기를 통해 불가리아와는 1대 1 무승부, 이탈리아전에서는 2대 3으로 분패하고
아르헨티나에 1대 3으로 지면서 세계 축구 전문가들로부터 선전했다는 평가를 받았다.
사진 한국일보

이양섭 현대자동차 사장, 5개 구단 단장, 유흥수 회장, 최순영 회장,
체육계 인사들과 간담회를 주재했다. 김종부 문제에 대해 현대와 대
우 양 팀이 명분을 찾을 수 있도록 한국프로축구위원회에서 조정안
을 마련하는 안까지 끌어냈다.

1985년 할렐루야를 해체하며 리더십에 이미 한 차례 치명상을
입은 최순영 회장의 고민도 깊어졌다. 사실상 퇴진 요구에 가까운
현대의 팀 해체 선언에 맞닥뜨려 결단을 내려야 했다. 11월 12일 최
순영 회장은 모든 상황에 책임을 지고 자진 사퇴하겠다는 내용의 성
명서를 이종환 부회장을 통해 발표했다.

최순영 회장이 갑작스럽게 퇴진하면서 1988년 시즌 프로축구대
회 개최가 불투명해졌다. 현대팀의 해체를 막는 게 급선무였다. 주사
위는 대우 구단으로 넘어갔다. 축구지도자협의회는 대우 김우중 회
장을 찾아가 김종부의 제3구단행을 설득했다. 1987년 시즌 챔피언

인 대우도 명분이 중요했다. 김우중 회장은 11월 23일 프로축구 발전이라는 대승적 차원에서 전격적으로 김종부의 제3구단행을 승인했다.

공석이 된 대한축구협회장은 이종환 부회장이 임시로 맡아 이끌기로 했다. 12월 5일 제44대 회장에 정식 취임한 이종환 회장은 현대팀 부활을 최우선 과제로 삼았다. 12월 17일 이사회에서도 현대팀 부활을 위해 필요한 모든 권한을 이종환 회장에게 일임하기로 했다. 이후 협상 재개를 위한 물밑 접촉이 빠르게 이어졌다. 이러한 노력 끝에 12월 28일 현대는 해체를 번복하고 리그에 복귀하겠다고 선언했다. 팀 해체를 선언한 지 51일 만의 일이었다. 출범 5년 만에 최대 위기를 맞았던 1987년은 이렇게 저물고 있었다.

1988년

MVP 박경훈의 수상 거부

1988년 포항제철은 큰 변화의 결정을 내렸다. 출범 원년부터 1987년 까지 5년간 연고지로 사용했던 대구를 떠나 포항으로 자리를 옮기면서 대성공을 거뒀다. 축구단을 창단한 이래 15년간 함께했던 포항 시민들 은 열화와 같은 성원을 보냈다. 포항제철은 10차례의 홈경기에서 17만 명이 넘는 관중을 동원했다. 경기당 평균 관중 수는 1만 7000명이었다. 선수들도 홈 팬들의 성원에 보답했다. 홈경기에서 포항은 단 1차례만 패 하는 높은 승률을 기록하며 우승을 거뒀다. 폭염 중에도 정기적으로 경 기장을 찾는 고정 팬의 존재는 포항제철 우승의 든든한 지원군이었다. 포항제철의 우승은 선수, 감독, 구단, 지역 팬들까지 하나로 뭉쳐 일궈낸 성과였다.

그해 MVP를 선정하는 과정에서 잡음이 일었다. 한국프로축구위원회는 11월 12일 부문별 수상자를 발표했는데, 박경훈의 이름이 오르자 프로축구계가 술렁였다. 박경훈은 포항제철에서 최고 연봉을 받는 간판스타였지만 1988년 시즌에는 국가대표팀에 차출되어 12경기밖에 출전하지 못했었다. 팀 공헌도나 활약상에서 득점왕을 차지한 팀 동료 이기근의 탈락은 납득하기 어려운 상황이었다.

11월 13일 박경훈은 "대표팀에 차출돼 올 시즌 팀 경기의 절반밖에 출전하지 못했는데 내가 어떻게 MVP로 뽑힐 수 있나? 후배 이기근을 볼 낯이 없다. 이기근은 지는 경기를 비기게 하고 비기는 경기에서 이기게 만들어 팀 우승에 결정적인 공헌을 했다. 어떤 이유로 나를 MVP로 뽑았는지 알 수 없다"며 수상을 거부했다. MVP 선정에 참여했던 위원들 중 일부도 선정 과정에 문제가 있음을 시인했다. 결국 한국프로축구위원회는 12월 20일 이사회를 열고 MVP에 이기근을 선정했다. 우여곡절 끝에 이기근은 MVP와 득점왕을 한꺼번에 거머쥐는 영광을 안았다.

이기근은 1988년 시즌 23경기에 출전하여 12골을 성공시켰다. 성실하고 부지런한 플레이로 3번의 결승골과 4번의 동점골을 만들어 포항제철의 해결사 역할을 톡톡히 해냈다. 특히 2번이나 종료 직전 극적인 동점골을 만들어내 축구팬들에게 깊은 인상을 남겼다. 논란의 중심에 섰던 김종부는 도움왕을 차지하는 데 만족해야 했다. 포항제철 유니폼을 입고 15경기에 출전해 득점 없이 5개의 도움만을 기록한 것이다. 스카우트 파동으로 생긴 2년의 공백을 메우기엔 역부족이었다.

신인상은 유공의 황보관이 수상했다. 7골, 5도움을 기록함으로써 김용세와 노수진이 국가대표팀에 차출되면서 생긴 공백을 착실히 메웠다. 우수한 체격 조건과 빠른 스피드, 지능적인 경기 감각이 신인답지 않다는 호평을 받았다.

1989년

흥행 열기 걷어찬 감독의 폭언과 발길질

일화 축구단의 창단은 침체기에 있던 프로리그에 활력을 불어넣었다. 서울을 연고지로 삼으면서 많은 팬이 경기장을 찾게 됐다. 그동안 프로축구는 황금 시장으로 불리는 서울에 연고를 둔 팀이 없어서 장기간 비워두는 모습처럼 비치고 관중 동원에도 한계가 있다는 지적을 꾸준히 받아왔다. 1989년 시즌 들어 강북의 동대문운동장과 강남의 잠실운동장에서 번갈아 35경기가 열린 점은 그간의 우려를 해소하는 데 큰 기여를 했다.

최고 인기 구단으로 떠오른 포항제철은 1989년 시즌에도 홈구장에서 관중 몰이에 성공했다. 특히 4월 1일 홈 개막전에서는 무려 4만 명이 넘는 구름 관중이 몰려와 최다 관중 신기록을 세우기도 했다. 부산 구덕운동장에서도 2만 5000명의 팬들이 찾아와 대우를 응원했다.

호남의 축구 열기 확산을 위해 전략적으로 잡힌 전주에서의 개막전도 성공적이었다. 연고 프로구단이 없어 관중 동원에 실패할 것이라는 당초 우려를 깨고 3월 25일과 26일 이틀간 3만 7000명이 경기장을 찾아 관계자들을 흥분시켰다. 평균 관중 수가 늘어났고, 기록도 대거 양산됐다.

순위 다툼 역시 마지막까지 손에 땀을 쥐게 했다. 신생팀 일화가 강팀들과 선전을 펼치고, 유공과 럭키금성, 대우가 서로 물고 물리면서 리그에 다시 활기가 돌았다. 1990년 이탈리아 월드컵 아시아 지역 예선 때문에 스타 선수들이 국가대표팀에 소집되어 있었지만, 1986년이나 1988년 같은 상황은 다시 벌어지지 않았다. 오히려 2회 연속 월드컵 본선 진출에 성공하며 프로리그의 역할론에 대한 재평가가 이뤄졌다. 자연스레 프로축구에 대한 관심이 증폭됐다.

이런 좋은 흐름을 깬 것은 프로리그 내부의 문제였다. 심판 판정을 두고 그라운드에서 폭력 사태가 빈번히 발생했다. 모처럼 붙은 프로축구 열기에 찬물을 끼얹었다. 1988년 전국축구선수권대회에서 발생했던 심판 판정과 관련한 문제가 1989년 시즌에서도 그대로 이어졌다.

3월 26일 현대와 대우 간 경기에서 현대는 판정에 불복해 대한축구협회에 심판진을 제소했다. 대한축구협회는 상벌위원회를 열고 나윤식 주심에게 6개월 자격정지라는 중징계를 내렸다. 그러다 5월

12일 부산에서 열린 대우와 포항제철 간 경기에서 다시 오심이 발생해 논란이 됐다. 심판 판정에 불만을 품은 코칭스태프가 그라운드로 난입해 심판에게 직접 항의하는 행위까지 벌어졌다. 심판의 권위를 감독과 선수가 모두 인정하지 않으면서 그라운드는 아무도 통제할 수 없는 상황으로 치닫고 있었다.

결정적 사건은 8월 15일 일화와 럭키금성 간 경기에서 발생했다. 전광판 시계가 멈춘 90분까지 일화는 럭키금성에 2대 1로 앞서고 있었다. 추가 시간이 적용된 91분, 럭키금성의 이인재가 차상해의 헤딩 패스를 받아 극적인 동점골을 성공시켰다. 15초 후 박경인 주심은 경기 종료를 알리는 휘슬을 울렸다. 이때 일화의 코칭스태프가 그라운드로 뛰어 올라가 거칠게 항의했다. 추가 시간이 너무 길었다는 것이 이유였다. 여기에 가세해 관중석에서 내려온 관객들이 심판을 폭행하는 불상사가 발생했다.

8월 18일 대한축구협회는 상벌위원회를 열었다. 일화의 박종환 감독에게는 잔여 경기(18경기) 출장 정지, 박경인 주심에게는 심판 자격 박탈이라는 중징계를 내렸다. 박종환 감독에 비해 박경인 주심에게 가혹한 징계가 내려졌다는 여론이 일었다. 더 나아가 대한축구협회는 9월 2일 경기 출장 정지를 내렸던 박종환 감독에 대해 8경기 출장 정지로 징계를 완화했다. 박경인 주심은 본인의 은퇴 의사에 따라 징계를 철회했다.

상벌위원회의 솜방망이 처벌은 더 큰 불상사를 불러왔다. 징계안이 완화된 당일 일화와 포항제철 간 경기에서 박종환 감독은 다시

한 번 그라운드로 난입했다. 전반 19분 일화의 김용세가 임정식 주심으로부터 퇴장 명령을 받자 일화의 원홍재 코치, 이장수 트레이너가 그라운드로 뛰어들어 격렬히 항의했다. 징계 중인 박종환 감독도 합세해 주심에게 발길질과 폭언을 퍼부었다. 감독직 수행이 금지되어 있던 박종환 감독은 주심을 폭행한 뒤 선수들에게 작전 지시까지 내려 대한축구협회의 징계 조치를 아예 무시했다.

다시 상벌위원회가 열렸다. 9월 6일 원홍재 코치에게 벌금 100만 원, 이장수 트레이너에게는 경기 출장 정지 처분, 김용세에게는 2경기 출장 정지와 벌금 50만 원이 부과됐다. 9월 16일 상벌위원회에서는 박종환 감독에 대한 징계 처분이 내려졌다. 1년간 자격정지 처분이었다. 이를 두고 유럽 프로리그에서 동일한 상황이 발생할 땐 영구 제명의 중징계가 따른다는 점을 들어 대한축구협회의 책임론이 불거졌다. 결국 대한축구협회 유인갑 전무와 맹광섭 심판위원장, 이우봉 경기위원장이 사태에 책임을 지고 사표를 제출했다.

그러면서 판정 시비와 관련해 대한축구협회의 행정력이 도마에 올랐다. 국제축구연맹의 규정은 심판의 정년을 50세로 제한하고 있었다. 반면 불명예 퇴진한 박경인 심판의 경우 58세였다. 대한축구협회는 심판 수가 부족하다는 이유로 국제축구연맹의 규정을 지키지 않고 있었다. 심판의 자질을 개인 문제로 돌리기보다 환경이 우선 개선돼야 한다는 지적이 이어졌다. 1989년까지 1급 심판의 수는 서울 30명, 지방 30명으로 총 60명에 불과했다. 전문 교육기관도 없고 심판의 권익을 담당하는 조직도 없었다. 급여 문제도 심각했다.

당시 경기당 주심은 11만 원, 선심은 5만 원 수준의 급여를 받았다. 심판 판정과 관련해 근본적 해결을 위한 정책적 고민이 필요한 시점 이었다.

1990년, 도시연고제

최초의 축구 전용 구장 '스틸야드' 탄생

1990년 시즌 들어 전격적으로 시행된 도시연고제는 지역 팬들과 구단 사이의 거리를 좁히는 효과가 있었다. 서울로 연고지를 옮긴 럭키금성과 울산으로 연고지를 옮긴 현대는 홈경기에서 평균 관중 수가 대폭 증가했다. 특히 시즌 우승을 차지한 럭키금성은 무려 2만 5000여 명의 관중이 늘어났다. 홈팀을 응원하기 위해 경기장을 정기적으로 찾는 문화가 서서히 자리 잡기 시작했다.

'좋은 예'는 포항제철과 대우였다. 지역 마케팅 전략을 통해 두 팀은 1989년 시즌에 이어 관중 동원율 1위, 2위를 차지했다. 그해 포항제철은 16만 명, 대우는 약 13만 명의 관중이 경기장을 찾았다. 특히 포항제철의 적극적 투자는 타 구단의 귀감이 됐다. 11월 10일 포항제철은 한국 축구계의 숙원이던 축구 전용 구장을 최초로 건설했다. 포항제철 본사와 인접한 포항 괴동동 1번지에 세워진 새 구장은 총대지 4만 2698제곱미터, 그라운드 면적 9610제곱미터 위에 2만 16석의 관람석을 갖춘 유럽형 경기장이었다. 육상 트랙이 없고 그라운드와 스탠드와의 거리가 6미터에 불과해서 관중들은 눈앞에서 생생한 경기를 지켜볼 수 있었다. 당시로서는 파격적인 전광판과 조명 시설까지 갖춰 부대시설 면에서도 유럽의 축구 전용 구장에 견줘 손색이 없었다.

1990년 시즌에는 연고지 정착을 위한 도시연고제 시행, 축구 전용 구장 건설과 같은 기반 시설 확충, 우수 선수 육성을 위한 2군 리그 시행 등 프로리그 발전을 위한 제도적 노력이 빛을 발했다.

1991년

'자동차 라이벌'의 경쟁, 흥행 질주

시즌 개막에 앞서 가장 큰 화제는 차범근의 복귀였다. 1979년 서독 진출 후 만 12년 만에 한국으로 돌아온 차범근은 김호 감독의 후임으로 현대의 새 사령탑으로 임명됐다. 계약 기간 3년에 계약금 1억 5000만 원, 연봉 4800만 원이라는 국내 최고 대우였다. 대우는 1990년 시즌 동독 출신 프랭크 엥겔 감독에 이어 1991년 시즌에는 헝가리 출신 비츠케이 베르탈란을 신임 감독으로 선임했다. '자동차 라이벌'인 현대와 대우는 나란히 유럽 리그에서 활약한 감독을 영입해 팬들의 관심을 불러일으켰다.

1991년 시즌은 리그 시작 전부터 프로축구 활성화를 위한 각종 호재가 잇따랐다. 우선 리그 운영 주체의 단일화가 이뤄지면서 행정이 효율적으로 집행됐다. 그동안 많은 갈등을 불러일으킨 국가대표 선수 차출 문제도 없었다. 1992년 바르셀로나 올림픽 지역 예선이 잡혀 있었지만 출전 선수가 23세 이하로 제한돼 있었다. 이로 인해 각 팀의 간판선수들이 리그에만 전념할 수 있었고 그 덕분에 관중들은 스타 선수들의 모습을 경기장에서 직접 볼 수 있었다.

프로구단들도 홍보에 열을 올렸다. 관중 동원에 가장 적극적이었던 대우는 색다른 아이디어로 부산 팬들을 사로잡았다. 주요 지하철 역 구내와 시내버스 안에 대우 선수들의 사진과 경기 일정표를 담은 광고물을 설치했다.

LG 구단은 영업과를 신설해 본격적으로 수익 사업에 나섰다. 축구계에 회의적인 반응이 있었는데도 축구 마케팅의 선두 주자 역할을 했다. 먼저 축구 동호인들을 대상으로 LG치타스배 축구대회를 창설해 고정 팬 확보에 나섰다. 입장 수입과 광고 수입, 구단 상품 매출을 올리겠다는 목표 아래 LG 축구단 회원도 확대·운영했다. 경기가 있는 날엔 '팬북'을 제작해 배포하고 관련 상품 이동 판매대를 설치하는 등 기념품은 무료라는 프로축구계 관행을 깨는 전략을 썼다.

유공은 시내 주유소를 활용해 적극 홍보에 나섰다. 주유소 직원 3000명이 홍보에 적극 나섰고, 팀의 간판선수들이 주유소를 순회하며 사인회를 열었다. 팬북 제작과 함께 연간회원권도 발행했다.

현대는 차범근 감독의 인기를 관중 동원의 발판으로 삼았다. 울산에 차범근 축구교실을 개설하고 유선방송을 통해 경기 일정을 안내했다. 다른 팀과 차별화해 팬북 대신 선수들의 얼굴 사진을 담은 사인 카드를 제작했다.

포항제철은 축구 전용 구장이 가장 큰 강점이었다. 포항 지역을 대표하는 스포츠팀의 이미지를 다져나갔고, 경기에 앞서 연예인 축구와 여자 축구 경기도 개최하며 관심을 끌었다.

일화는 서울 시내 25개 초등학교 축구팀에 축구 용품을 지원하고 '일화천마컵 어린이축구대회'를 창설했다.

이러한 노력에 힘입어 프로축구 역사상 처음으로 총 관중 수가 100만 명을 돌파했다. 원년 이후 모처럼 축구 열기를 느낄 수 있었던 해였다. 경기당 평균 관중 수도 원년에 기록했던 2만여 명 이후 처음으로 1만 명 이상을 기록했다. 1990년 시즌 평균 관중 수가 5865명이었던 것에 비해 1991년 시즌엔 1만 2232명으로 두 배 가까이 증가했다.

전용 구장을 갖춘 포항제철은 29만 7000명의 유료 관중을 동원함으로써, 27만 4000명의 관중을 불러들인 대우를 따돌리고 2년 연속 최다 관중을 기록했다. 현대 구단은 24만 3000명의 관중을 모으면서 가장 괄목할 만한 증가를 보였다.

각 구단은 최하 3억 원에서 최고 7억 원까지 수익을 올렸다. 20억 원 안팎의 연간 운영비에는 크게 미치지 못했지만 프로리그 출범 9년 만에 처음으로 높은 수익을 기록했다.

1992년

첫 호남 연고팀 '완산 푸마'의 탄생

1992년 시즌 프로축구계의 가장 큰 이슈는 호남에 연고를 둔 신생팀이 창단한 것이었다. 도시연고제가 시행되면서 6개 프로구단의 연고지가 재편됐는데 연고지 편중 현상이 발생했다. 서울(일화, LG, 유공)과 영남(포항제철, 대우, 현대)에 편중된 연고지는 지역 간 불균형을 가져왔다. 호남에 연고를 둔 프로축구팀이 없는 것이 가장 큰 문제였다. 호남 신생팀 창단은 최순영 전 회장 때부터 김우중 회장 때까지 10년여에 걸쳐 진행된 대한축구협회의 숙원 사업이었다. 그러나 좀처럼 해결의 실마리가 풀리지 않았다. 예산을 지원할 모기업을 선정하고 선수단을 구성하는 데 어려움이 컸다.

호남 지역에 기반을 둔 굴지의 기업들이 컨소시엄까지 구성했지만 수지 타산이 맞지 않아 모두 포기했었다. 이런 상황에서 1991년 9월 전라스포츠클럽이 가칭 '진돗개팀' 창단을 공식 발표해 이목이 집중됐다. 전라스포츠클럽의 오형근 대표는 스포츠 의류 판매 업체 스위스 코사의 한국 법인 몬테로사 인터내셔널과 13억 5000만 원에 후원 광고주 계약을 체결한 뒤 이 회사가 판매권을 소유하고 있는 독일 스포츠 브랜드 '푸마'를 팀 마스코트로 정했다. 계약 체결 후 팀 명을 공식적으로 '푸마스포츠단'으로 변경하고 1992년 시즌 리그 참가를 선언했다.

대한축구협회는 이들의 갑작스런 움직임에 의혹의 시선을 보냈다. 현대, LG, 대우 등 재벌 기업도 엄두를 내지 못한 호남팀 창단이 가능하겠느냐는 반론이 제기됐다.

취약한 재정 기반과 선수 확보가 문제였다. 대한축구협회는 일단 3월 6일 제출된 푸마 프로축구단의 리그 참가 신청서에 대한 승인을 유보했다. 신청서가 프로리그 개막 20일을 앞두고 제출된 이상 실현 가능성이 희박하다고 여겼다. 외국 브랜드인 푸마와의 계약이 종료된 이후엔 어떻게 재정을 확보할지에 대한 보증 자료도 필요했다. 기존 구단과의 실력 차이도 큰 문제였다.

전라스포츠클럽에서 완산스포츠클럽으로 명칭을 바꾼 오형근 대표는 한국프로축구위원회의 승인 보류 사항에 대한 성명을 내놓았다. 외국 상표 사용은 법적으로 문제가 없으나 국민 정서를 고려해 팀 공식 명칭을 '완산 푸마 프로축구단'으로 변경하겠다고 했다. 재정 문제는 클럽 회원의 지원금과 스폰서 확보를 통해 해결하고 선수

선발 공개 테스트로 선수단을 구성하겠다는 대안을 내놓았다.

대한축구협회는 완산 푸마 측의 답변에 전향적 자세를 보일 수밖에 없었다. 7월 14일 한국프로축구위원회는 완산 푸마의 클럽형 운영 방식이 기존 6개 구단과 차이점은 있으나 한국 프로축구 발전을 위해 승인 신청을 받아들인다는 결정을 내렸다. 완산 푸마도 발 빠르게 나섰다. 공개 테스트를 통해 18명의 선수를 선발한 데 이어 정규풍 전 국가대표 감독을 사령탑에 임명했다. 11월 28일 상임이사회에서 완산 푸마 프로축구단의 창단이 공식 승인됐다. 완산 푸마는 1993년 시즌 참가를 위해 호남 출신 선수 6명을 우선 선발할 수 있는 드래프트 1순위 우선지명권까지 확보했다.

1993년

30대 감독 대거 등장과 박종환의 부활

　1993년 시즌의 특징은 30대 사령탑의 대거 등장이었다. 1991년 시즌 차범근 감독이 30대 감독 시대를 연후 1993년 시즌에는 포항제철의 허정무, 유공의 박성화, 대우의 조광래까지 무려 4명의 30대 감독이 팀을 이끌었다. 스타 선수 출신의 젊은 감독들은 선수 시절의 명성을 토대로 흥미로운 라이벌 관계를 형성했다.

　1992년 시즌 포항제철에 막판 추월을 허용해 우승컵을 내준 일화의 박종환 감독은 새로운 전략을 세워 1993년 시즌을 준비했다. 트레이드마크였던 화끈한 공격 축구 대신, 당시 리그에서 새로 채택한 승점제를 의식해 실리 축구로 궤도를 수정했다. 1992년 시즌 창단 4년 만에 리그 준우승과 컵대회 우승을 거머쥐며 돌풍을 일으킨

1995년 11월 9일 전무후무할 정규 리그 3연패의 위업을 이룬 일화 선수들이
승부사 박종환 감독을 헹가래 치며 기쁨을 나누고 있다. **사진** 한국일보

일화는 새 시즌 초반부터 강력한 수비 축구로 무패 행진을 달렸다.

3월 27일 부산에서 열렸던 대우와의 개막전을 시작으로 일화는
12경기에서 5승 7무를 기록했다. 실점은 단 2점에 불과했다. 5월 초
부터 선두로 치고 나온 일화는 7월 10일 현대, 7월 21일 포항제철에
연패를 당하며 잠시 선두를 내주었지만, 8월 14일 현대전을 시작으
로 6연승을 거두며 1위 자리를 굳게 지켰다.

일화는 9월 25일 유공과의 경기에서 2골씩을 주고받는 난타전을
벌였다. 2대 2로 비긴 뒤 승부차기에서 사리제프의 눈부신 활약에
힘입어 4대 2로 승리를 거둠으로써 남은 경기와 관계없이 1993년
시즌 우승을 확정 지었다. 팀 창단 5년 만에 거둔 첫 정규 리그 우승
이었다.

일화의 우승 뒤에는 박종환 감독의 스파르타식 훈련과 용병술, 구단의 전폭적인 지원과 선수들의 투지가 있었다. 박종환 감독은 프로팀 감독으로서는 전근대적이라는 비판을 받으면서도 선수들을 강하게 조련했다. 8월 7일 유공에 1대 2로 패하자 곧바로 '무기한 합숙 훈련'에 돌입했다. 합숙 시작 후 일화는 최다 연승 타이 기록(6연승)과 연속 경기 무패 기록(8경기)을 수립했다.

신임 정몽준 대한축구협회장의 취임도 일화에는 행운이었다. 1992년 시즌 심판 판정에 불복한 것 때문에 중징계를 받아 1993년 시즌 경기장에 나설 수 없었던 박종환 감독은 정몽준 회장의 취임에 따른 사면을 통해 다시 벤치에 앉을 수 있었다. 사면 뒤에는 종전과 달리 감정을 자제하며 그라운드 안팎에서 신중한 모습을 보였다. 우승을 함으로써 심판 판정에 대한 지나친 항의로 프로축구계에 악영향을 주었다는 혹평이 열정적인 지도력을 갖춘 감독이라는 호평으로 바뀌었다.

다른 팀들이 창단 10년여에 들어서며 세대교체를 이루는 통에 몸살을 앓았던 반면, 일화는 창단 멤버가 함께 호흡을 맞춘 지 5년째에 들어서며 팀 전력이 최고 수준으로 올라왔다. 합숙 기간 동안 상당수 기혼 선수까지 단 하루의 외출이나 외박 없이 팀 우승을 위해 솔선수범한 것도 높은 평가를 받았다.

1994년, 코리안리그

한국프로축구연맹의 출범

대한축구협회와 프로구단은 슈퍼리그 출범 원년부터 리그 운영권을 놓고 좀처럼 합의점을 찾지 못했다. 슈퍼리그위원회에서부터 한국프로축구위원회까지 4차례나 행정 조직이 변한 것도 이런 이유였다. 운영 주체 간 갈등이 거듭되며 프로리그 행정을 전담할 안정적인 조직 구성에 어려움이 있었다. 1월 15일 대한축구협회 정기 대의원 총회에서 매우 중요한 결정이 내려졌다. 프로리그 운영권을 가졌던 한국프로축구위원회를 다시 분리·독립하기로 의결했다. 1989년 대한축구협회 내 분과위원회로 흡수된 지 5년 만의 일이었다. 한국프로축구연맹의 출범이었다. 회장은 대한축구협회 회장이 겸임하는 조건이었다.

K리그를 읽는 시간 1

7월 30일 마침내 한국프로축구연맹의 창립총회가 열렸다. 한국 프로축구연맹은 대한축구협회와 별도로 프로축구의 행정과 재정, 기획, 홍보를 총괄하게 됐다. 재원은 각종 수익금, 각 구단의 분담금, 각종 기부금 및 찬조금, 광고료 및 중계권료 등으로 조성하기로 했다.

한국프로축구연맹이 공식 출범하며 프로리그를 획기적으로 발전시킬 수 있는 초석이 다져졌다. 독자적인 활동을 통해 좀 더 세부적이고 전문적인 행정이 가능해졌다. 대표적으로 구단 활동을 효율적으로 지원하고 관리할 지침이 마련됐다. '프로구단의 비공식경기에 대한 예규'였다. 일본, 중국의 프로리그 출범과 함께 국가 간 교류가 점차 확대되면서 한국프로축구연맹의 독자적 지위가 필요했다. 이에 따라 7개 구단은 모든 공식, 비공식 경기와 친선경기에 앞서 한국프로축구연맹의 승인이 요구됐다. 개최 2개월 전에 한국프로축구연맹에 신청서를 제출해 승인을 받아야 했다. 해외 전지훈련이나 초청 이벤트 같은 외국팀과의 친선경기도 개최지와 관계없이 사전 승인 절차를 밟도록 했다. 부상이나 질병이 생겨 선수 생활이 불가능해진 선수를 돕기 위한 구제 경기, 뛰어난 활약을 하고 물러나는 선수를 위한 은퇴 경기, 불우 이웃 돕기 자선 경기도 적극 개최하기로 했다.

1994년 시즌에는 한국 프로스포츠 사상 최초로 정규 리그에 타이틀 스폰서 제도를 도입했다. 2월 4일 대한축구협회 사무실에서 공식 스폰서 공개 입찰이 열렸다. 한국프로축구연맹이 제시한 조건은 현금 2억 원, 물품 1억 원의 지원이었다. 입찰에 참여한 업체는 당시

7000억 원 규모의 맥주 시장을 놓고 치열하게 경쟁했던 동양맥주와 조선맥주였다. 조선맥주는 현금 3억 7000만 원과 물품 1억 원을 제시해 3억 500만 원과 물품 5000만 원을 제시한 동양맥주를 제치고 1994년 시즌 프로축구 공식 스폰서 업체로 선정됐다. 정규 리그의 공식 명칭은 '하이트배 코리안리그'로 정했다.

호남 연고지의 꿈, 전북 버팔로의 기적

호남에 연고를 둔 신생팀이 리그에 참가한 것도 1994년 시즌의 큰 변화였다. 최초의 호남팀 제우 엑스터(전 완산 푸마)는 창단을 주도했던 오형근 구단주의 사퇴 이후 채영석 국회의원에서 다시 이상옥 전 국회의원으로 구단주가 바뀌며 구체적인 성과 없이 표류하고 있었다. 2월 18일 전북 지역 기업인 보배소주의 문수기 사장이 새롭게 팀을 맡아 의욕적으로 정상화에 나섰다. 제우 엑스터의 재정 상황을 주시하던 대한축구협회는 2월 22일 공식적으로 제우 엑스터의 1994년 시즌 참가를 승인했다.

제 궤도에 오르는 듯했던 제우 엑스터는 오형근 전 구단주와 제우정보 측 간 이면 계약 사실이 밝혀지며 다시 문제가 발생했다. 문수기 구단주는 제우정보 측과 만나 최종 협상을 시도했다. 제우정보 측은 연 4억 원 지급을 조건으로 유니폼에 자사 상표 부착을 의무화하는 한편, 제2, 제3의 스폰서 계약권 위임을 요구했다. 문수기 구단주는 제우정보 측에 결별을 선언했다.

문수기 구단주는 스폰서 유치와 관계없이 구단의 재정을 책임지고 독자적으로 운영하겠다고 발표했다. '전북프로축구단' 법인 설립과 함께 팀 명칭도 제우 엑스터에서 '전북 버팔로'로 변경했다. 전북 버팔로는 많은 난관을 뚫고 3월 26일부터 시작되는 1994년 하이트배 코리안리그에 정상 참여했다.

전북 버팔로는 열악한 환경 속에서도 투혼을 발휘하며 호남 프로축구팀 존재의 이유를 확실히 보여줬다. 문제는 구단의 재정난이었다. 사재를 털어 구단을 이끌던 문수기 구단주는 리그가 한참 진행 중인 8월 5일 돌연 팀 매각을 선언하고 사퇴 의사를 밝혔다. 코칭스태프와 선수들은 충격에 빠졌다. 정일진 단장과 이영호 사무국장은 코칭스태프, 선수들과 논의한 끝에 남은 12경기를 끝까지 출전하기로 결정하고 한국프로축구연맹에 공식 입장을 전달했다.

생존을 위한 전북 버팔로의 몸부림은 처절했다. 문수기 구단주가 사퇴를 선언한 지 15일 만인 8월 20일 전북 버팔로는 홈에서 대우를 상대로 4대 3이라는 승리를 거뒀다. 이어 8월 27일 1위를 달리던 일화를 상대로 원정에서 1대 1 무승부를 기록했다. 기대 이상의 선전을 펼치자 전북 버팔로에 대한 언론과 축구팬들의 관심이 함께 커졌다. 동시에 시즌 중 해체 여부를 놓고 한국프로축구연맹의 고민도 깊어졌다.

한국프로축구연맹은 9월 6일 이사회를 열고 전북 버팔로에 대한 대책을 마련했다. 논의 끝에 문수기 구단주가 팀을 포기하는 모든 법적인 절차가 완료된 후 한국프로축구연맹이 1994년 시즌까지만 전북 버팔로에 재정을 직접 지원하기로 했다. 이러한 결정이 내려지자 전북 버팔로는 다시 한 번 기적을 일으켰다. 9월 7일 현대를 상대로 2골을 뽑아내며 2대 1로 시즌 3승을 거뒀다. 시즌 시작 전엔 다들 기존 팀들을 상대로 득점조차 불가능할 것이라고 예상했는데, 의외의 결과였다. 그러나 전북 버팔로는 이 경기 이후 10연패에 빠지며 최하위로 리그를 마쳤다. 3승 5무 22패, 30득점 62실점을 기록했다.

새 주인을 찾지 못한 전북 버팔로는 11월 23일 한국프로축구연맹 이사회에서 공식적으로 승인이 취소됐다. 창단 1년 만에 전북 버팔로는 더 이상 존재하지 않는 팀으로 사라져버렸다. 팀은 사라졌지만, 전북 버팔로의 코칭스태프와 선수들이 극한 상황에서 보여준 투지는 진정한 프로 정신이 무엇인지를 보여주었다는 평가를 받았다. 특히 김기복 감독이 보여준 열정은 한국 프로축구사의 귀감으로 남기에 충분했다. 또 전북 버팔로의 영화 같은 이야기는 호남 지역에 연이어 새로운 프로축구단이 탄생하는 밑거름이 됐다.

전북 버팔로가 시즌 2승째를 거두던 8월에는 광양제철을 중심으로 전남 지역을 연고로 하는 프로축구단 창단이 구체화되기 시작했다. 전북 버팔로가 공식 해체한 11월에는 전격적으로 현대자동차가 신생팀 창단 지원 의사를 밝혔다. 모기업의 지원 없이 스폰서 확보와 클럽 회원제만으로 축구단을 운영한다던 전북 버팔로의 실험은 실패로 끝났지만, 신생 구단 창단과 관련한 제도 정비와 프로축구계의 숙원이었던 호남팀 창단을 이끌어내는 의미 있는 시간이었다.

1995년

전남 드래곤즈와 전북 다이노스의 출범

1995년 시즌은 한국 프로축구의 오랜 숙원 사업이었던 호남 연고 구단의 프로리그 본격 참가가 이뤄진 해였다. 전북을 연고지로한 '전북 다이노스'와 전남을 연고지로 한 '전남 드래곤즈'가 잇달아 창단하며 본격적인 지역연고제 시대가 열렸다.

슈퍼리그 출범 원년 당시 전북을 연고지로 정했던 국민은행이 두 시즌 만에 아마추어 리그로 복귀하는 바람에 호남에는 그 후 10년간 프로축구 구단이 존재하지 않았다. 1992년 창단을 선언했던 전북 버팔로는 2년간의 준비 끝에 1994년 시즌에 참가했지만 1년 만에 해체 수순을 밟으며 아쉬움을 남겼다.

호남 연고 프로팀의 부재는 한국 프로축구 리그 발전 및 국제화의 가장 큰 걸림돌이었다. 2002년 월드컵 유치를 위해 일본과 경쟁하는 한국 축구에 호남 연고 프로팀의 부재는 치명적 약점이었다. 전북 다이노스와 전남 드래곤즈의 등장은 세계 무대로 웅비하고자 하는 한국 프로축구가 거둔 성과였다.

먼저 창단에 나선 쪽은 전남이었다. 포항제철 축구단을 통해 한국 프로축구 발전의 리더 역할을 해온 포항종합제철은 1982년 전남 광양에 건설한 광양제철소를 중심으로 프로축구단 창단 지원에 나섰다. 광양제철소는 광양, 순천, 여수, 여천 지역의 기관장, 지역 유지들과 함께 별도 법인의 클럽 시스템 구성에 힘을 기울였다. 1994년 9월 14일 뉴코아백화점 연회장에서 팀 창단을 발표한 전남 프로축구단은 자본금 20억 원을 시작으로 전남 지역 내 기업, 지방자치단체, 개인을 대상으로 주주를 구성해 법인체로 출발하겠다는 청사진을 공개했다.

전남 프로축구단을 창단하는 데 가장 큰 난제는 선수단 구성이었다. 한국프로축구연맹은 드래프트 제도를 보완해 전남 프로축구단 창단을 지원했다. 전남 프로축구단은 1994년 11월 30일 대졸 신인 9명과 실업 선수 7명 등 16명을 영입한 데 이어 기존 6개 프로구단에서 8명을 양도받아 24명의 선수를 확보했다. 여기에 외국인 선수 3명까지 영입해 성공적으로 선수단 구성을 마쳤다.

12월 16일 전남 프로축구단은 순천 백운아트홀에서 한경식 구단주, 김만제 포스코 그룹회장, 조규하 전남지사, 이훈동 조선내화 회장을 비롯한 기업인, 주주, 선수 등 300여 명이 참석한 가운데 1995년 시즌 프로리그에 참여할 것을 공식 선언했다. 팀 마스코트는 용으로 정하고, 공식 명칭도 '전남 드래곤즈'로 확정했다. 지역사회의 우량 기업체와 개인 등 46개 주주가 참여한 국내 최초의 순수한 지역 연고 독립 법인이었다. 지역 연고팀의 완성을 표방한 전남 드래곤즈의 창단은 대기업 홍보 차원에서 운영되어온 기존 프로구단에 신선한 자극제가 됐다.

전북 프로축구단의 창단은 갑작스레 결정됐다. 대한축구협회는 전북 버팔로의 해체에 따른 파장을 최소화해야 했다. 정몽준 회장은 현대 계열사인 현대자동차를 통해 전북 지역을 연고로 하는 신생 구단을 창단할 것을 적극 설득했다. 논의 끝에 현대자동차의 협력 업체인 현양이 10억 원의 자본금을 마련하고 현대자동차가 20억 원 규모의 스폰서 비용을 지원하는 방식으로 독립 법인체인 전북 프로축구단을 창단하기로 의견이 모아졌다. 11월 25일 현양의 신준호 대표이사는 한국프로축구연맹에서 전북 프로축구단의 창단을 발표했다. 마스코트는 공룡이고, 팀 명칭은 '전북 다이노스'였다.

전북 다이노스를 창단하는 과정에서 해체한 전북 버팔로와의 관계 설정은 매우 중요한 문제였다. 해체한 버팔로 선수들을 구제하는 것이 우선이었다. 전북 다이노스는 한국프로축구연맹에 1억 원의 발전기금을 내는 조건으로 전북 버팔로 선수들에 대한 우선계약권을 확보했다. 그러나 전북 다이노스가 전북 버팔로를 승계하는 것은 아니었다. 한국프로축구연맹은 전북 버팔로를 해체한 구단으로 분명히 규정하고 전북 다이노스는 새로 창단한 신생 구단으로 정리했다.

전북 다이노스와 전남 드래곤즈의 합류로 코리안리그는 8개 팀이 참가하게 됐다. 1995년 시즌은 유럽식 지역연고제를 통한 프로축구 활성화를 주요 사업 목표로 정했다. 지역연고제의 정착은 일본과 2002년 월드컵 유치 경쟁을 하고 있는 한국 축구에 매우 중요한 과제였다. 국제축구연맹 집행위원회는 해당 국가의 축구 열기를 개최지 선정의 주요 기준으로 삼기 때문이다. 2002년 월드컵 유치를 위해 한국프로축구연맹은 지역연고제 정착을 통한 프로축구 활성화에 힘을 기울여야 했다.

1996년

수원 삼성 블루윙즈 창단, 프로축구 흥행 날개를 펴다

2002년 월드컵 개최지 선정을 놓고 일본과 경쟁을 시작한 한국
은 유치 선언 직후에는 열세를 면치 못했다. 1986년 멕시코 월드컵
이후부터 개최를 착실히 준비해온 일본을 앞선다는 것은 사실상 불
가능했다. 그러나 1994년 정몽준 회장이 국제축구연맹 부회장에 당
선되며 상황이 반전됐다. 판세는 양자 구도로 개편됐다.

막강한 경제력에 토대해 인프라에서 크게 앞서 있던 일본은 1993년
J리그를 성공적으로 출범시키며 대세 굳히기에 나섰다. 일본의 유일한
약점은 월드컵 본선 진출 경험이 없다는 점이었다. 반면 한국은 풍부한
월드컵 본선 진출 경험이 유일한 강점이었다.

일본에 비해 상대적으로 한국의 가장 큰 약점으로 지적된 것은

인프라 부족과 침체된 프로리그였다. 특히 프로축구단 추가 창단은 중요한 과제였다. 14개 팀으로 구성된 일본 J리그나 10개팀이 자웅을 겨루는 중국 C리그에 비해 코리안리그는 8개 팀에 불과해 성장에 한계가 있었다.

이런 배경 속에 1994년부터 프로축구단 창단을 검토했던 삼성그룹이 1995년 2월 22일 삼성 프로축구단 창단을 공식 선언했다. 연고지는 삼성전자 등 주력 기업이 밀집해 있는 수원이었다. 재계 거물인 삼성의 프로축구단 창단은 프로리그의 외형적 확대와 더불어 프로축구 흥행의 기폭제가 될 것이라는 기대감을 불러왔다.

순조롭게 진행될 것 같았던 삼성 프로축구단 창단 작업은 뜻밖의 난관에 부딪혔다. 축구발전기금이 문제였다. 1995년 10월 20일 기존 8개 구단 단장들이 참석한 이사회에서 신생 구단 삼성은 프로야구처럼 50억 원의 발전기금을 내야 한다고 의견이 모아졌다. 그리고 삼성이 1995년 11월 13일까지 기금을 납부하지 않을 경우 신인 드래프트에 참가할 자격을 주지 않겠다고 통보했다.

삼성은 강하게 반발했다. 1995년 전북 다이노스와 전남 드래곤즈가 창단할 때 각각 1억 원의 기금을 낸 것을 보면 자신들에게 요구된 액수는 납득할 수 없다는 입장이었다. 삼성 프로축구단의 창단 여부는 2002년 월드컵 유치를 원하는 정부 입장에서도 가벼이 볼 수 없는 중대 사안이었다. 문화체육부는 한국프로축구연맹에 신생 구단에 거액의 축구발전기금을 요구하는 것은 국내 프로축구 발전에 장애가 될 수 있다는 이유를 들어 재고를 요청했다.

평행선을 달리던 양측은 드래프트를 앞두고 합의점을 찾았다. 1995년 11월 14일 삼성은 선가입 후지원 형식으로 한국프로축구연맹에 협조하겠다는 의사를 통보했다. 1995년 11월 19일 한국프로축구연맹은 삼성 프로축구단의 1996년 시즌 참가를 공식 승인했다.

1995년 11월 30일 삼성은 정상적으로 신인 드래프트에 참가해 박건하와 고종수를 비롯한 스타급 신인 선수들을 대거 영입했다. 1995년 12월 15일 열린 창단식에서 삼성 프로축구단은 '수원 삼성 블루윙즈'라는 팀 명칭과 엠블럼을 발표했다. 단장에 윤성규, 감독에는 김호 전 월드컵 대표팀 감독을 선임했다. 조광래 코치와 최강희 트레이너 등 40명의 선수단 구성을 마친 수원 삼성은 1996년 3월 30일로 예정된 아디다스컵 울산 현대와의 첫 경기를 준비하기 위해 담금질에 나섰다.

수원 삼성은 8월 17일 시작한 후기 리그에서 창단 첫해에 정상에 올랐다. 9승 6무 1패, 승점 33점으로 2위 부천 유공을 여유 있게 제치고 후기 리그 우승을 차지했다. 신생팀의 우승은 프로축구 출범 이후 최초의 기록이었다.

전기 리그에서 우승한 울산 현대와 창단 첫해 후기 리그 우승을 차지한 수원 삼성의 챔피언 결정전 맞대결은 시작 전부터 언론의 집중적인 조명을 받았다. 11월 9일과 16일 홈 앤드 어웨이 방식으로 진행된 챔피언 결정전은 울산에서 먼저 시작됐다.

11월 9일 울산공설운동장에는 굿은 날씨에도 불구하고 2만 2915명의 관중이 모였다. 수원 삼성은 울산 현대 홈 팬들의 열광적인 응원에 주눅 들지 않고 전반 초반부터 공격의 주도권을 잡아나갔다. 바데아와 데니스 외국인 선수 콤비와 특급 신인 고종수가 주도한 수원 삼성의 공격은 위협적이었다. 전반 21분 만에 수원 삼성의 조현두가 득점에 성공하며 한 발 앞서 나가기 시작했다.

마음이 급해진 울산 현대도 총공세에 나섰다. 전반 종료 직전 유상철에게 보복성 태클을 가한 수원 삼성의 유리가 경고 누적으로 퇴장당하면서 상황은 울산 현대에 유리한 방향으로 흘러갔다. 후반전 들어 울산 현대는 수비에 처져 있던 유상철을 미드필드로 끌어올리며 공격에 불을 붙였다. 그러나 끝내 수원 삼성의 골문은 열리지 않았다. 챔피언 결정 1차전의 승자는 수원 삼성이었다.

11월 16일 수원종합운동장에서 열린 챔피언 결정 2차전은 말 그대로 혈전이었다. 벼랑 끝에 몰린 울산 현대는 경기 초반부터 총공세에 나섰다. 전반 31분 울산 현대는 김현석이 페널티 박스 오른쪽에서 얻은 프리킥 찬스를 그대로 골로 성공시켰다. 승부는 다시 원점으로 돌아왔다. 먼저 골을 넣는 팀이 절대적으로 유리한 상황이었다.

승부의 균형을 먼저 깬 쪽은 수원 삼성이었다. 후반 3분 만에 수원 삼성은 이기근의 동점골에 힘입어 유리한 고지에 올라섰다. 번번이 결승전에서 무릎을 꿇었던 울산 현대는 다시 준우승 징크스에 발이 묶이는 듯했다. 이때 유상철이 울산 현대의 해결사로 나섰다. 유상철은 후반 16분 통렬한 중거리 슛으로 추가 득점에 성공했다. 공격의 고삐를 늦추지 않은 울산 현대는 후반 35분 교체 투입된 황승

1996년 11월 26일 울산 현대가 수원 삼성을 꺾고 코리안리그 우승을 차지한 뒤 선수단이 환호하고 있다.
사진 한국일보

주가 쐐기골을 터뜨리며 승부에 마침표를 찍었다. 3대 1, 울산 현대
의 승리였다. 울산 현대는 수원 삼성과 1승 1패를 기록했지만 골 득
실에서 3대 2로 앞서 마침내 정규 리그 우승컵을 들어 올렸다.

1998년, K리그 르네상스

외환위기 한파에 얼어붙은 스폰서 시장

1998년 시즌을 준비하며 한국프로축구연맹은 대대적인 개혁을 준비하고 있었다. 월드컵 본선 4회 연속 진출로 달궈진 축구 열기를 프로축구로 이어가기 위해서였다.

개혁안의 핵심은 리그 명칭의 변경이었다. 연맹은 기존 '코리안리그'를 영문 표기를 사용해 'K리그'로 변경한다고 발표했다. 리그 명칭 변경은 언론의 보도 편의와 여론을 반영해 정해졌다. 'K리그'라는 명칭이 처음 등장한 것은 1994년부터였다. 몇몇 신문사들이 '하이트배 코리안리그'라는 다소 긴 명칭 대신 간략히 'K리그'로 줄여 표기한 것이다. 연맹은 편의상 사용되기 시작한 약자 표현을 새로운 리그의 명칭으로 수용했다.

새로운 실무진으로 구성된 연맹의 첫 번째 사업은 리그 스폰서 유치였다. 매섭게 불어 닥친 외환위기 한파는 리그 타이틀 스폰서로 나섰던 기업들을 잔뜩 움츠리게 했다. 1997년 시즌 스폰서였던 라피도와 프로스펙스가 회사 사정을 이유로 재계약을 포기했다. 연맹은 스폰서 3곳을 유치해 2개 컵대회와 정규 리그를 진행하려던 계획을 급히 수정했다. 1년 전만 해도 스폰서로 나서는 국내 기업이 많았다. 그런데 마케팅 대행사 IMG를 통해 접촉한 국내 30개 기업 모두 난색을 보였다.

연맹은 비교적 경영상 여유가 있었던 외국계 기업들로 협상 대상을 변경해야 했다. 그중 유일하게 아디다스코리아가 1997년 시즌에 이어 재계약에 합의했다. 아디다스코리아는 컵대회 타이틀 스폰서로 나섰다. 연맹은 당초 아디다스에 두 번째 컵대회 지원을 부탁했지만 3월 21일로 다가온 첫 번째 컵대회 스폰서를 구하지 못해 급히 아디다스로 변경했다.

한국 프로축구의 르네상스, K리그의 시작

다행히 1998년 프랑스 월드컵의 열기가 K리그로 이어졌다. 월드컵 폐막 직후인 7월 18일 K리그 개막 4경기에 총 8만 1386명의 구름 관중이 몰렸다. 고종수과 이동국, 그리고 프랑스 월드컵 조별 리그 3차전에서 벨기에를 상대로 동점골을 터뜨린 유상철의 인기는 상상을 초월했다. 여기에 조각 같은 외모와 빼어난 기량을 갖춘 특급 신인 안정환의 등장은 '전설의 시작'이었다.

그야말로 K리그 신드롬이었다. 7월 27일 수원 삼성과 포항 스틸러스 간 경기가 열린 수원종합운동장에는 고종수와 이동국의 맞대결을 보려는 2만 7363명이 입장했다. 만원 관중이었다. 수원 삼성은 창단 3년 만에 처음으로 전 좌석 매진을 기록했다. 8월 22일엔 하루에만 10만 관중이 몰렸다. 이날 수원, 서울, 안양, 천안, 대전에서 열린 다섯 경기에 걸쳐 총 10만 776명이 입장했다. 10월 31일 수원 삼성과 울산 현대 간 챔피언 결정 2차전이 열린 수원종합운동장엔 3만 6456명의 관중이 들어차 단일 경기 최다 관중 수를 기록했다. 그날 수원 삼성은 창단 3년 만에 정규 리그 우승이라는 신화를 만들어냈다. 3년 전 챔피언전에서 울산 현대에 당한 분패를 설욕한 것이다.

한국 축구의 미래는 K리그에 있었다. 헤르메스(부천 SK), 레드치타스(안양 LG), 위너드래곤즈(전남 드래곤즈), 사커레전드(대전 시티즌), 퍼펙트디노(전북 현대모터스), 일레븐플러스(천안 일화), 로얄패밀리(부산 대우), 서포터즈(수원 삼성, 울산 현대, 포항 스틸러스 공동사용) 등 이전에는 볼 수 없었던 '서포터즈'들이 등장해 매 경기 열성적으로 선수들을 응원했다. 새로운 프로축구 문화의 시작이었다.

1999년

꽃미남 선수들 출격! 본격적인 스포츠 마케팅의 시작

1998년 최고의 한 해를 보낸 한국 프로축구는 새 시즌을 준비하며 중대한 선택의 기로에 서 있었다. 1998년 시즌 동안 프로축구는 상품성을 지닌 문화 콘텐츠로 성장할 가능성을 보였다. 출범 원년 이후 15년 만에 찾아온 기회를 놓치지 않으려면 전략적 접근이 필요했다.

1999년 시즌의 홍보 전략은 프로리그가 새롭게 한국 사회의 소비 주체로 떠오른 20대, 30대 젊은 층에 확실히 어필해야 한다는 필요성에서 출발했다. 'X세대' '신인류' 등으로 불리던 신세대는 각 구단별로 서포터즈를 만들며 K리그에 돌풍을 몰고 왔다. 간판스타로 떠오른 K리그 트로이카, 안정환과 고종수, 이동국도 바로 이 신세대였다. 또 신세대보다 어린 10대들을 축구장으로 불러와야 했다.

이런 분석을 토대로 한국프로축구연맹은 젊은 세대에 다가갈 다양한 프로젝트를 진행했다. 우선 프로축구 카드 제작에 나섰다. 스포츠 마케팅 회사인 글로앤그로코리아사와 손을 잡았다. 프로축구 카드는 카드 앞면에 선수 사진을 포함한 홀로그램이 들어가고 뒷면에는 해당 선수의 인적 사항과 간단한 축구 상식을 담았다. 전 종목의 프로리그에서 3차원 입체 영상으로 만든 카드는 처음 있는 시도였다. 새롭게 제작된 축구 카드는 6월 20일에 발매됐다. 고종수(수원 삼성), 김병지(울산 현대), 이동국(포항 스틸러스), 노상래(전남 드래곤즈), 안정환(부산 대우), 박성배(전북 현대모터스), 윤정환(부천 SK), 정광민(안양 LG), 김은중(대전 시티즌), 신태용(천안 일화) 등 10명의 선수들이 축구 카드에 실렸다. 각 선수당 10만 장씩 총 100만 장의 카드가 제작됐다. 카드 판매 수익금 중 일부(1장당 100원)는 연맹의 수입으로 책정됐다.

이어 국내 프로스포츠 최초 타블로이드판 소식지를 제작했다. 1999년 3월 20일 1호로 출발한 '케이리그'는 커뮤니케이션신화에서 기획해 격월 주기로 발간했다. 최초로 K리그만을 소재로 제작된 소식지는 뜨거운 반응을 이끌어냈다. 소식지를 통해 프로리그의 스타들은 젊은 세대와 공감하는 문화 아이콘으로 재탄생했다. K리그의 해외 홍보와 2002년 한일 월드컵 홍보를 위해 만든 영문 브로슈어도 등장했다.

K리그 마스코트는 천연기념물 53호 진돗개를 형상화했다. 공을

찬다는 의미의 영어 동사 '킥kick'을 활용해 이름은 '킥키기kick kick'
로 붙였다. 킥키기는 프로축구의 이미지를 좀 더 유연하고 친근하게
전달하는 효과가 있었다. 3차원 그래픽과 움직이는 만화 형태로도
제작해 리그 홍보에 적극 활용했다.

이 과정에서 예상치 못한 문제가 발생했다. 킥키기를 이용해 열
쇠고리와 T셔츠 등 상품의 마케팅에 활용하려던 계획은 전남 진도
군의 반발에 부딪쳤다. 진도군은 1998년 7월 진돗개를 소재로 캐릭
터를 개발해 상표등록을 마치고 12개 품목의 상품을 판매 중인 상황
이었다. 3월 11일 진도군은 연맹 앞으로 보낸 공문에서 "한국프로축
구연맹이 다 같거나 비슷한 품목의 캐릭터 사업을 추진하려면 일단
진도군과 협의를 거쳐야 한다"고 주장했다. 정건일 사무총장은 킥
키기와 진도군의 캐릭터가 서로 다르고 유사점이 없다는 자체 자문
에 근거해 150개 항목에 대한 상표등록을 출원했다. K리그 엠블럼
도 새로 변경했다. 새 엠블럼은 영문 고딕체로 쓴 '코리아리그Korea
League' 위에 축구공과 선수의 역동적인 모습을 초록색과 검은색 조
합으로 강조했다.

안정환의 시대 개막, 김주성은 성대한 은퇴식

수천 명의 팬들을 몰고 다니며 숱한 화제를 만들어낸 부산 대우
의 안정환이 1999년 시즌 MVP를 차지했다. 안정환은 두세 명의 수
비를 농락하는 탁월한 개인기와 반 박자 빠른 고감도 슈팅으로 34경

1999년 부산 대우 시절의 안정환. **사진** 한국일보

기에서 21골과 7도움을 기록했다. 수려한 용모 역시 리그를 대표하는 스타로서 손색이 없었다. 부산 대우는 안정환의 활약에 힘입어 2년 연속 최다 관중을 동원하며 최고 인기 구단 자리를 굳게 지켰다.

득점왕은 수원 삼성의 샤샤에게 돌아갔다. 37경기에 출장해 23골과 4도움을 기록했다. 프로축구 통산 5000호 골의 주인공이기도 한 샤샤는 두 차례의 해트트릭도 기록했다. 1995년 부산 대우에 입단한 샤샤는 1998년 시즌 중간에 수원 삼성으로 이적했다. 수원 삼성 유니폼을 입고 가공할 득점력을 뽐낸 샤샤는 포항 스틸러스에서 활약한 라데와 함께 한국 프로축구 사상 최고의 외국인 선수로 평가받았다.

부산 대우의 '야생마' 김주성은 11월 7일 고향 강원 속초에서 벌어진 은퇴 경기를 끝으로 26년간의 화려한 선수 생활을 마감했다.

K리그를 읽는 시간 1

1996년 9월 15일 경기 종료 직전
극적인 동점골을 터뜨린 부천 윤정춘이
돌파하는 것을 부산 대우의 수비수
김주성(오른쪽)이 저지하고 있다.
사진 한국일보

연맹은 창립 이후 최초로 은퇴 경기를 마련했다. 10개 팀 구단주들의 지원을 받아, 김주성이 속한 부산 대우는 나머지 9개 팀에서 선발된 18명의 올스타 선수들과 맞대결을 펼쳤다. 경기는 프로올스타의 3대 1 승리로 끝났다.

2000년

완전전임심판제 도입

K리그는 2000년 시즌을 맞아 그간 쌓여온 심판 판정에 대한 불신 풍조를 해소하고자 '완전전임심판제'를 시행했다. 앞서 1999년 시즌 챔피언 결정 2차전에서 발생한 샤샤의 '신의 손' 사건 등 심판 운영과 관련해 전반적인 제도 보완이 필요해서였다.

당초 부산 대우는 챔피언 결정 2차전에서 터진 수원 삼성 샤샤의 연장 골든골에 대해 한국프로축구연맹에 정식으로 제소한다는 입장이었다. 연맹 정건일 사무총장은 "명백한 오심이 틀림없지만 샤샤나 쏜 바오제(중국) 주심 모두 고의는 아니었다고 본다. 비디오는 참고 자료일 뿐 결정적 증거로 인정되지 않는 것이 국제축구연맹의 관례다. 주심과 해당 팀들 모두 경기장을 떠난 이상 경기장에서는 모든 행위가 끝난 것으로 봐야 한다"고 입장을 정리했다.

그 대신 연맹은 전격적으로 완전전임심판제를 도입했다. 1996년부터 진행돼온 전임심판제 사업이 도약의 단계에 접어들었다는 판단에서다. 20명의 전임심판과 15명의 예비심판으로 나누던 방식에서, 15명의 주심과 10명의 부심 전임심판을 선정했다. 또 심판 자질을 꾸준한 교육과 훈련을 통해 향상시킨다는 원칙을 세웠다. 국제축구연맹 공인 심판을 초청해 단계별 교육을 실시하기도 했다.

가장 중요한 내용은 정확한 판정과 일관된 판정 기준 적용이었다. 감독과 선수들을 상대로 원만한 의사소통을 시도할 수 있도록 인성 함양에도 주안점을 두고 교육을 진행했다. 또 중국, 일본, 미국 심판들과 교류할 수 있도록 우수 심판을 위한 해외 연수 프로그램을 준비했다.

2001년, 또 다른 주인공 관중

"이단 종교 물러가라" 성남 일화의 연고지 갈등

　1989년 창단 당시 서울 강북이 연고지였던 일화는 1996년 지방
축구발전정책에 따라 천안으로 자리를 옮겼다. 그런 일화는 천안오
룡경기장의 시설 미비 등을 이유로 2000년엔 경기 성남으로 연고지
를 옮겼다. 당시 천안 축구팬들이 거세게 반발하는 등 진통이 많았
는데, 성남으로 연고지를 옮긴 뒤엔 새로운 진통에 시달려야 했다.

　성남시는 2001년 2월 성남종합운동장을 홈구장으로 사용하고 있
던 일화 천마프로축구단에 공식적으로 연고지 이전을 요청했다. 퇴
출 이유는 종교적 갈등 때문이었다. 성남시의 여러 기독교 단체가
통일교 계열의 일화 천마프로축구단을 내보내지 않을 경우 현직 시
장 퇴진 운동을 벌이겠다며 성남시를 압박한 것이다.

김병량 당시 성남시장은 2월 5일 성남시청 상황실에서 25명의 성남시 축구인들과 면담을 하고 "다른 축구단을 유치하지 못하면 자체적으로 축구단을 만들겠다"며 일화 천마축구단에 연고 이전을 공식 요청했다.

한국프로축구연맹은 비상이 걸렸다. 2월 7일 연맹은 기존의 구단을 몰아낸 연고지에 새로운 구단이 갈 수는 없다는 입장을 밝혔다. 10개 구단과 적극적인 공조 체제를 가동하고 대한축구협회와 문화관광부에 협조를 구했다. 2월 13일에는 성남시에 일화 천마프로축구단 이외의 어떤 구단에게도 연고권을 인정하지 않겠다고 선언했다.

2월 22일 이종환 부회장을 비롯한 연맹 측과 성남시 문화복지국장 등 일행이 전격적으로 회동을 가졌다. 1시간 가까이 진행된 비공개 면담에서 양측은 확연한 입장차만 확인했다.

사태 해결의 기미가 보이지 않자 일화 천마축구단 서포터즈 '천마불사'는 가두서명을 진행했다. 중고축구연맹, OB축구회, 초등학교축구연맹, '붉은 악마'와 10개 구단 서포터즈의 항의 성명 발표가 이어졌다. 성남 지역 10여 개 축구 관련 단체로 구성된 '성남 축구사랑 시민대책위원회'는 2월 25일 오전 10시 30분부터 2시간여 동안 성남종합운동장 주변과 시내 일원에서 500여 명이 참석한 가운데 일화 천마프로축구단의 성남 연고 사수를 위한 궐기대회를 가졌다.

프로축구단의 창단과 연고권 결정은 연맹 이사회의 고유 권한이다. 3월 6일 연맹 이사회에서 10개 구단 단장들은 "국제축구연맹은 정관 2조에서 축구가 인종과 정치, 종교적인 이유로 받는 불이익에 적극 대처한다고 규정하고 있다"며 문화관광부가 중재해 해결할 것과 대한축구협회와 협력해 일화 프로축구단이 퇴출될 경우 어떠한 축구 경기도 성남시에서 열지 않겠다고 통고했다.

파문이 커지자 성남시는 2002년 한일 월드컵 때까지 연맹 명의로 경기장 사용 신청을 할 수 있다는 안을 내놓았다. 연맹은 '월드컵 때까지로 기한을 못 박는 것은 타당하지 않다. 1년 단위로 하자'는 의견을 제시했다.

사태 해결을 위해 성남시와 한국프로축구연맹, 그리고 일화 천마 프로축구단이 지루한 줄다리기를 하던 사이 시즌이 개막했다. 4월 1일로 다가온 성남 일화의 홈경기 개막전을 앞둔 3월 30일, 연맹과 일화 천마프로축구단, 그리고 성남시 축구사랑 모임은 축구회관 대회의실에서 공동 기자회견을 열었다. 2002년 한일 월드컵 때까지 성남시로부터 성남종합운동장의 연간 사용 허가를 받아 리그를 진행한다는 합의문 발표였다. 극적인 타결이었다. 4월 1일로 예정된 안양 LG와의 홈 개막전은 4월 22일로 미루고, 4월 7일 포항 스틸러스와의 홈경기를 개막전으로 치르기로 했다.

J리그 선수의 K리그 입성

2002년 한일 월드컵을 앞두고 일본 프로축구 J리그와의 선수 교류가 본격적으로 시작됐다. 이전까지는 우수한 한국 선수들이 일본행을 선택한 반면, 2001년 시즌에는 일본 출신 선수들의 한국행이 이어졌다. 2000년 시즌 재일교포 박강조를 영입한 바 있던 성남 일화가 한국 프로축구팀으로는 처음으로 일본인 선수를 영입한 것이다. 1월 18일 J리그 감바 오사카에서 뛰던 수비수 가이모토 고지로와 연봉 9600만 원의 조건으로 입단 계약을 체결했다.

울산 현대는 북한 국가대표 공격수 양규사를 영입했다. 북한 국적 소지자의 국내 취업은 스포츠와 일반 직장을 통틀어 최초의 사건이었다. 양규사의 신분 문제를 해결하기 위해 울산 현대는 통일부와 문화관광부 같은 관련 부처와 입단 절차를 협의해야 했다. 입단 조건은 2001년부터 2년간 계약금 7500만 원과 연봉 3600만 원에 매년 10경기 이상 출장하면 추가로 2500만 원을 지급하는 조건이었다. 울산 현대는 또 계약금 500만 엔과 연봉 1200만 원에 J2리그 고후에서 활약한 한국 국적 재일교포 공격수 김황정도 영입했다.

포항 스틸러스는 재일교포 정용대를 영입했다. 일본 조선대 출신 정용대는 양규사와 같은 북한 국적 소지자였지만, 한국 국적을 취득하고 포항 스틸러스에 입단했다. 안양 LG는 2월 26일 세레소 오사카 유소년팀 출신의 서호지와 입단 계약을 맺었다.

과격해진 서포터들의 충돌

2001년 K리그 관중은 2002년 한일 월드컵에 대한 기대를 반영하기라도 하듯 전년 대비 21퍼센트 증가한 230만 6861명으로 늘었다. 관중 수의 증가는 리그 운영과 관련해 좀 더 복합적인 접근을 요구했다. 이전까지 구단과 구단, 구단과 선수, 선수와 선수 사이 갈등을 해소하는 게 전부였다면, 이제 구단과 선수 그리고 축구팬의 3각 구도에서 최적의 균형점을 찾는 게 리그 운영의 성패를 좌우했다.

1996년 수원 삼성의 창단과 발을 맞춰 모습을 드러낸 각 구단 서포터즈는 2001년 시즌 들어 그라운드의 또 다른 주인공으로 등장했다. 팀에 대한 애정이 깊어질수록 서포터즈는 점점 조직화되고 조금씩 과격한 양상을 보이기 시작했다. 특히 심판 판정과 관련해 실질적 실력 행사에 나서기도 했다. 2001년 시즌은 스포츠 복표 사업도 시행돼 공정하고 깔끔한 판정은 그 어느 해보다 중요한 과제였다.

하지만 팬들의 과격 행동은 아쉬움을 남겼다. 5월 2일 대전 시티즌과 전북 현대모터스 간 경기가 있었던 대전 한밭종합운동장. 경기는 끝났지만 심판들은 경기장을 빠져나가지 못하고 있었다. 대전 시티즌이 1대 2로 패한 경기 결과를 두고 심판 판정에 불만을 품은 대전 시티즌 서포터즈가 길을 막아선 것이다. 경기장 곳곳에서 심판들은 신체적 위협에 노출돼 있었다.

6월 24일 수원종합운동장, 후반 45분까지 수원 삼성과 대전 시티즌은 2대 2로 팽팽히 맞서 있었는데 수원 삼성의 데니스가 대전 시티즌 측 골문 근처에서 프리킥 찬스를 만들어냈다. 이 과정에서 대전 시티즌 콜리와 수원 삼성의 졸리 사이에 실랑이가 벌어졌다. 왕종국 주심은 콜리에게 두 번째 경고 카드를 꺼내며 퇴장을 지시했다. 졸리에게도 경고를 준 뒤 다시 레드카드를 꺼내 보였다. 졸리는 손가락 하나를 들어 보이며 자신은 경고를 처음 받은 상태라는 사실을 확인시킨 뒤 다시 경기를 뛰었다. 그리고 이어진 고종수의 프리킥은 졸리의 키를 넘어 대전 시티즌의 골문을 통과했다. 수원 삼성의 3대 2 승리였다.

경기가 끝난 직후 대전 시티즌 서포터즈가 경기장으로 뛰어들었다. 퇴장당한 선수가 부정하게 경기에 참여했다며 고종수의 골이 무효라고 주장했다. 대전 시티즌 코칭스태프와 선수, 구단 관계자들까지 격렬히 항의하는 바람에 경기장 일대에 사태가 빚어졌다. 경찰이 출동하면서 상황은 진정됐지만, 후유증은 오래 남았다.

왕종국 심판과 김인수 심판위원장은 사태에 대한 책임을 지고 한국프로축구연맹에 사표를 제출했다. 이렇게 끝날 것 같았던 사태는 한 장의 유인물로 인해 뜻밖의 상황으로 전개됐다. 대전 시티즌 서포터즈가 왕종국, 한병화 심판과 유상부 한국프로축구연맹 회장의 사진이 담긴 현상수배 형태의 전단을 제작해 뿌리면서다.

신변에 위협을 느낀 심판들은 집단행동에 나섰다. 7월 2일 전임심판 25명은 연맹에 신변 보호뿐 아니라 수당 인상, 퇴직금 보장, 왕종국 심판 사표 반려를 공식적으로 요구했다. 연맹은 7월 5일 이사회를 열고 심판들의 집단행동에 대해 심판들의 요구를 수용할 수 없으며, 사표를 제출하는 즉시 일괄 처리할 것이라는 강경한 태도를 보였다. 또 대한축구협회와 협의해 협회가 관리·감독하고 있는 60여 명의 심판을 경기에 투입하는 '전담심판제'를 도입하겠다고 선언했다.

7월 6일 전임심판 25명은 종로구청을 방문해 국내 스포츠계에서는 처음으로 노동조합 설립 신고를 했다. 연맹이 강경한 입장으로 대응하자 당초 일괄 사표 제출 계획을 접고 노동조합 설립이라는 마지막 카드를 꺼낸 것이다. 7월 10일 종로구청은 전임심판 25명에게 노동조합 설립 필증을 발급했다. 한국노총 산하 전국공공서비스노동조합연맹 소속 한국프로축구심판노동조합의 정식 출범이었다. 이재성 심판이 노조위원장을 맡고, 곽경만, 손종덕, 김진옥 심판은 부위원장, 원용성 심판은 사무국장, 안상기, 김태광 심판은 회계 감사에 각각 선임됐다. 심판노조는 심판 비하 유인물과 관련해 노동조합 차원에서 법적 대응에 나섰다.

그런 중에 대전 시티즌 서포터즈와 수원 삼성 서포터즈가 다시 충돌하는 사건이 발생했다. 7월 28일 수원종합운동장에서 두 팀 간 리턴 매치가 열렸는데, 대전 시티즌 서포터즈는 경기를 마친 후 경기장을 빠져나오는 수원 삼성 서포터즈에게 폭력을 휘두르고 주차돼 있던 차량을 파손했다. 8월 17일 경기 수원중부경찰서는 서포터즈 간 폭력 사태를 주도한 혐의로 두 팀 서포터즈 회장을 구속했다.

사건의 발단은 수원 삼성 서포터즈가 원정 서포터즈 응원석을 점거하는 데서 시작됐다. 수원 삼성 서포터즈는 6월 24일 경기에서 대전 시티즌 서포터즈가 경기장에 난입한 일에 대해 사과를 받기로 했지만, 약속이 지켜지지 않았다며 서포터즈 대상 입장료 할인과 지정 응원석 마련과 같은 원정팀 편의를 박탈했다.

이 과정에서 일부 서포터들이 쇠파이프를 휘둘러 의자를 부수는 등 큰 충돌이 있었다. 경기 시작 전부터 충돌했던 양쪽 서포터즈는

K리그를 읽는 시간 1

결국 경기가 끝난 후 다시 서로 폭력을 행사해 문제가 됐다. 이를 계기로 K리그에도 유럽의 홀리건 문화가 유입되는 것이 아니냐는 우려의 목소리가 높아졌다.

2002년

드래프트제 폐지와 유소년 축구단 의무 보유

한일 월드컵의 해였던 2002년, 한국프로축구연맹은 전격적으로 '자유선수선발제'가 시행됐다. 14년간 유지돼온 드래프트 제도는 직업 선택의 자유를 침해한다는 이유로 선수들의 반발을 샀다. 하위권 팀일수록 높은 순위 지명권을 갖는 구조 역시 투자를 하는 구단들이 불이익을 받는 결과를 초래해 리그 수준이 하향 평준화된다는 지적을 받았다.

이런 문제점을 해결할 대안으로 나온 자유선수선발제는 선수들의 권익 보호에는 큰 기여를 하는 반면 구단의 선수 영입 비용에는 상당한 부담으로 작용할 수 있었다. 부작용을 최소화해야 했다. 연맹은 우선 계약금의 상한선을 3억 원으로 규정했다. 상향 조정된 계약금으로 인한 구단의 과중한 재정 부담을 줄이기 위해 원소속팀(학교)에 지급하는 육성지원금은 계약금별로 차등을 뒀다.

자유선수선발제 도입은 연고지명권 폐지로 이어졌다. 연고지명제는 드래프트 제도하에서 각 구단이 대학 1곳, 고교 3곳과 선수 육성 계약을 체결해 각 학교에 재정 지원을 해주는 대신 소속 선수에 대한 영입권을 갖는 제도였다. 자유선수선발제와 연고지명제는 공존할 수 없는 제도였다. 그러나 연고지명제 폐지는 일부 구단의 반발을 샀다. 해당 지역에 대어급 신인 선수가 있는 구단들이었다.

이런 반발에도 불구하고 2002년 시즌 FA제(자유계약선수제) 시행에 이은 자유선수선발제 시행은 우수 선수를 K리그에 유입하고 선수 이적 시장을 활성화하는 효과를 냈다. 각 구단은 선수 육성과 이적을 통해 수익을 거두는 새로운 비즈니스 모델을 개발해야 했다. 한편으로 선수 영입과 관련해 구단 간 과열 경쟁과 뒷거래 같은 편법이 횡행할 우려도 있었다.

자유계약선수제와 자유선수선발제 시행과 함께 2002년 시즌부터는 10개 프로구단에 유소년 축구단 보유가 의무화됐다. 브라질과 일본, 독일 3개국의 모델을 검토한 결과 독일의 방식에 따라 선수들이 학업과 훈련을 병행할 수 있도록 방향을 잡았다. 규모와 운영은 구단이 자율적으로 하되, 선수 선발은 일반선수(비등록선수)와 학원선수(기존 등록선수)로 나누었다. 여기서 다시 축구 활성화를 위한 보급반과 선수 육성을 위한 육성반으로 세분화했다. 2002년에는 12세 이하, 2003년에는 15세 이하, 2004년에는 18세 이하 팀을 창

2002년 6월 22일 광주월드컵경기장에서 열린 한일 월드컵 스페인과의 8강전에서 연장 승부차기에서 홍명보가 마지막 결정골을 넣고 환호하고 있다. **사진** 한국일보

단하기로 했다.

두 가지 난제가 있었다. 하나는 유소년 축구단의 성격에 대한 규정이었다. 학원 축구와의 충돌을 피해야 했다. 선수 등록을 1종과 2종으로 구분해, 1종은 학원 축구선수, 2종은 프로구단 유소년 클럽팀 선수 또는 사설 축구교실 선수로 등록을 제한했다. 시간을 두고 학원 축구와 유소년 축구단이 공존하는 방법을 모색한 것이다.

다른 하나는 유소년 클럽팀 소속 선수를 타 구단에서 영입할 때 발생하는 문제였다. 유소년 축구단 선수에 대한 연고권 인정 문제는 육성된 선수 중 일부를 보호선수로 지정해 해당 선수에 한해 소속 구단에 연고권을 부여했다. 보호선수에서 제외된 선수는 '자유선수'로 간주해 타 구단에 입단할 수 있게 했다. 위반시 보호선수 영입 구

K리그를 읽는 시간 1

단에는 5000만 원의 벌금을, 해당 선수에는 5년간 K리그 등록 금지 및 해당 구단과 평생 계약 금지 규정을 만들었다. 유소년 클럽 시스템을 운영하지 않는 구단에는 연맹 수익금과 스포츠토토 수익 배당금 지급을 배제하는 강경책을 폈다. K리그 미래를 위한 확고한 의지였다.

2003년

'만년 꼴찌' 대전 시티즌의 반전 드라마

1997년 창단 후 '만년 꼴찌'로 자리매김해온 대전 시티즌의 2003년 행보는 그야말로 반전 드라마였다. 2001년 FA컵 우승 드라마를 펼치고도, 2002년 들어 재정이 악화되고 선수들이 집단으로 연봉 협상을 거부하면서 해체 위기를 겪었다. 그러다 2003년 시즌 K리그 돌풍의 팀으로 되살아났다.

22차례 홈경기에서 총 관중 41만 9794명, 평균 관중 1만 9082명을 동원했다. 12개 구단 중 단연 1위였다. 최윤겸 감독이 이끈 대전 시티즌은 구단의 스타였던 김은중과 이관우, 공오균, 최은성 외에도 주승진과 김종현처럼 다른 구단에서 자리 잡지 못한 이적생과 입대 선수들의 활약 덕분에 홈경기 승률을 확 끌어올렸다.

이들은 홈경기 승률 77퍼센트를 기록하며 '안방 불패' 신화를 썼다. 염홍철 당시 대전시장은 홈경기 때마다 경기장을 찾아 마케팅에 힘을 보탰다. 6월 18일 울산 현대와의 경기에선 4만 3770명의 관중을 끌어 모으며 평일 최다 관중 기록을 세우기도 했다. 대전시와 선수단, 그리고 대전 지역 축구팬들이 보여준 2003년 시즌의 모습은 중·하위권 프로구단이 나아갈 방향을 제시했다.

2005년

시민구단 인천 유나이티드의 '비상'

2004년 처음 K리그에 등장한 시민구단 인천 유나이티드가 2005년 보여준 돌풍은 한 편의 영화와 같았다. 실제 이들의 활약을 소재로 한 다큐멘터리 영화 '비상'이 2006년 만들어질 만큼 매혹적인 시즌을 보냈다.

정규 리그 개막에 앞서 열린 삼성하우젠컵에선 고전했지만 5월이 되면서 경기력이 상승 곡선을 그리기 시작했다. 삼성하우젠컵 마지막 경기인 전북 현대모터스전에서 3대 0 완승을 거둔 이후 전기 리그에서는 포항 스틸러스, 울산 현대, 광주 상무, 전남 드래곤즈를 차례로 격파하며 5연승을 달렸다.

부산 아이파크와의 홈경기에서 1대 1로 비겨 연승 행진에 제동이 걸렸지만, 6월 15일 디펜딩 챔피언 수원 삼성과의 경기에서 2대 0 완승을 거두며 반짝 돌풍이 아님을 증명했다.

성남 일화와의 12라운드 경기는 프로축구사에서 잊을 수 없는 명승부였다. 방승환의 헤딩골로 전반 28분 인천 유나이티드가 앞서 갔고, 성남 일화는 후반 시작과 함께 두두의 동점골로 쫓아왔다. 후반 9분 다시 이준영의 골로 인천 유나이티드가 리드했지만, 후반 37분 파브리시오의 골이 터지며 경기는 무승부로 끝나는 듯했다. 그러나 후반 추가 시간 인천 유나이티드 주장 임중용이 페널티 킥으로 결승골을 성공시켜 짜릿한 3대 2 승리를 거뒀다.

인천 유나이티드는 전기 리그에 7승 3무 2패를 기록하며 2위를 차지했다. 우승을 차지한 부산 아이파크와 승점 차는 단 1점이었고 맞대결에서도 지지 않아 최고의 팀으로 인정받았다. 후기 리그에서도 기세는 이어졌다. 성남 일화와 부천 SK가 강세를 보였지만 6승 3무 3패로 3위 대구FC와 승점 동률을 이뤘다. 전·후기 통합 성적에서 인천 유나이티드가 승점 45점으로 1위를 차지하며 플레이오프에 진출했다. 창단 2년차인 인천 유나이티드의 비상은 2005년 축구계 최고의 뉴스였다.

인천 유나이티드는 전기 리그 우승팀 부산 아이파크와의 플레이오프에서 가뿐히 2대 0 승리를 거뒀다. 결승전 상대는 울산 현대였다. 하지만 우승의 꿈은 이뤄지지 않았다. 안방에서 1대 5 참패를 당한 뒤 울산 원정에선 라돈치치의 두 골로 2대 1 승리를 거뒀지만, 골득실에서 밀려 '비상'을 멈췄다.

2006년 6월 19일 아침 독일 월드컵 프랑스와의 예선전에서 박지성이 후반 막판에 극적인 동점골을 넣은 끝에 1대 1로 비기자, 서울시청 앞 광장에서 응원하던 흥분한 시민들이 차량에 매달려 위험스럽게 광화문 대로를 질주하고 있다. **사진** 한국일보

장외룡 감독은 인천 유나이티드 돌풍의 공로를 연말 시상식에서 인정받았다. 기자단 투표로 진행된 프로축구대상에서 총 73표 가운데 35표를 차지해 우승팀 울산 현대 김정남 감독(34표)을 1표 차로 제치고 올해의감독상을 받았다. 우승하지 못한 팀에서 감독상이 나온 건 이때가 처음이었다.

2007년, 해외 리그 진출

'슈퍼매치'의 탄생과 꿈의 5만 관중 시대 개막

2002년 한일 월드컵에서 터키 대표팀을 3위로 이끌었던 세뇰 귀네슈 감독이 FC서울에 합류하면서 K리그에 큰 반향을 불러일으켰다. 귀네슈 감독은 거침없는 직설 화법으로 언론과 K리그 팬들의 높은 관심을 끌었다. 언론은 FC서울의 귀네슈 감독과 수원 삼성의 차범근 감독을 맞붙여 경쟁 구도를 만들고자 했다. 팀 간 경쟁의식이 스타 감독 간의 대결 구도로 연결되어 FC서울과 수원 삼성 간 경기는 매번 구름 관중을 불러왔다. 커다란 관심을 받으며 두 팀은 매 경기 명승부를 펼쳤다.

2007년 시즌 두 팀의 첫 대결은 3월 21일에 열린 삼성하우젠컵 조별 예선전이었다. FC서울은 홈으로 수원 삼성을 불러들여 4대

1로 승리했다. K리그 전체가 술렁인 이 경기의 영웅은 해트트릭을 기록한 박주영이었다. 귀네슈 감독은 해트트릭을 기록한 박주영을 후반 45분에 벤치로 불러들여 홈 관중의 기립 박수를 유도하는 여유를 보였다. 또 한 명의 스타는 특급 신인 이청용이었다. 당시 스무 살이던 이청용은 이 경기에서 맹활약하며 전국적인 주목을 받기 시작했다.

두 번째 맞대결은 4월 8일 서울월드컵경기장에서 벌어졌다. 정규리그 5라운드로 치러진 이날의 승부는 5만 명이 넘는 관중을 불러들였다. 총 5만 5539명이 입장해 K리그 출범 이래 최다 관중 기록을 경신했다. '꿈의 5만 관중 시대'의 시작이었다. 이 기록은 한국 프로스포츠 출범 이래 종목 불문 한 경기 최다 관중 기록이기도 했다. FC 서울과 수원 삼성은 자존심을 걸고 맞붙었다. 거친 몸싸움도 마다하지 않았다. 8장 옐로카드가 나온 경기의 내용은 치열했다.

이동국과 이천수, 다시 유럽으로

2007년 K리그의 두 스타 선수가 유럽으로 이적했다. 첫 번째 주인공은 이동국이었다. 이동국은 1월 23일 잉글랜드 프리미어리그 미들즈브러FC에 입단했다. 포항 스틸러스는 "이동국을 이적료 없이 이적시키기로 했다"고 밝혔다. 이동국은 2001년 독일 분데스리가의 SV 베르더 브레멘 임대 입단에 이어 두 번째로 유럽 무대를 밟게 됐다. 포항 스틸러스는 이적료 없이 보내는 대신 이동국이 K리그로 복귀할 경우 무조건 포항 스틸러스에 입단해야 하며 미들즈브러FC 에 이적료는 지급하지 않는다는 조항을 달았다. 만약 이동국이 K리 그가 아닌 다른 리그로 이적할 경우 발생하는 이적료에 대해서는 포 항 스틸러스와 미들즈브러FC 두 구단이 50대 50으로 나눠 갖기로 했다.

여름 이적 시장 때는 울산 현대의 이천수가 네덜란드로 떠났다. 이천수는 네덜란드 에레디비시의 페예노르트 로테르담과 입단 계약 을 맺었다. 이적료는 26억 원, 계약 기간은 4년이었다.

스타급 선수들의 연이은 해프닝

가을 들어 스타 선수들이 연이어 불미스러운 일에 휩싸였다. 9월 10일에는 서울월드컵경기장 보조경기장에서 벌어진 FC서울과 수 원 삼성 간 2군 경기에서 수원 삼성의 안정환이 경기 도중 관중석에 진입해 팬과 언쟁을 벌였다. 안정환은 경기 도중 자신에게 쏟아진 인신공격성 야유에 격분해 관중석으로 올라가 상대 팀 팬들과 설전 을 벌여 파문을 일으켰다.

한국프로축구연맹은 안정환을 상벌위원회에 회부했다. 이틀 뒤 서울 축구회관에서 열린 상벌위원회는 안정환에게 역대 최고 금액 인 벌금 1000만 원의 징계를 내렸다. 남궁용 상벌위원장과 김용대 심판위원장, 이풍길 경기위원장, 당시 경기 감독관을 맡았던 최두열 경기부위원장 등 4명으로 구성된 상벌위는 안정환과 FC서울 측의 진술과 관련 영상을 토대로 이러한 결정을 내렸다. 상벌위는 안정환에 대한 징계와는 별개로 축구장 안팎에서 팬들의 야유와 욕설이 도가 지나치다며 팬들의 성숙된 관전 문화를 당부했다. 이 사건은 팬들 간에도 많은 토론을 유도해 그간의 응원 문화를 돌아보고 각성하게 하는 계기가 됐다.

10월 3일 광양축구전용구장에서 벌어진 전남 드래곤즈와 인천 유나이티드 간 '하나은행 FA컵 2007' 4강전에서는 인천 유나이티드의 방승환이 문제를 일으켰다. 인천 유나이티드가 0대 1로 뒤진 전반 16분, 방승환은 주심으로부터 두 번째 경고를 받은 후 퇴장 명령까지 받자 심판 판정에 격렬히 항의했다. 동료와 코칭스태프의 제지에도 불구하고 방승환은 상의를 벗고 심판에게 폭언을 하는 등 한동안 소동을 벌였다. 징계는 강력했다. FA컵을 주관한 대한축구협회는 10월 11일 축구회관에서 상벌위원회를 열어 방승환에게 1년간 자격정지라는 중징계를 결의했다. 방승환은 K리그를 포함한 대한축구협회가 주관하는 모든 경기에 출전할 수 없게 됐다. 방승환은 2008년 4월 소속팀 인천 유나이티드가 대한축구협회에 제출한 징계 사면 요청이 받아들여져 2008년 6월 다시 그라운드로 복귀할 수 있었다.

6강 플레이오프 경기가 끝난 후에는 울산 현대의 김영광이 징계를 받았다. 김영광은 대전 시티즌과의 경기 도중 대전 시티즌 서포터에게 물병을 집어 던져 물의를 일으켰다. 일부 대전 시티즌 서포터들이 먼저 던진 물병에 김영광이 머리를 맞아 벌어진 일이었다.

김영광은 그 자리에서 퇴장을 당했다. 10월 26일 열린 연맹 상벌위원회는 김영광에게 6경기 출전 정지와 600만 원의 벌금 징계를 내렸다.

까보레, 마토, 아디⋯ 외국인 선수 전성시대

2007년 시즌 K리그에는 외국인 공격수 바람이 거셌다. 득점 순위 1위부터 5위까지 모두 외국인 선수들이 휩쓸었다. 경남FC의 까보레, 인천 유나이티드의 데얀, 대구FC의 루이지뉴, 대전 시티즌의 데닐손, 전북 현대모터스의 스테보가 득점 순위 상위권을 독점했다.

이 가운데 득점왕을 차지한 까보레의 활약은 눈부셨다. 총 18골을 터뜨린 까보레는 장기인 드리블로 K리그 수비수들을 수없이 제치며 'K리그의 앙리'라는 별명을 얻었다. 까보레는 포항 스틸러스와의 6강 플레이오프 경기에서 동점골을 터뜨렸지만 승부차기 중 실축해 눈물을 흘려야 했다. 그럼에도 리그에서의 활약상은 단연 최고 수준이었다.

수비 쪽에도 외국인 선수 바람이 거셌다. 시즌 베스트 11에 두 명의 외국인 수비수가 이름을 올렸다. 수원 삼성의 마토와 FC서울의 아디는 소속팀 수비의 중추로 활약하며 인상적인 시즌을 보냈다. 수원 삼성의 마토는 '통곡의 벽'이라는 별명을 얻을 정도로 압도적인 수비력을 과시했다. FC서울의 아디는 왼쪽 측면에서 철벽 수비를 펼쳤다. 기술과 체력, 스피드를 모두 겸비한 외국인 선수들의 활약은

K리그의 수준을 한층 높였다는 평가를 받았다.

외국인 공격수들이 즐비한 득점 랭킹에서 고군분투한 토종 공격수는 대구FC의 이근호였다. 총 8골을 터뜨린 이근호는 한국 선수로는 가장 높은 8위에 올랐다. 2006년 시즌까지 인천 유나이티드 2군에 머물렀던 이근호의 활약은 기대 이상이었다. 부평고를 거쳐 K리그에 입성한 이근호는 2007년 시즌 인천 유나이티드에서 대구FC로 팀을 옮기면서 자신의 진가를 보여줬다.

만년 유망주로 불리던 정윤성의 부활도 인상적이었다. 청소년대표 시절 득점 기계로 명성을 떨쳤던 정윤성은 7월 수원 삼성에서 경남FC로 이적함과 동시에 숨어 있던 득점력을 폭발시켰다. 정윤성은 후반기에만 6골을 터뜨렸다.

2009년

허리띠 졸라맨 K리그

홍행 보증수표인 수원 삼성의 2008년 시즌 정규 리그 우승과 2010년 남아프리카공화국 월드컵 예선 일정으로 인해 2009년 시즌 K리그에 대한 관심은 어느 때보다 높았다. 수원 삼성과 FC서울 간 라이벌 대결, 신생 구단 강원FC의 리그 참가, 월드컵 7회 연속 본선 진출 여부가 팬들의 이목을 끌었다.

그러나 K리그는 개막 전부터 여러 난제에 부딪혔다. 세계 금융 위기에 영향을 받은 국내 기업들이 지원을 축소하자 기업구단들은 부득이하게 긴축재정을 해야 했다. 운영비가 줄어든 대다수 구단들로서는 전력 보강을 위한 선수 영입에 소극적일 수밖에 없었다. 오히려 주축 선수들의 해외 진출을 걱정해야 하는 상황이었다. 겨울을

나는 구단들의 동계 훈련 장소도 기존의 유럽이나 아메리카 대륙보다 비교적 경비가 저렴한 곳으로 바뀌는 경향을 보였다. 2008년에는 단 한 구단만 선택했던 중국이 비용 절감과 지리적 인접성 등으로 인해 2009년에는 무려 4개 구단의 선택을 받았다. 두 나라를 돌며 훈련하던 구단도 찾아볼 수 없었다. 현지 체류 호텔의 등급도 낮추는 등 구단들은 허리띠를 졸라매면서 시즌을 준비했다.

기업들의 재정난은 한국프로축구연맹에도 타격을 입혔다. 2008년 공식 후원사를 맡은 삼성전자가 스폰서 연장을 하지 않은 가운데 다른 어느 기업체도 선뜻 나서지 않았다. 타이틀 후원사 도입이 시작한 1994년 하이트배 코리안리그 이후 처음으로 스폰서 없이 시즌을 시작하게 됐다. 나중에 현대자동차가 후원사로 나서며 'K리그 쏘나타 챔피언십 2009'라는 이름을 얻기 전까지 리그 명칭은 '2009 K리그'였다. 리그컵 대회는 피스컵 조직위원장을 겸한 곽정환 회장의 수완 덕분에 '피스컵'이 타이틀 스폰서로 참여했다.

연맹은 리그의 정상적인 운영을 위해 비상 경영 체제를 선언했다. 우선 선수들의 사기 진작 차원에서 승리시 일정 금액을 보너스로 지급했던 승리 수당을 폐지했다. 팀별 선수단을 25명으로 한정하는 예비 엔트리 제도를 시범 도입했다. 구단 살림살이를 개선하기 위한 방책이었다. 의무위원회, 사회공헌위원회 등 4개 전문위원회를 신설해 3월부터 가동했다.

또 연맹은 비상 경영 체제와는 별개로 경기 종료 후 감독들의 실내 기자회견을 의무화했다. 위반시 50만 원 이상의 제재금을 부과하기로 했다. 과거 예정보다 조금씩 늦춰졌던 킥오프 시간과 하프타임도 규정대로 지키지 않을 경우 100만 원 이상의 벌금을 부과한다고 공표했다. 이는 팬들이 좀 더 빠르고 정확한 경기 진행을 즐기게 하기 위한 방편이었다.

J리그 진출 러시와 아시아쿼터제

K리그의 전체적인 경제난은 기존 K리거들의 해외 진출을 부추겼다. 각 구단들이 전년도 대비 몸값이 대폭 상승한 스타 선수들의 요구를 수용하기 힘들어하는 상황에서 때마침 찾아온 '엔고 현상'은 K리그 스타들의 마음을 움직였다. 엔화 환율이 1500원대를 돌파하자 자연적인 연봉 인상 효과를 누릴 수 있었다. '해외 이적시 이적료가 발생하지 않는다'는 FA 규정과 2009년부터 J리그가 시행한 아시아 쿼터제도 한몫했다. 2008년 시즌이 끝나고 수원 삼성 소속의 김남일이 자유계약선수로 풀린 뒤 J리그 비셀 고베로 떠난 것을 시작으로, 2008년 12월엔 울산 현대 수비수 박동혁과 전북 현대모터스 공격수 조재진이 감바 오사카에 입단했다. 수원 삼성 수비의 핵인 마토(오미야 아르디자)와 이정수(교토 상가), 포항 스틸러스 수비수 조성환(콘사도레 삿포로), 박원재(오미야 아르디자)도 일본으로 건너가는 바람에 수원 삼성과 포항 스틸러스는 수비진 보강에 고심해야 했다. J리그가 투지 넘치는 한국인 수비수를 영입함으로써 K리그에 영향을 미친 사례였다.

반면 2008년 대구FC 구단과 계약이 만료된 이근호는 유럽의 문을 두드렸다. 프랑스 리그1 파리 생제르맹FC를 비롯해 네덜란드, 덴마크, 잉글랜드 프로리그 구단들이 손을 뻗었으나 계약 기간과 연봉 등에서 이견을 보여 합의점에 이르지 못했다. 이근호는 이후 2009년 4월에야 J리그의 주빌로 이와타와 계약했다. 수원 삼성 미드필더 조원희는 위건 애슬레틱FC에 입단함으로써 역대 여섯 번째 한국인 프리미어리거가 됐고, 신영록은 터키 리그의 부르사스포르로 옮겼다. 김은중은 FC서울에서 중국의 창사 진더로 이적했다. FC서울 미드필더 이청용은 여름 이적 시장을 통해 잉글랜드의 볼턴 원더러스FC로 옮겼다. 당시 K리그에서 해외 프로리그로 떠난 선수는 24명에 달했다.

K리그 안에서도 눈에 띄는 이적이 많았다. 성남 일화의 이동국은 구단으로부터 계약 해지 통보를 받은 뒤 전북 현대모터스에 입단했다. 이후 이동국은 전북 현대모터스에서 화려하게 부활에 성공했다. 노장 김상식도 성남 일화의 리빌딩 과정에서 전북 현대모터스로 옮겨 이동국과 계속 한솥밥을 먹게 됐다. 김병지와 이을용은 각각 고향 팀인 경남FC와 강원FC에 새 둥지를 틀었다.

연맹은 2009년 시즌부터 아시아쿼터제를 도입했다. 아시아쿼터제란 외국인 선수 보유 한도인 3명 이외에 아시아 국가 출신 선수 1명을 추가로 영입할 수 있는 제도다. 수원 삼성이 이 제도를 이용해 중국 대표 수비수 리웨이펑을 데려왔고, 신생팀 강원FC도 일본에서 미드필더 오하시 마사히로를 영입했다. 이로써 중남미와 동유럽 출신 선수들에 편중돼 있던 구단의 관심이 일본과 중국, 호주 등으로 흩어질 수 있었다. 성남 일화는 장신의 수비수 사샤 오그네노브스키를 영입하며 호주 센터백 영입 러시를 선도했다.

재정난 · WBC · 해외진출 '삼재'

2010년 남아프리카공화국 월드컵 본선 진출과 2009년 이집트 U-20 월드컵 8강, 이동국의 부활과 유럽에서 돌아온 스타들의 귀환. 이렇게 2009년에는 관중이 증가할 요소가 있었다. 빠듯한 살림살이에도 각 구단들은 획기적인 마케팅을 시도하며 관중 유입에 힘썼다.

그러나 경기당 평균 관중 수가 전년 대비 13퍼센트(1만 2901명 → 1만 1226명) 감소했다. 증가 요소보다 감소 요소가 더 많은 게 문제였다. K리그 개막 즈음 2009년 월드베이스볼클래식(WBC)에서 한국이 선전하면서 야구에 대한 관심이 부쩍 많아진 것도 영향을 미쳤다는 평이 나왔다. 프로야구팀이 없는 강원도와 제주도를 제외한 나머지 지역에선 '야구 붐'이 일어 프로축구에 적지 않은 타격을 입혔다. 강원FC가 리그에 참가함으로써 프로스포츠 사상 최초로 전국 6개 도에서 모두 팀을 갖춘 리그전이 열린 시기였는데 그만큼 아쉬움이 남았다.

국내에서 가장 인기 많은 구단인 수원 삼성의 부진도 한국 프로축구 입장에선 안타까운 일이었다. 박주영과 안정환, 이근호 같은 스타들이 줄줄이 K리그를 떠나고 시즌 도중 FC서울의 간판스타 이청용이 유럽에 진출한 것도 하나의 이유였다. 그래도 강원FC가 시즌 초반 돌풍을 일으키며 기록적인 티켓 예매율을 보이는 등 관중 몰이에 나선 모습은 재정난에 빠져 우울해진 각 구단과 K리그에 신선한 바람을 불어넣었다.

2010년

사단법인화와 '5분 더' 캠페인

2010년 시즌 K리그는 많은 변화와 함께 시작됐다. 한국프로축구연맹은 아시아축구연맹의 독립 법인화 의무 규정에 따라 사단법인으로 전환했다. 또 월드컵 대표팀과 울산 현대 감독을 역임한 김정남 전 대한축구협회 전무를 부회장으로 영입했다. 대표팀 소집과 A매치 경기일 문제로 마찰이 잦은 대한축구협회와의 관계를 개선하려는 노력의 일환이었다. 이후 연맹과 대한축구협회는 좀 더 활발한 소통이 가능해져 합리적인 합의안을 도출하기 시작했다.

정규 리그 후원사 없이 시작했던 2009년 시즌과 달리 2010년 시즌엔 일찌감치 후원사를 정해 출발했다. 2009년 시즌 챔피언십을 후원했던 현대자동차가 2010년 시즌 정규 리그 타이틀 스폰서로 참여했다. 공식 명칭은 '쏘나타 K리그 2010'이었다. 또 기존의 'K-리그' 표기가 팬들과 언론에 혼란을 준다는 지적에 따라 'K-리그'에서 하이픈을 뺀 'K리그'로 명칭을 간소화했다.

2009년 시즌 챔피언십 당시 시범 도입된 '맨 오브 더 매치' 제도는 2010년 시즌 정규 리그에 정식으로 도입됐다. CJ푸드빌의 패밀리 레스토랑 '빕스'가 후원한 이 제도는 매 경기 최고의 활약을 펼친 선수를 '빕스 맨 오브 더 매치'로 선정했고, 해당 선수에게는 빕스 가족식사권이 부상으로 제공됐다.

판정 기준에도 변화가 있었다. 2009년 시즌 논란을 불러일으켰던 골 세리머니 규제가 완화됐다. 2009년 시즌 개막전에서 스테보(포항 스틸러스)와 이동국(전북 현대모터스)이 도발성 세리머니를 했다가 경고를 받아 논란이 됐던 것이 반영된 결과였다. 대신 심판위원회는 경고성 파울에 대해 좀 더 엄격히 카드를 꺼낼 방침이라고 밝혔다. 경고 누적에 대한 징계는 완화됐다. 2009년 시즌에는 경고 3회 누적으로 1경기 출전 정지 징계를 받은 선수가 이후 경고 2회 누적 때마다 1경기 추가 출전 정지 징계를 받았지만, 2010년 시즌에는 첫 경고 3회 누적 뒤 3회 누적 때마다 출전 정지가 적용되는 것으로 바뀌었다. 직접 퇴장시 100만 원, 경고 2회 퇴장시 50만 원이던 제재금은 2010년 시즌부터 각각 120만 원과 100만 원으로 인상했다.

스페인으로 동계 전지훈련을 다녀온 심판진 28명도 만반의 채비를 갖췄다. 2010년 시즌 심판진 운영은 좀 더 엄격한 체계를 갖췄다. 14명씩 1군과 2군으로 나눠 시즌을 진행하되, 고과 점수와 능력 평

K리그를 읽는 시간 1

가에 따라 1군, 2군 승강제를 실시하기로 했다.

K리그가 2010년 시즌에 중점을 둔 것은 '5분 더 캠페인'(5 Minutes More)이었다. 1월 7일 부산 해운대그랜드호텔에 모인 각 구단 고위 관계자와 감독들은 "실제 경기 시간을 5분 더 늘리고, 고의적인 경기 지연을 자제하며, 판정에 대한 항의를 지양하고, 팬들을 5분 더 만나자"는 내용의 프로젝트를 결의했다.

'5분 더 캠페인'은 2009년 아시아를 제패한 포항 스틸러스의 '스틸러스 웨이'에서 착안했다. 페어플레이와 공격 지향 축구를 모토 삼아 축구팬의 눈을 즐겁게 함으로써 장기적으로는 축구 붐을 일으킬 요량이었다. 시행 첫 시즌, '5분 더 캠페인'은 절반의 성과를 거뒀다. 라운드별 베스트매치 기준 시즌 실제 경기 시간이 57분 24초에서 57분 30초로 6초 늘었다. 무득점 무승부도 17경기에서 9경기로 감소했다. 무엇보다 파울 수가 36.2개에서 34.5개로 1.7개 줄어 호평을 받았다. 이는 새로워진 축구 문화를 각 구단 지도자와 선수들이 받아들이려는 움직임에서 비롯한 것이다. 경고성 파울에 대해선 과감히 카드를 꺼내 들되 그렇지 않은 경우에는 박진감 넘치는 경기를 위해 파울 카드를 아낀 심판들의 노력도 곁들여졌다.

프로젝트명처럼 실제 경기 시간이 대폭 증가하지는 않았으나 구단과 선수들의 노력에 의해 활발한 언론 취재가 이뤄지면서 구단과 축구팬 사이의 간극을 좁히는 데 성공했다. 경기 후 선수들을 자유롭게 취재하는 공간 '믹스트 존mixed zone'이 전 구단에서 시행된 것도 성과였다.

그러나 부정적인 반응도 있었다. 상대적으로 전력이 약한 팀들에 공격 축구는 '사치'라는 반응이었다. 개개인의 능력이 뛰어난 팀을 상대로 공격 지향 축구를 펼치다가는 자칫 대패로 이어질 수 있기 때문이다. 취지에 걸맞지 않게 시즌 중 페어플레이 정신에 위배되는 판정 항의가 종종 나오기도 했다. 하지만 '5분 더 캠페인'은 K리그가 세계 축구의 흐름에 걸맞게 변하고 있다는 증거였고, 시도 자체가 참신했다는 반응이 주를 이뤘다.

2011년, 승부 조작 사건

충격의 승부 조작 파문

5월 25일 한국 프로축구 사상 초유의 사태가 벌어졌다. 창원지방 검찰청 특수부는 승부 조작을 종용한 브로커 2명을 구속하고 K리그에서 활동하고 있는 현역 선수 2명에 대해 구속영장을 청구했다. K리그는 충격에 빠졌다. 루머로만 떠돌던 K리그의 승부 조작이 수면 위로 떠오르자 한국프로축구연맹은 16개 구단 단장이 모두 참석한 가운데 비상대책회의를 열었다. 우선 국민체육진흥공단에 리그컵을 스포츠토토 대상 경기에서 제외해달라고 요청했다. 5월 30일 정몽규 한국프로축구연맹 총재와 김정남 부총재 등이 침통한 표정으로 미디어 앞에 모습을 드러냈다.

정몽규 총재는 승부 조작 사건에 대해 사과문을 발표했다. 먼저

정몽규(왼쪽에서 세번째) 한국프로축구연맹 총재가 2011년 5월 30일 오후 서울 축구회관에서 승부 조작 파문과 관련한 긴급 기자회견을 갖고 고개 숙여 사죄하고 있다. **사진** 한국일보

국민 앞에 허리 숙여 사과의 뜻을 전했다. 이어 30년간 지속되어온 K리그의 근간을 흔드는 심각한 상황 앞에서 가장 시급한 일은 K리그 내부의 승부 조작 시도를 발본색원하는 것임을 선언했다. 사태를 무마하기보다는 관련자를 일벌백계해 재발 방지에 만전을 기하겠다는 의지를 확고히 했다. 마지막으로 그 어떤 상황에서도 K리그는 계속되어야 한다는 비장한 각오를 밝혔다.

특단의 대처가 필요했다. 5월 31일 연맹은 16개 구단 선수단과 관계자 1300여 명이 모두 참여한 가운데 승부 조작 관련 워크숍을 진행했다. 분임 토의와 발표를 통해 승부 조작 예방과 대처에 대한 방안을 강구했다. 워크숍 직후 연맹은 승부 조작에 관련된 선수가 자진 신고를 하도록 유도했다. 자진 신고를 할 경우 연맹 차원에서 플리바기닝(수사에 협조한 범죄자에 한해 기소를 면제하거나 형을 줄이는 제도)을 추진했다. 그것도 자진 신고 기간이 길 경우 효과가 없다고 판단해 2주간 집중적으로 실시했다. 이 기간 이후 부정·불법 행위자를 신고하지 않은 구단에 대해서는 승점 감점이나 무관중 경기 등 제재를 예고했다. 그러나 검찰 수사를 통해 밝혀진 승부 조작 가담자의 수가 늘어나자 7월 7일까지 기간을 연장했다.

2010년 6월부터 2011년 4월까지 21경기를 통해 선수와 브로커를 포함해 총 78명이 연루된 승부 조작 사건은 2011년 내내 K리그에 짙은 먹구름을 드리웠다. 조직폭력배와 승부 조작 브로커들은 친분이 있는 선수와 경제적으로 어려움에 처한 선수들을 대상으로 협박과 함께 집요한 유혹의 손길을 뻗쳤다. 검찰 조사가 계속되고 승부 조작 가담자 명단이 세상에 알려지자 죄책감을 이기지 못한 선수가 스스로 목숨을 끊는 사건까지 발생했다. 서로가 서로를 의심하는 중에 정상적으로 치러진 모든 경기가 의혹의 대상이 됐다. 승부 조작은 K리그와 축구팬 모두에게 깊은 상처를 남겼다.

연맹은 승부 조작 관련 선수 58명 중 57명의 선수에겐 영구 제명, 1명에겐 5년간 자격정지 처분을 내렸다. 또 징계 내용을 국제축구연맹에도 보고해 전 세계 모든 경기에도 출전할 수 없게 했다. 전체 58명 선수 중 자진 신고 기간 동안 승부 조작 관련 여부를 알린 33명에 한해 보호관찰제도를 시행했다. 보호관찰제도는 자진 신고한 선수들을 일정 기간 보호관찰한 후 선별적으로 복귀시키는 제도다. 보호관찰 기간은 A등급 6명은 5년(사회봉사 500시간 이상), B등급 13명은 3년(사회봉사 300시간 이상), C등급 6명은 2년(사회봉사

200시간 이상)으로, 등급은 선수의 승부 조작 가담 정도, 가담 횟수, 금품 수수액, 자진 신고 경위 등을 참조해 분류했다.

승부 조작 사건은 K리그에 큰 숙제를 남겼다. 프로스포츠가 산업화되고 스포츠복권이 합법화되면서 브로커들의 승부 조작 시도 앞에 선수들은 무방비 상태로 노출돼 있었다. 승부 조작의 위험성을 인지하지 못한 선수들은 예상보다 쉽게 사건에 휘말렸다. 이를 예방하기 위해서는 제도와 시스템을 통한 대비책이 절실했다.

연맹은 부정 방지 활동을 제도화했다. 선수들을 대상으로 1년간 4회에 걸쳐 부정 방지 교육을 실시하고, 경기장 매표소와 주요 동선 그리고 선수들이 활동하는 라커룸, 클럽 하우스, 유소년 숙소에 부정 방지 포스터를 게시했다. 또 경찰청과 문화체육관광부의 추천을 받아 2명의 전직 정보과 경찰관이 암행감찰관으로 활동하도록 했다.

또 구단 사장과 단장, 감독 중 1인이 선수와 일대일 면담한 후 일지를 작성해 연맹에 제출하도록 하고, 각 구단과 연맹에서 급여를 받는 모든 임직원으로부터 부정 방지 서약서를 받았다. 클린센터와 핫라인을 운영해 신고 내용에 따라 신고 포상금을 지급하기로 했다. '얼리 워닝 시스템'도 도입했다. 스포츠토토와 관련된 이상 징후가 포착되면 경기 단체에 통보하는 제도였다. 16개 구단 담당자들이 참여한 승부 조작 관련 비상 연락망을 구축해 불미스러운 사건이 발생할 경우 기민한 대처가 가능하도록 했다.

11월 7일 오후 서울 중랑구민회관에서 최순호 감독과 사회봉사 활동 명령을 받은 보호관찰 선수들이 처음으로 한자리에 모였다. 죄

책감에 빠져 방향을 잃고 헤매던 선수들 앞에 인생의 멘토로 최순호 감독이 섰다. 사건의 재발을 방지하기 위해서는 승부 조작 가담 선수들에게 갱생의 길을 열어 페어플레이 정신의 중요성을 일깨워야 했다. 최순호 감독은 매월 1회 선수들과 함께 봉사 활동에 나서기로 약속하고, 장애 아동 15명과 빵 만들기 체험 행사를 진행했다. 보호관찰 선수들은 불우 이웃을 위한 '나눔'을 실천하며 반성을 통해 '성장'할 계기로 삼았다. 연맹이 준비한 사회봉사 프로그램 '나눔과 성장'의 시작이었다.

'쓰레기를 줄입시다' 사회 공헌 프로그램

2010년 현대자동차가 후원했던 K리그는 2011년 현대오일뱅크로 후원사가 바뀌었다. 이에 따라 대회 명칭도 '현대오일뱅크 K리그 2011'로 변경됐다. 현대오일뱅크는 A보드 광고권, 90도 시스템 광고권, 경기장 내외 프로모션권 등 다양한 광고와 홍보권을 확보했다. 컵대회는 '러시앤캐시'로 잘 알려진 A&P 파이낸셜과 타이틀 스폰서 협약을 맺었다. 컵대회의 공식 명칭은 '러시앤캐시컵 2011'로 확정됐다.

2011년 시즌 K리그는 기존과 다른 다양한 캠페인을 실시해 눈길을 끌었다. K리그 서포터즈 연합, 환경부와 함께 공동으로 녹색 응원 문화 정착을 위한 캠페인을 실시했다. 관람객들의 녹색 응원 문화 실천을 통해 프로축구에서만 연간 3261톤의 이산화탄소 배출을 저감한다는 기대에서 출발했다. 경기장을 방문할 때 대중교통 이용을 장려하고, 응원 도구 역시 일회용품이 아닌 재사용 가능 물품 활용을 장려했다. 경기 종료 후에는 '5분간 내 자리 청소하기' '내 쓰레기 되가져가기' 등의 캠페인을 실시했다.

쓰러진 신영록, K리그 기적의 아이콘

5월 8일 제주종합운동장에서 열린 리그 9라운드 대구FC와의 경기에서 제주 유나이티드의 신영록이 쓰러졌다. 후반 37분 산토스와 교체돼 그라운드에 나선 신영록은 후반 44분 슈팅을 하고 자기 진영으로 돌아가던 과정에서 심장마비 증세를 보이며 의식을 잃었다. 그라운드 위의 선수들과 주심은 침착하고 빠른 대처로 신영록에게 응급조치를 취했다. 수비수 안재훈(대구FC)은 신영록의 기도를 확보하고 호흡을 확인했다. 팀 동료 이현호는 신영록의 축구화와 양말을 벗겨 원활한 응급조치를 도왔다. 그사이 주장 김은중은 곧바로 현장 의료진과 구단 의무팀을 호출했다. 현장 의료진의 심폐소생술 후 호흡을 되찾은 신영록은 제주한라병원으로 이송됐다.

신영록은 컴퓨터 단층촬영 결과 뇌와 심장에 이상이 없었지만 쉽게 의식을 회복하지 못했다. 그라운드에 쓰러지고 50여 일이 지난 6월 27일 기적적으로 의식을 회복한 신영록은 132일 만에 퇴원했다. 10월 22일 제주 유나이티드와 인천 유나이티드 간 리그 29라운드가 벌어진 제주 유나이티드의 홈구장에 신영록이 모습을 드러냈다. 제주 유나이티드는 2대 1로 승리함으로써 신영록에게 승리를 바쳤다. 생존율 2.4퍼센트의 악몽을 이겨낸 신영록은 12월 6일 열린 K리그 대상 시상식에서 시상자로 나섰다. 발 빠른 응급처치로 자신에게 빛이 되어준 제주 유나이티드의 김장렬 재활 트레이너에게 '특별 공로상'을 직접 전달했다.

2012년

실관중수 집계, 그린스타디움상 신설⋯ K리그의 새로운 도약

2011년을 뒤덮었던 승부 조작의 그림자에서 벗어난 K리그는 심기일전한 모습으로 팬들 앞에 섰다. 가장 눈길을 끈 변화는 실관중수 집계였다. 관행처럼 진행되어온, 실제보다 부풀려진 관중 집계 풍토를 타파하고 실제 경기장을 찾은 관중의 수를 확인해 집계하는 시스템을 마련하기로 했다. 티켓 판매 대행업체와 제휴해 입장 관중들의 표를 수거하는 것으로 1차 집계했다. 이어 실제 수거한 티켓을 검수해 한국프로축구연맹에 알리는 방식으로 집계가 이뤄졌다. 관중 수가 줄어들더라도 K리그의 현실을 정확히 인지하고 더 나은 미래를 만드는 데 필요한 시도였다.

TV 중계도 좀 더 확대됐다. IP TV를 기반으로 하는 SPOTV플러스를 통해 K리그 중계 횟수를 대폭 늘렸다. 기존의 지상파와 케이블 채널에만 의존하지 않고 독자적인 방송 채널을 확보한 것이다. SPOTV플러스와 지역 방송사를 통해 중계되는 경기를 네이버와 다음 같은 포털 사이트를 통해 전달함으로써 좀 더 많은 시청자에게 K리그를 소개할 창구를 열었다. 현역에서 물러난 최고 스타 안정환을 홍보대사로 영입해 온라인과 오프라인을 아우르는 홍보에도 적극적으로 나섰다.

K리그의 노출 빈도를 늘려 영업일 수를 확보하기 위한 방편으로 경기 수를 확대한 것도 눈에 띄었다. 한 해 300만 관중이라는 새로운 목표를 향해 연맹을 중심으로 각 구단이 힘을 모으는 리그 전반의 노력이 준비 단계에서부터 돋보였다.

현대오일뱅크는 2년 연속 정규 리그 후원에 나섰다. 연맹은 이에 힘입어 '현대오일뱅크 K리그 2012'의 우승 상금을 3억 원에서 5억 원으로 67퍼센트 인상했다. 준우승 상금도 기존 1억 5000만 원에서 2억 원으로 늘렸다. 2006년 2억 원에서 3억 원으로 인상한 이후 6년 만의 인상이었다.

축구장 잔디 상태와 관중 수를 기준으로 프로축구 발전에 기여한 경기장 관리 사업 주체와 구단에 그린스타디움상, 풀스타디움상, 플러스스타디움상을 수여하는 시스템도 신설했다. 그린스타디움상은 선수들이 최상의 상태에서 경기를 선보이도록 잔디 관리에 힘쓴 경기장 관리 주체에, 풀스타디움상은 가장 많은 팬들을 경기장으로 이끈 구단에, 플러스스타디움상은 팬 서비스를 강화해 팬들을 만족시

킴으로써 관중 증가를 이뤄낸 구단에 시상했다. 이는 구단 행정의 객관적인 평가를 발표하고 상을 수여해서 구단 간 선의의 경쟁을 유도하고 지속적인 경쟁력을 확보하기 위한 것이었다.

한일 월드컵 10주년, 추억을 되살린 K리그 올스타전

연맹은 2012년 K리그의 여름을 화려하게 수놓을 축구 축제인 올스타전을 초대형 이벤트로 기획했다. 한일 월드컵 개최 10주년을 맞아 2002년 월드컵 멤버와 2012년 K리그 올스타가 대결하는 꿈의 올스타전이었다. 5월 21일 오전 축구회관에서 K리그 홍보대사인 안정환 명예홍보팀장이 기자회견을 열고 2002년 월드컵 멤버와 현역 K리그 최고 선수들이 함께하는 한여름 밤의 축구 축제를 제안했다. 직접 프레젠테이션 발표에 나선 안정환 명예홍보팀장은 "2002년 월드컵을 통해 국민들께 많은 사랑을 받았다. 보답하는 길은 K리그에 헌신하는 것이라 생각했다. K리그를 위해 우리 2002년 멤버가 다시 뭉쳐 국민 여러분께 즐거움을 드리고 그 열기를 K리그로 이어나갔으면 좋겠다"는 바람으로 올스타전 발표를 마무리했다.

7월 5일 서울월드컵경기장에서 열리는 것으로 확정된 2012년 K리그 올스타전은 차례차례 일정을 밟아갔다. 하나은행이 타이틀 스폰서로 참가하면서 대회 공식 명칭이 '하나은행 K리그 올스타전 2012'로 결정됐다. 연맹은 2002년 멤버들과 2012년 K리그 최고의 선수들이 대거 출연하는 티저 영상을 제작해 화제를 모았다. 안정환

명예홍보팀장이 홍명보 올림픽대표팀 감독에게 전화를 걸어 "명보 형, 다시 축구하자"고 제안하는 영상을 시작으로 홍명보 감독, 히딩 크 감독, 김태영 코치, 김남일, 설기현, 데얀, 하대성, 정성룡, 라돈치 치, 윤빛가람, 에닝요, 이근호 등이 출연했다. 당시 러시아의 FC 안 지 마하치칼라를 이끌고 있던 히딩크 감독은 대회의 취지와 의미를 받아들여 참가를 결정했다.

한일 월드컵 멤버들로 구성된 'TEAM 2002'는 당시 맨체스터 유 나이티드 소속이던 박지성까지 합류해 큰 관심을 모았다. 이영표, 윤정환, 차두리, 이천수가 개인 사정상 참가하지 못했지만 나머지 2002년 멤버들은 모두 참가를 확정했다. 'TEAM 2012'는 2012년 K 리그 선수 33명을 대상으로 한 팬 투표로 감독과 베스트 11을 선정 했다. 33명은 K리그 16개 팀의 감독과 주장이 추천했다. 감독 부분 팬 투표에서 1위를 차지해 TEAM 2012를 이끌게 된 신태용 성남 일화 감독은 후보선정위원회와 함께 논의해 나머지 엔트리를 결정 했다.

올스타전에 참가한 TEAM 2002 명단은 다음과 같다. 감독은 거 스 히딩크, 코치는 박항서(상주 상무 감독), 정해성(전남 드래곤즈 감 독), 김현태(인천 유나이티드 코치), 최진한(경남FC 감독), 선수는 이 운재(전남 드래곤즈), 김병지(경남FC), 최은성(전북 현대모터스), 현 영민(FC서울), 최성용(강원FC 코치), 최진철(대한축구협회 전임지도 자), 김태영(올림픽대표팀 코치), 이민성, 홍명보(올림픽대표팀 감독), 송종국, 김남일(인천 유나이티드), 유상철(대전 시티즌 감독), 최대욱

(FC서울), 이을용(강원FC 스카우트), 박지성(맨체스터 유나이티드), 설기현(인천 유나이티드), 최용수(FC서울 감독), 황선홍(포항 스틸러스 감독), 안정환이었다.

TEAM 2012 명단은 다음과 같다. 감독은 신태용, 코치는 이영진(성남 일화 코치), 선수는 정성룡(수원 삼성), 김영광(울산 현대), 김용대(FC서울), 최효진(FC서울), 아디(FC서울), 유경렬(대구FC), 곽태휘(울산 현대), 신광훈(포항 스틸러스), 정인환(인천 유나이티드), 보스나(수원 삼성), 김창수(부산 아이파크), 이현승(전남 드래곤즈), 강승조(경남FC), 에닝요(전북 현대모터스), 이승기(광주FC), 윤빛가람(성남 일화), 김정우(전북 현대모터스), 하대성(FC서울), 김형범(대전 시티즌), 이근호(울산 현대), 김은중(강원FC), 이동국(전북 현대모터스)이었다.

7월 5일 상암벌에는 쏟아지는 폭우에도 3만 7155명의 대관중이 모였다. 경기 시작 전부터 선수단이 참가하는 팬 사인회가 열려 분위기가 후끈 달아올랐다. 경기장 밖에서는 이탈리아와의 16강전 골든골의 주인공 안정환이 신었던 축구화, 스페인과의 8강전 승부차기에 사용됐던 공 등이 전시돼 눈길을 끌었다. 선수 입장에서부터 특별한 이벤트가 준비되어 있었다. 2002년 월드컵이 열린 해에 태어난 어린이들이 에스코트 키즈로 양 팀 선수들과 입장했다.

월드컵 4강 신화의 주역들과 2012년 K리그를 빛낸 스타들은 그라운드에서 멋진 경기력과 팬 서비스로 명장면을 연출했다. 해트트릭을 기록한 이동국을 앞세운 TEAM 2012가 TEAM 2002에 6대

3으로 승리했지만, 승부보다는 한바탕 축제를 이뤄 더욱 즐거웠던 시간이었다. 최용수 FC서울 감독은 골을 터뜨린 뒤 '유로 2012'에서 화제가 된 이탈리아 대표팀의 공격수 마리오 발로텔리의 상의 탈의 세리머니를 재연해, 보는 이들로 하여금 폭소를 터뜨리게 했다. 현역 시절에 비해 체중이 는 최용수 감독은 볼록 나온 배를 자랑스레 내밀었다. 설기현의 크로스를 받아 골을 터뜨린 박지성은 한일 월드컵 당시 포르투갈전처럼 벤치에서 환호하는 히딩크 감독에게 달려가 포옹하며 모두를 옛 향수에 젖게 만들었다.

TEAM 2012 멤버들도 미리 준비한 다양한 골 세리머니를 펼치며 박수를 받았다. MVP는 해트트릭을 기록한 이동국이 차지했다. 이동국의 통산 4번째 올스타전 MVP였다. 하프타임에는 한일 월드컵 8강전이었던 스페인전의 승부차기 대결을 양 팀이 펼쳤다. 경기 종료 후에는 전광판에 한국 프로축구 30년을 되돌아보는 기념 영상이 상영되는 가운데 '세계가 놀란 아시아의 자존심' '아시아 최강 K리그가 이어갑니다'라는 2개의 대형 플래카드가 풍선을 타고 하늘 높이 펄럭였다. TEAM 2002와 TEAM 2012의 선수, 코칭스태프들은 단체 슬라이딩으로 관중들에게 인사하며 한여름 밤 축구 축제의 막을 내렸다.

런던 올림픽 동메달 일군 K리그의 별들

올스타전에서 선수 시절 카리스마 넘치는 주장의 모습으로 돌아왔던 홍명보 감독은 7월 말 2012년 런던 올림픽에 대표팀을 이끌고 나가 한국 축구 사상 첫 올림픽 메달 획득에 성공했다. 올림픽 축구 조별 리그에서 멕시코와 스위스, 가봉과 함께 B조에 속한 한국은 1차전에서 멕시코와의 대결에서 0대 0 무승부를 기록했다. 이어 스위스에 2대 1로 승리한 홍명보호는 가봉과의 경기에서 0대 0 무승부를 기록해, 멕시코에 이어 조 2위로 8강에 진출했다.

8강 상대는 홈팀인 영국 단일팀이었다. 객관적 전력과 팬들의 응원 등 모든 면에서 불리할 것이라고 평가됐던 경기에서 홍명보 감독과 선수들은 끈끈한 조직력을 발휘해, 연장전 포함한 120분 승부를 1대 1로 마쳤다. 승부차기에서 골키퍼 이범영이 선방을 하며 5대 4로 승리한 한국은 축가 종가를 물리치고 4강에 올랐다. 세계 최강 브라질과의 4강전에서 0대 3으로 패한 한국은 3, 4위전에서 운명처럼 일본을 만났다. 전반 37분 박주영이 멋진 드리블에 이은 감각적인 슈팅으로 선제골을 터뜨리며 기선을 제압했다. 후반 11분엔 주장 구자철이 추가골을 터뜨려 2대 0으로 승리를 확정함으로써, 그토록 원했던 동메달을 목에 걸었다.

런던 올림픽 동메달을 차지하는 데 K리그는 큰 힘을 발휘했다. 정성룡(수원 삼성), 김창수(부산 아이파크, 이상 와일드카드), 박종우(부산 아이파크), 오재석(강원FC), 김현성(FC서울), 이범영(부산 아이파크), 김기희(대구FC), 윤석영(전남 드래곤즈)이 현역 K리거로서 대회에 참가해, 목표 달성에 기여했다. 박주영, 기성용, 구자철, 지동원 등 유럽에서 활약 중인 선수들 역시 K리그가 키워낸 스타들이었다. 홍명보 감독은 "K리그라는 탄탄한 뿌리가 있었기에 이러한 성과를 낼 수 있었다"라며 감사를 표시했다. 연맹은 시즌 종료 후 열린 K리그 대상 시상식에서 홍명보 감독과 선수들에게 공로상을 수여했다.